미국의 교양을 읽는다

미국의 교양을 읽는다

GRE 에세이 토픽을 통해 미국인의 합리적 사고를 읽는다

김문희 지음

머리말

GRE 에세이 토픽을 통해 미국인의 생각을 읽는다

현재 미국에 살고 있는 한국인은 약 150만 명에 이른다. 우리보다 일찍 미국에 진출한 일본인이 40만 명 정도임을 감안한다면 엄청난 숫자다. 게다가 미국 유학생의 최다수가 한국인이라고 한다. 세계화 추세에 따라 국제적 감각을 익히고 서양 사람들의 가치관과 문화를 이해하고 언어를 배우고자 '미국 조기 유학'을 떠나는 한국의 어린 학생들이 점점 늘고 있다. 세계 질서에 막대한 영향력을 끼치고 있는 미국의 문화와 교육 등을 배우기 위해서이다. 이처럼 우리에게 큰 영향을 미치는 미국은 과연 어떤 나라인가?

미국은 풍부한 천연 자원을 활용할 수 있는 인적 자원의 중요성을 일찍이 깨닫고 교육 부문에 과감한 투자를 해 왔다. 그들이 표방하는 자유와 평등 그리고 정의는 교육 현장을 통해 실현되고 있다. 수많은 노벨상 수상자와 위대한 과학자를 배출하고, 올림픽에서 가장 많은 메달을 획득할 수 있는 것도 미국의 교육 제도가 이루어 낸 결과라 할 수 있다. 미국은 도전과 창의력으로 무장한 과학자와 예술가, 탁월한 지도력이 잠재된 정치인들을 발굴하고 키워내는 것을 중시하는 사회이다. 다인종, 다민족 사회인 미국은 세계 각국에서 찾아오는 인재들에게 자신의 역량을 십분 발휘할 수 있도록 최적의 여건을 제공함으로써 이들을 자국의 인적 재원으로 활용하고 있다. 또한 우수한 인력을 수용하고자 적극적으로 이민을 받아들이고 있다.

세계 곳곳의 수많은 사람들이 미국으로부터 배우고자 하는 것은 비단 영어와 신기술만은 아닐 것이다. 사회 정의와 안정을 이룬 제도로 평가받고 있는 미국의 민주주의와 이를 지탱하는 가치관에 대한 관심도 있다. 실질적으로 한 사회를 지배하는 것은 물질적인 것이 아니라 우리들 눈에 쉽게 보이지 않는 그 사회가 신봉하는 가치관이다. 사회 구성원들의 모든 행위나 의사 결정을 좌우하는 가치관이야말로 그 사회의 운명을 결정한다. 한 개인의 눈이 아무리 건강하다 할지라도 잘못된 안경을 쓰고 세상을 본다면 사물을 제대로 볼 수 없는 것처럼, 사회의 건강한 가치관은 개인과 사회 모두에게 매우 중요하다. 미국 사회가 공유하는 가치관은 바로 휴머니즘이며, 개개인이 평등한 기회 속에서 다양한 선택을 자유롭게 할 수 있는 사회야말로 인본주의 사회라고 미국인들은 생각한다.

또한 이들은 다양한 민족이 다양한 가치관과 문화를 가지고 어우러져 살아가는 사회가 아름답다고 믿는다. 그래서 미국의 공교육은 다양한 언어, 문화, 종교를 끌어안기 위한 노력을 게을리 하지 않는다. 한 중학교에서 이라크 출신 학생에게 '오사마 빈 라덴'이라고 놀린 백인 아이를 정학 처벌하는 등 9·11 테러 이후 이슬람 출신 아이들이 소외나 보복의 대상이 되지 않도록 주의를 기울였던 일, 홀로코스트를 반성적으로 이해하기 위해 유대인을 직접 강사로 초빙하여 아픈 역사를 생생하게 들어보는 수업을 여는 일 등이 그 실례다.

　이처럼 미국 사회와 미국인들이 신봉하는 가치는 무엇이며, 미국인들의 사고방식은 어떠한지에 대해 답하기 위해 이 책은 미국의 대학원 과정 입학 자격 시험인 GRE(Graduate Record Examination)에서 묻는 에세이 토픽의 질문들을 끌어왔다. 각 토픽을 통해서 미국의 정치, 경제, 사회, 문화, 교육, 예술 및 과학 영역에서 미국인들이 생각하는 보편적인 의견은 무엇이며, 이러한 사고방식의 배경에 깔려 있는 그들의 철학과 가치관은 무엇인지에 대해 살펴보았다. GRE 에세이 토픽을 택한 이유는 대학원을 갈 정도의 자격을 갖는 지식인들의 보편적인 답변을 통해 미국의 교양을 알아보기 위해서이다. 그래서 보다 객관적으로 미국인과 미국 사회가 추구하는 가치관은 과연 무엇이며, 이것을 이루기 위해서 미국 사회는 어떠한 노력을 기울이고 있는지를 들여다보고자 GRE 토픽에 대해 일반적으로 지식인들이 답변할 수 있는 내용의 글을 담았다.

　공개된 GRE 에세이 주제는 모두 244개로 명제형이다. 이 책은 그 가운데 우리 사회에서 주목할 만한 주제 64개를 뽑은 다음 교육, 기술과 미디어, 윤리, 과학과 예술, 정치와 법으로 분류하여 엮었다. 필자는 현재 GRE-Writing을 강의하고 있는데, 한국 학생들과 주제 분석을 하면서 학생들 절반 이상이 GRE 명제형 주제에 쉽게 동의하지 못했던 경험을 바탕으로 주제를 의문형으로 했음을 밝힌다. 미국인이 생각하는 보편적 사고와 한국인의 보편적 사고는 그들의 사회 문화적 차이만큼이나 상이할 수밖에 없기에 의문형으로 바꾸어 열린 대답을 하도록 한 것이다.

　이 책에 실린 에세이들은 미국 사회의 교양을 읽을 수 있도록 정치, 법, 사회, 교육, 학문, 언론 등의 분야에서 활동하는 지도자들의 가치관을 엿볼 수 있는 역사적 사건이나 전문 지식을 활용하였으며, 미국 대학 교양 과목에서 가르치는 내용을 바탕으로 예증과 주제문을 작성하였다. 따라서 이 64개의 에세이를 통해 미국인이 추구하는 궁극적인 삶의 목적이 무엇인가를 쉽게 이해할 수 있을 것이다. GRE 토픽이 강조하는 것은 휴머니즘이라는 가치와 그를 실현하기 위한 공정한 절차이다. 미국 사회는 목적이 아무리 중요하더라도 그 목적을 이루는 과정에서 불공정하고 불합리한 것을 용납해서는 안 된다는 점을 강조한다. 한 개인을 위해서 사회 전체에게 희생을 강요해서는 안 되듯이, 국가나 종교 단체 등 크고 작은 하나의 사회를 위해서 개인을 희생하는 가치도 지양되어야 한다고 주장한다.

　이 책은 다양한 분야에서 미국인이 추구하는 가치관과 사고방식을 바탕으로 미국 사회에 형성된 교양은 무엇인지에 대해 살펴보는 데 중점을 두었다. 미국의 경제 구조를 이해하기 위해서 미국의 몇

몇 은행이나 증권 회사를 방문할 수도 있겠지만, '미국 경영학' 관련 도서를 읽어 보는 것이 오히려 더 나은 방법일 수 있다. 이 책도 미국 사회를 이해하는 데 이 같은 역할을 하길 기대한다. 이 책은 미국 사회를 이해하고자 하는 일반 독자는 물론, 논술을 준비하기 위해서 고심하는 국내외 많은 학생들이 참고할 수 있도록 다양하고 많은 예시를 소개하고 있다. 특히 미국 유학을 준비하는 학생들이 교양 도서로 이 책을 읽는다면 미국 사회의 기본 교양을 이해함은 물론, 미국 생활에서 미국적 정서를 몰라서 범하는 실수를 피할 수 있을 것이다. '지피지기면 백전백승' 이라 했듯이, 먼저 미국인의 정서와 사고방식을 이해하고 나서 자신의 학업이나 직업에 정진하는 것도 현명한 길인 것이다.

끝으로, 이 책에 대해 궁금한 점이 있거나, 필자의 의견과 상반되는 의견이 있는 독자는 writingmatters@gmail.com으로 질문을 주시면 성심껏 답변해 드리겠습니다.

2007년 10월
김문희

차례

머리말   5

I _ 교육   16

01 교육은 선호하는 사상은 옹호하고 두려워하는 사상은 배제하는가?   28
02 당근과 채찍, 무엇이 자녀 교육에 더 효과적인가?   32
03 학부모와 지역 사회는 공교육에 어떻게 참여해야 하는가?   36
04 교육은 무상으로 이루어져야 하는가?   40
05 획일적인 교과 과정만을 권장해야 하는가, 선택 과목을 폭넓게 허용해야 하는가?   43
06 외부와 차단되는 환경이 최상의 교육 환경인가?   46
07 무엇을 배우든지 의구심을 갖는 것이 가장 중요한가?   49
08 가장 훌륭한 교육은 다양한 분야의 지식을 습득하는 것인가?   53
09 책을 통해서 얻는 지식은 직접 경험보다 폭넓고 깊은가?   57
10 의지대로 생각하고 원하는 대로 배우는 것이 최선인가?   61
11 감성 발달을 돕는 교육이 학생들에게 더 유익한가?   65
12 평생 교육은 왜 필요하며, 어떤 측면에서 그 효과가 긍정적으로 평가되는가?   69

II _ 기술과 미디어 74

13 기술의 발달이 윤리와 도덕도 바꾸는가? 84
14 기술의 발전은 휴머니즘에 부정적 영향을 끼쳤는가? 89
15 기계는 다만 인간 두뇌가 이용하는 도구일 뿐인가? 92
16 기술은 현대인에게 더 많은 여가 시간을 주었는가? 96
17 광고는 소비자에게 대리 만족을 주는가? 100
18 문자보다 정확성과 신뢰성이 있는 비디오카메라 기록이 더 중요한가? 104
19 현대 사회에서는 이미지 그 자체가 가장 중요한가? 108
20 대중의 사랑을 받는 유명인의 사생활은 침해해도 되는가? 112
21 텔레비전이나 컴퓨터는 가 보지 못한 관광지도 친숙하게 하여 관광 산업을 위축시키는가? 117
22 미디어는 개인이나 사회에 혼란을 야기한 책임을 져야 하는가? 121
23 장기간의 시각적 혼란은 사람이 하나의 주제에 집중하는 것을 방해하는가? 125

Ⅲ _ 윤리
130

24 최고 경영자는 기업의 이윤만 추구한다면 그의 도덕적 책임을 142
다하는 것인가?

25 스캔들은 정계이든 학계이든 여론을 집중시킨다는 점에서 유익한가? 146

26 가치관은 반드시 이성을 바탕으로 하고 있는가? 150

27 개인적 책임이라는 말은 허구인가? 155

28 목적을 성취하기 위해서라면 어떠한 수단도 정당화될 수 있는가? 159

29 영웅을 보면 그 사회의 성격을 알 수 있는가? 163

30 외모나 화술을 통해 그 사람의 정치 성향을 알 수 있는가? 167

31 어울려 다니는 그룹만 보고 그 사람을 알 수 있을까? 171

32 개인이 학교, 직장, 국가에 보이는 충성심은 건설적인가, 175
파괴적인가?

33 노벨상처럼 유명한 상은 실질적으로는 사회에 득이 되는가, 180
해가 되는가?

34 환경은 선택의 여지가 없을까? 184

Ⅳ _ 과학과 예술　　　　　　　　　　　　　　　190

35　어떠한 분야도 다른 분야의 지식과 경험을 수용하지 않고는　　200
　　발전할 수 없는가?

36　지식을 얻을수록 점점 더 어려워지고 점점 더 미궁에 빠지는　　204
　　이유는 무엇인가?

37　데이터 없이 가설을 주장하는 것은 결정적인 실수인가?　　208

38　진정한 노력과 용기는 최대한 일을 간단하게 만드는 것인가?　　212

39　결정적 발견이나 발명은 우연히 이루어지는가?　　216

40　연구 결과가 논쟁의 여지가 있더라도 연구비 지원은 정당한가?　　221

41　사실은 완고한 것일까?　　225

42　현실직으로 객관직인 관측은 존재하는가?　　229

43　진정한 문명은 과학적 성과에 반영되는가, 예술적 창조에 반영되는가?　　234

44　영원히 존재하는 것은 문학, 음악, 미술과 같은 예술인가, 비평인가?　　238

45　정부는 모든 사람이 즐길 수 있도록 예술가들을 지원해야 하는가?　　242

46　문화 보존을 위해서 대도시에 더 많은 재정 지원을 해야 할까?　　246

47　전통과 현대는 공존할 수 없는가?　　251

48　기존 관습과 사고방식에 젖어 사는 사람이 진정한 성공을　　256
　　쟁취할 수 있을까?

49　세상이 변하는 것일까, 세상을 바라보는 눈이 달라지는 것일까?　　260

50　자신의 아이디어나 의견을 피력하려는 열망에 들끓는 사람들이　　264
　　큰 목소리를 내는가?

V _ 정치와 법 268

51 혼자 일하는 것보다 팀으로 일할 때 생산력은 증가할까? 278
52 진정한 리더십은 협동 정신에서 비롯하는가? 283
53 성공하기 위해서는 이상보다 실용을 선택해야 하는가? 287
54 정부는 현안과 장기 계획 중 어떤 것을 우선해야 하는가? 293
55 어떠한 조직이든 새로운 인재 영입은 꼭 필요한가? 297
56 위대한 국가의 척도는 사회 복지인가, 그 나라의 정치가, 302
예술인, 과학자 들인가?
57 정치 지도자는 정보를 누설하지 않는 것이 바람직한가? 306
58 자국민의 도전을 받아들일 수 있어야 진정한 강대국인가? 310
59 민주 정치를 위해서는 어떤 방식으로 여론을 취합해야 하는가? 314
60 공정한 법을 따라야 할까, 아니면 불공정한 법에 항거해야 할까? 318
61 법은 환경, 시간, 장소에 따라서 유동적이어야 할까, 322
고정적이어야 할까?
62 사회 문제는 모두 법으로 해결할 수 있는가? 326
63 국제 사회 문제를 해결하기 위하여 국제화 대학 설립과 발전을 331
지지해야 하는가?
64 한 국가의 복지와 경제 발전은 다른 국가의 복지와 경제 발전에 335
영향을 미치는가?

찾아보기 340

I 교육

Education

01 교육은 선호하는 사상은 옹호하고 두려워하는 사상은 배제하는가? **02** 당근과 채찍, 무엇이 자녀 교육에 더 효과적인가? **03** 학부모와 지역 사회는 공교육에 어떻게 참여해야 하는가? **04** 교육은 무상으로 이루어져야 하는가? **05** 획일적인 교과 과정만을 권장해야 하는가, 선택 과목을 폭넓게 허용해야 하는가? **06** 외부와 차단되는 환경이 최상의 교육 환경인가? **07** 무엇을 배우든지 의구심을 갖는 것이 가장 중요한가? **08** 가장 훌륭한 교육은 다양한 분야의 지식을 습득하는 것인가? **09** 책을 통해서 얻는 지식은 직접 경험보다 폭넓고 깊은가? **10** 의지대로 생각하고 원하는 대로 배우는 것이 최선인가? **11** 감성 발달을 돕는 교육이 학생들에게 더 유익한가? **12** 평생 교육은 왜 필요하며, 어떤 측면에서 그 효과가 긍정적으로 평가되는가?

공교육을 통해서 우리는 사회적 가치관을 습득하고, 일생 동안 이 가치관을 모든 행위의 잣대로 삼는다. 이처럼 가치관은 개인의 의사 결정에 막중한 영향을 끼친다. 어떠한 사회에서 교육을 받았는가에 따라 의사 결정 결과가 달라질 수 있는 것이다. 지배 계급이 선호하는 사상으로 학생들을 교육하는 것은 민주 국가라 해도 예외가 아니다. 공교육을 통해서 권력과 부가 다음 세대에게 세습되어 왔기 때문이다. 이런 이유로 우리가 배우는 교과서는 많은 부분 왜곡되어 있으며 사회적 편견을 담고 있다. 우리는 한 사회의 교육을 살펴봄으로써 그 사회의 지배적인 가치관을 들여다볼 수 있다.

개개인의 능력 개발 및 사회에 기여할 수 있는 교육

GRE의 에세이 시험 주제 중에서 가장 큰 비중을 차지하는 부분이 교육이라는 것을 감안해 보면 미국 사회가 얼마나 교육을 중요하게 생각하는지 쉽게 알 수 있다. GRE에서 묻는 교육에 관한 내용은 크게 세 가지 유형으로 구분된다. 첫 번째 유형은 교육의 목적과 방법에 대한 질문, 두 번째 유형은 교육이 모든 국민에게 평등한 기회를 제공하는지에 대한 질문, 세 번째 유형은 교육이 기득권자가 선호하는 사상만을 가르치고 있는가에 대한 질문이다.

교육에 관해서 GRE에서 가장 중요하게 생각하는 것은 '교육의 궁극적인 목적이 무엇인가.'이다. 즉, 개개인의 학생들이 타고난 재능과 흥미를 개발할 수 있도록 교육하고 있느냐는 질문이다. 많은 사람들은 학교에 가는 것을 자신의 입신출세 때문이라고 막연히 생각할 것이다. 즉 성공적으로 지도자의 위치에 오르기 위해서 교육을 받는다고 착각하고 있다. 그러나 개개인의 성공이 한 사회에 기여할 수 있는 재원으로 환원되지 못하는 교육 제도는 사회의 입장에서 결코 바람직하다고 말할 수 없다. 다시 말해서 교육의 목적은 이 두 가지 목적, 즉 개개인의 능력과 자질을 개발하고 생산력 있는 민주 시민을 만드는 데에 있다. 이렇게 개인과 사회의 상호 보완적인 목적을 이루기 위해서 미국 공립 학교는 다양한 교육 프로그램을 제공하고 있다. 교과목과 과외 활동으로 구분되는 교육 영역을 통해 지식과 기술을 갖춘 인력뿐만 아니라 협동과 양보라는 가치관을 가르치는 데 주력한다. 물론 교과목 중 가장 중요한 비중을 두는 과목은 영어이다. 그래서 영어 과목만큼은 4년 동안, 즉 8학기의 고등 영어 과목을 이수해야만 졸업할 수 있다. 수학은 대체로 2년, 과학과 사회 역시 각 2년간의 수강으로 최소 학점을 이수해야 한다. 영어, 수학, 과학, 역사 등 논리적 사고를 증진시킬 수 있는 교육 과목과 음악, 미술과 같은 정서적 발달을 돕는 교육 과목, 그리고 건강한 신체적 발전을 고무하는 체육 과목을 골고루 배분하여 가르치는 것이 전인적 인격체를 만든다는 사실을 중시하고 있다. 특히 2년 이상 외국어 과목을 이수하게 하는 것은 다양한 문화와 가치를 이해하는 태도를 기르기 위해서이다.

흥미나 지역 사회의 요구에 부응하는 교과목

또한 모든 학생들이 다양한 선택 과목 중에서 자신의 흥미나 지역 사회의 요구에 부응하는 과목을 선택할 수 있도록 배려하고 있다. 예를 들면 컴퓨터 기술의 메카인 실리콘 밸리의 고등학교들은 컴퓨터 공학과 관련된 다양한 교과목을 제공하며, 할리우드에 가까이 있는 고등학교들은 영화·예술에 대한 교과목을 제공하고 있다. 학생들의 흥미를 고무하고 재능을 발전시키고 지역 사회에서 필요한 일꾼으로 성장할 수 있도록 돕기 위해서이다. 뿐만 아니라 학생들의 문화적 배경을 배려하여 한국인 학생이 밀집한 로스앤젤레스 교육국에서는 '한국 전쟁사'가, 베트남 인이 거주 지역에서는 '베트남 전쟁사'가 선택 과목 안에 포함되어 있다. 다른 문화적 배경을 지닌 다양한 인종이 함께 살아가고 있다는 점을 감안하여 보다 폭넓은 교과목을 제공하기 위한 노력이다. 외국어도 획일적으로 스페인 어를 이수해야 하는 것은 아니다. 지역적·문화적 다양성을 인정하기 위해서 한국인 밀집 지역에서는 한국어가, 중국인이 많은 지역에서는 중국어가 외국어로 인정된다.

타인을 배려할 수 있는 민주 시민 양성

미국은 교육 철학적으로 이타적인 인간형을 양산하며 진실하고 정직한 어른으로 성장하도록 교육하는 것이 달변이나 우수한 기술을 가르치는 것보다 중요하다고 강조한다. 무엇보다 사회 발전에 기여하는 것이 중요하다는 교육 철학을 가지고 있기 때문이다. 그리고 역사적으로 사회를 발전시킨 사람들은 타성에 젖어 있는 기존 세력이 아니라 기존의 가치관에 저항하는 세력이었다는 사실에 주목하고 있다. 그렇기 때문에 휴머니즘을 근간으로 진실된 자세로 타인을 배려할 수 있는 민주 시민을 기르는 데 많은 노력을 기울인다. 이를 위해서 국어, 수학, 사회, 과학과 같은 학문적인 지식 습득과 더불어 사회 규범을 지도하고 상벌의 제도를 철저하게 적용한다. 학과목에서 높은 점수를 받은 학생보다 학교 생활에 적극적으로 참여한 학생들에게 대학 진학에 더 좋은 점수를 주고 있다는 데서 미국 사회가 윤리적으로 본받을 수 있는 원만한 성품과 리더십을 중요시하고 있음을 엿볼 수 있다. 두 학생이 있다고 가정하자. A 학생은 평점이 4.0이지만 아무런 과외 활동 경력이 없고, B라는 학생은 평점이 3.5이지만 자신이 다니는 고등학교 야구 팀에서 선수로 활약하고 학생회 간부와 학교 신문 기자까지 한 경력이 있다면 대부분 대학들은 B에게 입학 자격을 준다. 이처럼 사회 생활을 원만하게 이끌어 갈 수 있는 지도자를 교육하는 것이 학교 교육의 중요한 목적이다. 자신만의 입신출세(立身出世)를 위해서가 아니라, 사회에 기여할 수 있는 구성원이 되기 위하여 국민 모두가 교육을 받을 때 사회는 발전할 수 있는 것이다.

누구에게나 주어지는 동등한 교육의 기회

미국 사회는 교육을 모든 학생들에게 평등하게 제공되어야 하는 중요한 사회 제도로 여기며 또한 각자가 최대한의 성취를 이룰 수 있도록 배려한다. 미국 공교육의 의무 교육 기간은 통산 13년이다. 공교육 기간을 K-12라는 약자로 표시하는데 이것은 유치원(Kindergarten)의 첫 글자 'K'와 고등학교 12학년을 나타내는 것으로, 이것을 합친 13학년간의 무상 교육을 의미한다. 자녀가 만 5살이 되면 자신의 주소지의 초등학교로 가서 등록을 하는데 서류는 매우 간단하다. 부모나 법정 대리인이 월세 계약서나 매매 계약서와 전기, 가스와 같은 공공요금 고지서 등 그 학생이 해당 학교의 학군 안에 살고 있다는 것을 증명할 수 있는 기본적인 서류만 제출하면 누구나 공립 학교에 다닐 수 있다. 불법 체류자 자녀들도 주소지가 있고 위에 언급한 서류만 있으면 누구나 동등하게 공립 학교에 다닐 수 있다. 16세 미만의 아동에 대해서는 아동 사회 복지법이 규정하는 대로 미국이라는 국토 안에 거주하는 누구에게나 동등하게 교육의 기회를 부여하고 있기 때문이다.

건강한 사회를 만들기 위한 교육

실제로 학교를 다니던 학생이 16세가 넘었다고 해도, 시민권이나 영주권이 없는 불법 체류자의 자녀들이라고 해서 학교 당국이 입학을 거부하지는 않는다. 어찌 보면 이런 평등함은 모든 어린이들에게 교육의 기회를 부여함으로 더 많은 미래의 일꾼들을 기르고자 하는 의도로 이해할 수 있다. 또한 학교에 다니지 않으면서 일으킬 수 있는 아이들의 잘못된 행동들을 학교라는 사회 제도 속으로 유입하여 예방한다는 정책적 발상이 담겨 있기도 하다. 실제로 학교에 온 아이들의 비정상적인 행동이나 몸의 상처 등을 교사들은 유심히 살피고 문제가 발생하면 교장이나 부교감과 상의를 해서 사회 복지사나 경찰에 신고를 한다. 아이들이 추행이나 폭행을 당한 흔적이 있는 경우에는 즉시 경찰이 개입되고 부모나 보호자를 구속하기도 한다. 가정에서 아이들을 제대로 돌볼 수 없다면, 국가가 미래의 인력이 될 어린이들의 삶을 돌봐야 할 책임이 있다고 생각하기 때문이다. 혈연 가족에게만 맡기기보다는 사회 구성원이 나서서 가족처럼 돌보고 교육해야 한다고 믿는다. 정신적·신체적으로 건강한 사람들이 모인 건강한 사회를 만들기 위한 노력인 것이다. 대부분의 주(State)가 미혼모들의 낙태를 금지하고 정부가 나서서 미혼모들에게 최소 양육비를 주고 있다. 이 역시 미국 사회를 움직여 나갈 미래 인력 자원이 줄어드는 것을 예방하고, 사회가 나서서 미래의 사회 구성원을 돌보려는 생각 때문이다.

능력에 따라 제공되는 적절한 학습

미국의 교육 제도는 모든 어린이에게 평등한 교육의 기회를 제공하지만 개개인에게 평준화된 학습을 제공하지는 않는다. 개개인의 능력이 저마다 다르기 때문에 그 능력에 따라 적절한 학습을 제공하고 있다. 초등학교 4학년 정도가 되면 교사들은 학생들의 학습 능력을 평가하고 그에 따라서 영재 프로그램 (Magnet program), 일반 프로그램과 특별 프로그램(Special program)을 추천한다. 각 지역 공립 학교에서 운영하는 영재 프로그램에 들어가려면 전국 수행 평가에서 95% 이상의 고득점을 얻어야 하고, 담임 교사의 추천을 받아야 한다. 이는 그들의 타고난 지적 능력을 증진하고 잠재력을 극대화하기 위해서이다. 반면에 다른 학생들에게 방해가 될 정도로 산만하고 학업 성취도가 저조한 아동에게는 부모의 동의를 얻어 특별 프로그램을 제공한다. 물론 부모는 동의하지 않고 교육청에 일반 교육 프로그램에 들어가도록 청원할 수 있다. 이 경우 교육청에서 청문회가 열리고, 이 학생에게 어떤 학교 프로그램을 제공하는 것이 효과적인지 심사숙고하여 결정을 내린다.

책임감 있는 지식인으로 교육

고등학생이 되면 대학 진학 능력이 있는 학생들과 그렇지 못한 학생들이 나누어지고 교육 당국은 적극적으로 학생들의 미래 직업을 상담해 준다. 물론 고등학교를 졸업한 18살이 되면 누구나 다 받아 주는 커뮤니티 칼리지가 있지만, 이곳 역시 대학 교양 과정 수준의 영어와 수학을 수강하기 위한 평가 시험에 합격해야만 입학할 수 있다. 때문에 기초 학력을 쌓지 못한 학생들이 학사 학위를 취득한다는 것은 실제로 상당히 어려운 일이다. 미국에서 대학에 들어

가는 것보다 졸업하는 것이 더 어렵다는 것은 이런 이유에서이다. 이렇게 지적인 능력이 우수한 사람들이 받는 대학 교육을 무상으로 제공하지 않는 것은 지적인 재산도 사회적 위치를 높여 주는 가치로 생각하기 때문이다. 또한 융자한 학비의 상환을 부모가 아닌 학생 스스로 책임지게 하고 있다. 이렇게 해야 자신이 받은 사회적 혜택을 되돌려 줄 수 있는 책임감 있는 지식인들로 자랄 수 있다고 생각하기 때문이다.

지배 계급의 이데올로기를 세뇌하는 교육

GRE에서 묻는 교육에 관한 세 가지 유형 중 마지막 논쟁점은 교육이 영혼과 정신을 자유롭게 하지 않고 오히려 소수 지배 계급에게 유리한 사상을 심고 있는가이다. 불행하게도 교육은 세계 여러 곳에서 아직도 지배 계급의 이데올로기를 세뇌하는 도구로 사용되고 있다. 일본 우파들은 아직도 왜곡된 역사책을 만들어 국가와 천황에게 무조건적인 충성을 요구하는 제국주의적 가치관을 교육하고 있다. 즉 야스쿠니 신사 참배, 왜곡된 역사 교과서 그리고 일본군 위안부에 대한 책임 회피 등 국제 사회에 지탄의 대상이 될 만한 행동이 자국에 충성하는 것이라는 삐뚤어진 생각을 가르치고 있다. 비단 일본의 제국주의 우월 의식이나 북한 김일성 부자의 우상화가 아니더라도 대부분의 사회는 기득권자에게 유리한 역사를 만들고자 한다. 남성 중심의 사회는 여성들의 위대한 업적을 역사에 기록하지 않고 함구하고 있다. 20세기 초반에서야 여성에게 참정권을 준 미국의 경우도 예외는 아니다. 또한 아직도 많은 소수 민족들은 미국 교과서가 백인 위주로 쓰여졌다며 불만을 토로하고 있다. 최근에 와서야 미국 교과서는 미국 사회 발전에 기여한 흑인 지도자나 라틴 아메리카 출신의 영웅 이야기를 역사 교과서에 싣고 있다. 프레드릭 더글라스(Fredrick Douglas), 해리엇 터브만(Harriet Turbman), 마틴 루터 킹(Martin Luther King)이 소개되고 있으며, 미국 노동자의 최다수를 차지하고 있는 라틴 계통 노동자의 권익을 위해서 투쟁한 차베스(Cesar Chaves) 이야기가 실리기도 했다. 비단 영웅들의 이야기뿐만 아니라 소수 민족을 배려하기 위해 그들의 명절 등 문화를 소개하는 프로그램을 제공하기도 한다. 교육은 사회 구성원에게 평등한 기회를 주는 사회 제도로서 그 역할을 다해야 하고, 교육청이나 학생들도 모두 자신들의 이해 관계를 위한 도구로서가 아니라 서로 돕고 배려하는 수단으로 교육을 수용해야 한다.

다양한 것은 아름다운 것

미국 교육 사상은 근본적으로 휴머니즘을 가르치는 것이다. 그리고 휴머니즘을 교육하기 위해서 무엇보다도 '다양한 것은 아름다운 것이다.' 라고 가르친다. 그리고 교육 현장에서는 획일성을 금기시하고 있다. 그래서 공립 학교들은 교복을 착용하지 않는다. 이는 다양한 취미나 자기 표현의 기회를 주는 것이 사회 발전에 꼭 필요한 창의성을 키울 수 있다고 믿기 때문이다. 세계 최대 유학국이기도 한 미국은 국내 학생들의 교육뿐만 아니라, 다양한 국가에서 오는 학생들의 문화를 이해하여 앞으로 다가올 국제화 시대에 지도자가 될 성숙한 시민을 양성하고자 한다. 그리고 이를 위해 교육계 전문가들뿐만 아니라 모든 사회 구성원들이 교육에 대한 열정과 관심을 가져 주기를 호소하고 있다.

01

교육은 선호하는 사상은 옹호하고 두려워하는 사상은 배제하는가?

　소수 민족이 대다수인 오클랜드(Oakland) 교육국 소속의 교사들은 차별적이며 불평등한 미국 교육 제도를 신랄히 비판한다. 그들은 백인들이 자신의 부와 정치적 기득권을 지키기 위하여 노동 계급인 흑인의 자녀에게 불리한 교육을 해 왔다고 주장한다. 더더욱 기막힌 현실은 교사들의 반발에도 불구하고 불평등한 교육은 여전히 계속되고 있다는 것이다. 공교육은 백인의 우월성이 천부적이라는 생각을 학생들에게 제도적으로 심어 왔다고 흑인 교사들은 격분한다. 소수 민족 아동들은 이런 교육을 통해 자신들은 열등하기 때문에 노동 계급에 종속될 수밖에 없다고 자연스럽게 받아들이고 백인의 우월성을 무의식적으로 인정해버리기 때문이다.

흑인 교사들은 미국 공교육의 불평등과 차별은 인종 편견적 사고를 가진 백인 중년 여성들이 교육을 주도하기 때문이라고 주장한다. 통계적으로 미국 교사 중 약 80%가 백인 중년 여성이다. 이러한 숫자는 소수 민족 밀집 지역에 사는 흑인 아동도 백인 여선생님의 영향권에 있다는 것을 의미한다. 그래서 흑인들은 더 많은 소수 민족 선생님을 적극적으로 고용해야 한다고 주장한다. 흑인 학생들은 흑인 선생님에게, 라틴계 학생들은 라틴 선생님에게, 한국계 학생들은 한국인 선생님에게 배울 수 있는 기회가 주어질 때 비로소 소수 민족 학생들은 긍정적인 교육 환경에서 자긍심을 가지고 교육을 받을 수 있기 때문이다.

또한 언어 교육에 있어서도 표준 영어(Standard English)만을 강요하는 학교 교육은 부당하다고 말한다. 어떤 학교이든 흑인 학생들이 그들의 방언, 예를 들어 흑인 영어(Ebonics)를 학교에서 자유롭게 사용할 수 있어야 한다. 지금의 흑인 아동들은 학교에 첫발을 들여놓으면서 가정에서 습득한 그들의 일상 언어가 공식적으로 인정받지 못하는 언어라는 것을 깨닫게 된다. '무엇인가 자신의 언어는 잘못되고 열등한 것이다.' 라는 생각이 그들의 마음에 새겨지는 것이다. 중산층 백인이 사용하는 표준 영어만을 강요하는 언어 교육은 소수 민족 학생들에게 자긍심보다는 자신에 대해 부정적 이미지를 갖게 하며, 성년이 된 이후에도 사회적 열등감으로 그들의 삶을 힘들게 한다. 표준 영어만을 강요하기보다는 다양한 문화와 언어를 학교 생활에서 허용할 때 공교육은 소수 민족과 함께 더불어 발전할 수 있다고 진보적인 교사들은 믿는다.

역사는 수학과 과학만큼 그 중요성이 강조되는 교과목이다. 그 중에서도 '미국 역사'는 초·중·고등학교 교과를 학습하는 과정에서 누구나 배워야 하는 필수 과목이다. 역사 교육을 통해 나라의 발전을 위해서 일할 수 있는 성숙한 시민을 교육할 수 있기 때문이다. 그러나 미국 역사 교과서를 들여다보면, 백인 영웅이나 몇몇의 지도자만이 현재의 미국을 이루어 놓은 것처럼 쓰여져 있다. 예를 들면, 노예 해방은 마치 아브라함 링컨(Abraham Lincoln)을 위시한 북부 백인이 흑인을 위해서 선행을 베푼 것처럼 쓰여져 있다. 이러한 역사 교과서로 공부한 학생들은 자신도 모르게 'White is good, black is bad.'라는 명제를 습득하게 된다. 역사는 백인들 중심으로 쓰여져서는 안 된다. 자신들의 자유와 행복을 위해서 투쟁한 흑인 영웅들 이야기도 역사는 기록해야 한다. 이러한 비판 때문에 현재 역사 교과서는 몇몇 위대한 흑인들 이야기를 기록하고 있다. 1950년대 흑인 인권 운동을 주도하였던 마틴 루터 킹(Martin Luther King) 목사나 남북 전쟁 중 남부 흑인이 북부로 도망가는 것을 도왔던 전설적 흑인 영웅 해리엇 터브만(Harriet Tubman)의 이야기를 이제 우리는 역사 교과서에서 읽을 수 있다. 또한 노예선을 타고 동물보다 못한 대우를 받으면서 쇠사슬에 엮여 짐짝처럼 빽빽하게 실려 미국 땅에 도착한 흑인들이 생존을 위해 견뎌야만 했던 고난의 흔적을 볼 수도 있다. 하지만 역사적 사건을 사실 그대로 기록하는 것만으로 역사 교과서의 역할을 충실히 했다고 할 수 없다. 더 나아가서 무엇을 어떻게 잘못해 왔는가를 반성해야 할 것이다. 그래야만 인권을 유린당하고 착취당한 흑인들에게 과거의 잘못을 인정하고 사과할 수 있다.

진실을 바탕으로 하지 않고 왜곡된 역사를 가르치는 공교육은 국가의 번영을 위협한다. 칼 마르크스(Karl Marx)는 사회 시스템으로서의 교육 제도는 자신에게 유리한 사상만을 민중에게 교육함으로 지배 계급의 권력과 부를 유지하기 위한 도구로 사용되어 왔다고 지적했다. 가난이 세습되지 않는 사회야말로 진정한 인본주의를 실현하는 민주 국가일 것이다. 하지만 미국의 교육 현실은 이와는 거리가 멀다. 극빈층을 이루고 있는 소수 민족의 학생들에게 대다수의 백인 자녀들이 척척 진학하는 명문 대학으로 가는 길은 너무나 멀고 험난하다. 더욱 슬픈 현실은 빈곤 계급의 사회적 신분 상승은 그들이 오로지 평등한 교육을 받을 수 있을 때에만 가능하다는 것이다.

02

당근과 채찍, 무엇이 자녀 교육에 더 효과적인가?

　교육은 아이들에게 지식을 가르치기 이전에 해서는 안 될 일과 꼭 해야 할 일, 그리고 도덕적 언행을 가르쳐야만 한다. 그렇다면 과연 학교가 어떤 방법으로 학생들의 도덕적 언행을 지도해야 효과적일까? 대개 미국 초·중·고등학교는 두 가지 방법으로 학생들을 교육한다. 하나는 해서는 안 될 행동을 했을 경우에 벌을 주는 부정적 방법이요, 또 다른 하나는 해야 할 일을 잘 했을 경우에 칭찬을 하거나 상을 주는 긍정적 방법이다. 부정적 방법을 쓸 때에도 체벌은 절대로 용납되지 않는다. 교사가 학생에게 손을 댈 경우 파면은 물론 심한 경우에는 형사 입건까지 된다. 폭력은 교육 현장에서 절대로 일어나서는 안 된다는 미국인의 교육 가치관 때문이다. 벌을 주는 방식도 학생이 좋아하는 일을 못하게 하는 방법을 선호한다. 이것은 특권을 저지하는 방법으로 학생들이 규칙을 어기거나 타인에게 피해를 주었을 경우에 응분의 사회적 질책과 벌을 주는 것이다. 미국 가정에서도 예외가 아니다. 어린 자녀가 숙제를 안 했거나, 거짓말을 했을 경우에는 주말에 텔레비전을 보지 못하게 한다거나 용돈을 주지 않는 방법으로 자녀들이 누릴 수 있는 즐거움을 박탈하여 책임감 있는 성인으로 성장할 수 있도록 교육한다. 학교에서는 말썽을 부려 소위 블랙 리스트에 오르면 댄스 파티나 수학 여행과 같은 즐거운 이벤트에 참가할 수 없게 된다. 하지만 만약에 부모가 폭력을 휘둘러 아이들의 몸에 체벌 흔적이라도 남는다면 사회복지사가 지켜보는 가운데 부모는 경찰에 출두해서 조사를 받아야 한다. 이때 고의적 체벌을 했거나 상처가 심각할 경우에는 바로 형사 입건이 된다.

캘리포니아 공립 중고등학교에는 심리 상담 선생(Psychologist)과 사회복지사가 상주하고, 사고가 자주 일어나거나 학생수가 많은 고등학교에는 경찰이 순찰을 돌기도 한다. 정서적으로 성숙하지 못한 혈기 왕성한 나이에 물불을 가리지 않고 폭력을 휘두르거나 총기를 난사할 수도 있기 때문이다. 또한 더러는 학생들이 술을 마시고 취하거나 마리화나를 한 환각 상태에서 사고를 내는 일도 발생하기 때문이다. 1999년 세상을 경악시킨 콜럼바인 고등학교 총기 사건과 같은 일이 종종 일어나기 때문에 학교 당국은 작은 폭력 사고에도 아주 민감하게 반응하며 문제 학생에게는 무관용(Zero Tolerance) 원칙으로 퇴학을 명령하기도 한다. 실제로 로스엔젤레스 북서쪽에 있는 고등학교에 다니는 한 한국계 학생은 연필 깎는 칼을 가지고 앞에 앉아 있는 동급생을 장난으로 쿡쿡 찌르다 퇴학을 당했다. 어떤 형태의 칼이든 소지하면 안 된다는 교칙을 어겼기 때문이다. 대학의 경우에도 교내에서 2인치 이상의 칼을 소지하다 발각되면 법원 출두 명령과 벌금형을 받는다.

학교 안에서 공동의 생활 질서를 어지럽히는 학생에게는 반드시 단계적인 벌이 따른다. 지각이나 수업 중 소란한 행위로 교사에게 경고를 받은 학생들은 점심을 카페테리아에서 먹지 못하고 훈육실(Detention room)에서 교장 선생님과 함께 먹어야 한다. 이런 경고 카드는 점수제로 가산이 되는데, 경고를 3번 받을 경우에는 방과 후에 집에 가지 못하고 30분간 훈육실에서 얌전히 앉아 있어야 한다. 만약에 벌을 받는 동안에도 소란을 피운다면 이틀 연속 30분간 앉아 있어야 하는 벌로 무거워진다. 30분 동안 조용히 앉아 명상 상태를 유지하는 훈련을 해내지 못한 학생들은 훈육실을 지키는 교사가 서명을 해 줄 때까지 방과 후에 혼자 앉아 벌을 받아야 한다. 이러한 벌점이 10점이 넘으면 정학을 받게 되고 정학 날짜가 또 10일을 넘길 경우에는 교장이 퇴학을 권고한다.

또한 교내에서 협박, 폭력이나 마약 거래와 같은 중죄를 저지르는 경우에는 무관용의 원칙에 의해 교장은 바로 퇴학을 결정한다. 퇴학의 경우에도 모교로부터 퇴학을 당하는 경우, 한 교육국 안에서 퇴학을 당하는 경우, 더 나아가 운동 경기장에서 패싸움으로 부상자를 냈을 때에는 거주하는 지역으로부터 추방을 당하기도 한다.

이렇듯 학생에게 벌을 줄 경우에는 구체적으로 비행 정도와 횟수에 따라 처벌이 달라진다.

그러나 앞에서처럼 부정적인 방법으로 벌을 주기보다는 긍정적인 방법이 교육에 있어서는 더 효과적이다. 긍정적인 방법으로는 칭찬을 한다거나 사탕이나 과자를 준다거나 아니면 상장을 주는 방법이 있다. 누구나 야단보다는 칭찬이 더 큰 학습 동기를 부여한다고 믿는다. 상장은 일 년에 한 번 주지만 학생들이 선행을 했을 경우에는 점수를 가산하는 카드를 주고, 이런 카드가 5점이나 10점이 될 때에는 상품을 준다. 교사에 따라서 교실 벽면에 선행 지수를 한 눈에 볼 수 있는 그래프를 그려 놓기도 한다. 교사들은 학생들이 아주 소소한 선행을 하거나 좋은 학업 성적을 받았을 때에도 칭찬의 말을 아끼지 않는다. 교사들을 재교육하는 세미나에 가면 학생을 칭찬하는 101가지 방법을 알려 주고 장려하는 것을 보면 긍정적인 방법이 얼마나 교육에 효과적인지를 짐작할 수 있다.

무엇보다 중요한 것은 학생들을 교육할 때는 형평성을 가지고 단계적으로 꾸준히 당근과 채찍을 주어야 한다는 것이다. 학생들이 자신의 행동에 책임을 다할 수 있도록 지도하는 것이, 법을 준수하는 책임 있는 시민으로 성장할 수 있도록 교육하는 길이기 때문이다.

03

학부모와 지역 사회는 공교육에 어떻게 참여해야 하는가?

　교사들은 학부모나 지역 사회로부터 지원을 받아 학교를 운영하는 것은 학교와 지역 사회 모두에게 도움이 된다고 생각한다. 하지만 그들이 공교육의 정책 결정이나 운영에 직접적으로 관여하거나 교사를 평가하는 것은 단호히 거부한다. 미국 공교육에서 학부모 단체(Parents Association)는 보다 나은 교육 환경을 위하여 정기적으로 모임을 갖고 다양한 지원 활동을 일 년 내내 펴 나간다. 이때 학부모나 지역 사회는 참여와 지원은 하되 학교 행정에는 간섭하지 않는 것을 기본 원칙으로 한다. 미래를 책임지고 사회를 이끌어 갈 인재를 육성하는 교육은 지역 사회의 미래, 나아가서는 국가의 운명을 결정하는 중요한 요소이기 때문에 전문적인 지식과 훈련을 받은 전문가가 이끌어 나가야 한다고 생각하기 때문이다. 물론 그렇다고 해서 전적으로 아이들의 교육을 교사들에게만 맡겨야 한다는 뜻은 아니다. 지역 사회는 교육 현장에서 교직원을 도와 모든 학생들이 균등하게 지적 능력이나 재능을 개발하고 육성할 수 있도록 지원을 아끼지 않아야 한다. 균등한 교육의 기회야말로 세금을 통한 재산 재분배 원칙과 더불어 평등한 사회를 구현할 수 있는 최선의 방법이기 때문이다.

학부모나 지역 사회 주민들이 공교육을 지원하는 방법으로는 크게 3가지가 있다. 첫째는 자원 봉사, 둘째는 기금 모집, 셋째는 산학 협동이다. 학년 초에 학교는 자원 봉사를 할 수 있는 인력을 확보하고 기금 모집 방법을 계획하고 산학 협동을 할 수 있는 사업체를 찾아 나선다. 물론 이러한 계획과 업무를 꾸려 나갈 자원 봉사자를 선발하고 조직하며 그들에게 할 일을 배정하는 것도 다 학부모 회의의 몫이다. 학부모 회의는 자치 기구로서 회장단을 선출하여 자발적으로 공교육 발전을 위하여 일하는 봉사 단체이다. 학년 초 자원 봉사를 희망하는 학부모를 모집하는 편지를 보내거나 전화를 하는 일 그리고 학교 전화 교환원 역할까지 모두 자원 봉사자들이 한다. 공립 학교 교사들은 수업 중에는 대체로 전화를 받지 않는다. 그래서 교무실 앞에 있는 안내 데스크에서 자원 봉사자가 전화를 받은 다음 교무실 안에 비치되어 있는 선생님들의 메일 박스 안에 용건을 적은 쪽지를 남기는 일을 한다. 또한 이러한 사무적인 일이 아니라, 방과 후 다양한 스포츠를 지도하는 코치들 중에도 자원 봉사자가 많다. 때로는 빈곤 지역의 어린이들에게 꿈을 심어 주기 위하여 마이클 조단(Michael Jordan)과 같은 유명한 운동 선수가 저소득 지역까지 가서 봉사를 하며 학생들 가운데서 재능 있는 아이들을 발탁하여 지원해 주기도 한다. 공교육 현장에서 자원 봉사자들의 역할은 크다. 소위 어머니 교사(Room mother)라고 하는 보조 교사, 견학 도우미, 횡단 보도 지킴이, 급식 위원, 오케스트라나 밴드 훈련, 서무실 서류 정리, 도서관 사서 보조 등등 매우 다양한 일을 한다.

학부모회나 지역 사회가 공립 학교를 지원하는 둘째 방법은 공교육 발전을 위한 기금을 모금하는 이벤트를 계획, 진행, 운영하는 것이다. 일 년 중에 가장 기금이 많이 걷히는 날은 학년별 신학기 등록이 있는 날이다. 이 날 학생들의 등록을 돕기 위해 많은 자원 봉사자가 동원된다. 자원 봉사자들은 학교의 연간 일정이 새겨진 달력이나 학교 로고가 새겨진 티셔츠, 체육복, 모자, 학용품 등을 판매하여 기금을 마련한다. 그리고 물건 판매와는 상관 없이 자선 모금 행사를 펼치기도 한다. 매년 10월, 스키철이 되기 전에 댄빌(Danville)에 있는 샌 로만 밸리(San Ramon Valley) 고등학교 앞에서는 대형 스키 회사가 지역 주민들에게 스키 장비와 액세서리를 판매한다. 그리고 그 이익금의 일부를 학교 기금으로 제공한다. 동네 대형 문방구나 수퍼마켓에서도 학생이나 학부모가 물건을 구매한 후 학교 이름을 말하면, 이익금 중 일부를 학교 기금으로 되돌려 주기도 한다. 이렇게 모은 기금으로 학교는 더 많은 교사를 고용하여 학생 대비 교사의 비율을 낮추고 강당을 세우는 등 학교 발전을 위해 유용하게 사용한다.

마지막으로 지역 사회 내에 있는 사업체, 지역 신문사, 병원, 공공 도서관, 박물관, 비영리 기관 등이 공교육을 지원한다. 그리고 지역 사회 산업체나 비영리 단체는 학생들이 학교에서 배운 지식을 직접 현장에서 경험할 수 있는 기회를 제공한다. 산학 협동으로 학생들에게 현장 실습 기회를 주고, 지역 사회 어른들과도 유대감과 공감대를 가질 수 있도록 돕는다. 학생 본인이 직접 전화를 하고 인터뷰를 신청해서 일정을 잡기도 한다. 이런 지역 사회 정보를 제공하는 데 있어 지역 사회 신문은 중요한 역할을 한다. 예를 들어 학교의 기금 모금 행사가 있으면 지역 사회 신문은 이를 적극 홍보하고 그 지역 유명 상점이나 음식점들의 광고나 할인 쿠폰을 신문에 기재하여 행사에 도움을 주기도 한다.

20세기 초반 미국 교육에 큰 영향을 끼쳤던 존 듀이(John Dewey)는 '자발적인 민주 시민 개개인은 한 사회의 구성원으로서 모두 공교육에 책임이 있다.'고 말했다. 그리고 그는 학교의 역할은 한 사회의 문화를 발전시키는 동시에 차세대 구성원들에게 그 사회 문제점들을 시정할 수 있는 방법을 가르치는 것이라고 믿었다. 학교는 죽은 지식이 아니라 사회 발전에 기여할 수 있는 지식과 기술을 교육하는 곳이다. 때문에 미래의 일꾼을 교육하는 공립 학교를 지원하는 지역 사회나 학부모는 교사들의 전문성을 존중하며 모두 한마음으로 적극 참여해야 할 것이다.

04

교육은 무상으로 이루어져야 하는가?

한 사람의 일생에서 성공의 척도를 재는 기준은 교육일 것이다. 따라서 누구든 학업에 정진하고 싶다는 의욕과 의지만 있다면 대학 교육의 기회가 주어져야 한다. 그렇다면 정부가 무상(無償)으로 국민을 교육해야 할까? 미국은 유치원부터 고등학교까지 학생 한 명당 약 5,000달러의 교육비가 각 공립 학교로 지원된다. 이외에도 지역 인사나 기업, 또는 학부모들이 기부금을 내기도 한다. 인적 자원은 자연 자원만큼 소중하다. 미국 사회의 미래를 이끌어 나갈 우수한 인적 자원을 공급하는 곳이 학교이며, 학교 교육이 제대로 이루어질 때 거대한 미국은 인적 자원의 고갈이라는 위기를 맞지 않을 것이다. 민주 국가는 균등한 교육의 기회에서 출발한다는 것을 부인할 사람은 없다. 때문에 러시아나 중국과 같은 공산주의 국가가 아니더라도 프랑스, 독일과 같은 복지 국가는 대학 교육을 무상으로 제공하는 것을 원칙으로 하는 것이다.

그런데 미국은 복지 국가를 자처하면서도 대학 교육을 무상으로 제공하지 않는다. 그 이유는 18세가 되면 성인으로 규정하기 때문이다. 미국은 만 18세 이상 학생은 스스로 자신의 등록금을 책임져야 하며, 연방 정부 대출을 받을 경우에도 학생 자신이 상환해야 한다. 학생들은 부모 연봉을 합산해서 연 소득이 약 5만 달러 미만임을 증빙하는 종합 소득 세금 보고서를 준비하여 연방 정부에 FAFSA(Free Application Free Student Aid)를 신청하면 학자금을 보조받을 수 있다. 생활비를 포함하여 연 생계비를 계산, 등록금과 합산한 금액의 약 1/3은 상환하지 않아도 되는 학자금, 1/3은 정부가 보증하는 저리(3%)의 융자, 그리고 나머지 1/3은 학교에서 일한 대가로 받는 근로 소득으로 충당할 수 있도록 도와 주고 있다. 이렇게 학생 개개인에게 자신의 학자금을 책임지게 하는 것은 경제적 책임감을 가르치기 위해서이다.

유상 교육이라고 해서 무조건 나쁜 것은 아니다. 오히려 학생들은 자신의 교육에 대해서 조금은 더 심각하게 받아들이며, 융자와 상환을 통해서 경제적 개념을 확실히 깨닫는다고 한다. 이해하기 힘든 것은 무상으로 교육을 받을 수 있는 공산주의 사회나 유럽의 여러 나라보다 빚을 지면서까지 교육을 받아야 하는 미국으로 유학생들이 몰리고 있다는 것이다. 이제 미국 교육 사업은 무역 수지만큼이나 중요한 수입원이 되었다. 이렇듯 미국 대학들은 무상 교육이 아니라 유상 교육을 강조하는 상업성을 띠고 있다. 그러므로 대부분 사립 대학은 일반 기업과 마찬가지로 학교 등록금과 동창회 기금, 지역 사회 모금 운동을 통하여 자체 수익을 올리고 있다. 심지어 가장 유능한 총장은 학교 번영에 큰 성과를 거두는 사람이라고 생각하기도 한다.

    미국의 50개 주(State) 가운데 주립 대학이 사립 대학과 경쟁력을 띠고 있는 곳은 오직 캘리포니아 뿐이다. 11개 캠퍼스를 가지고 있는 캘리포니아 주립 대학(California State University)이 스탠포드(California - Standford University), 남부 캘리포니아 대학(University of Southern California)과 같은 유명 사립 대학과 더불어 캘리포니아 주의 대학 교육을 이끌고 있다. 동부에 소재한 소위 아이비리그(Ivy League) 대학들이 다 사립이라는 것을 고려할 때 캘리포니아 주 교육 정책이 다른 주와는 차이가 있음을 알 수 있다. 그렇다고 해서 주립 대학이 무상은 아니다. 하지만 주민인 학생은 다른 주에서 유학온 학생들과 달리 등록금의 40%만 내면 된다. 학교도 하나의 사업체이기 때문에 서로 경쟁하면서 성장하기 위하여 경영자나 이사진이 최선의 노력을 다한다. 학교 명성을 잃을 경우에는 학생이 모집되지 못하고, 학생 수가 줄어드는 학교는 결국 문을 닫을 수 밖에 없다. 즉, 학생들은 사회에 나아가기 전에 미국의 유상 교육을 통해 자유 경쟁의 개념을 배우는 것이다.

05

획일적인 교과 과정만을 권장해야 하는가, 선택 과목을 폭넓게 허용해야 하는가?

교육 과정(National Curriculum)은 어느 나라에서나 중요한 논쟁거리이다. 모든 국민이 보편 타당한 사고를 할 수 있을 정도의 교양을 갖추기 위하여 배워야 하는 필수 교과목은 필요하다. 미국은 역사와 정치 두 과목의 학점을 반드시 취득해야만 고등학교 졸업장을 주고 있다. 이러한 필수 과목 이외에 영어, 수학, 과학, 외국어 과목을 포함해서 스스로 자유롭게 과목을 선택하여 240학점을 이수하면 된다. 즉, 미국의 교육 정책은 획일적인 교과 과정을 권장하지 않는다는 것이 중요한 골자이다.

우선 다양한 인종과 문화가 어우러져 있는 미국은 문화, 인종, 종교의 다양성을 공교육 안에서 교육한다. 서로 문화나 인종이 다르다는 배경 때문에 사회 구성원이 서로 반목하는 경우를 만들지 않기 위해서이다. 예를 들어 아시아 인이 많이 거주하는 캘리포니아 지역에서는 외국어로 한국어, 중국어, 일본어를 졸업 이수 학점으로 선택할 수 있다. 또한 역사 시간에는 한국 전쟁, 베트남 전쟁 등을 선택할 수도 있다.

또한 그 지역 사회가 요구하는 교과목을 신설하여 장래 그 지역 사회의 일꾼이 되도록 교육하기도 한다. 컴퓨터 산업으로 유명한 실리콘 밸리에는 기술 고등학교(Techno high school)가 많고 소프트웨어는 물론, 네트워크, 컴퓨터 언어 등 컴퓨터 기술과 관련된 교과목들을 다양하게 가르친다. 그리고 관광 수입으로 생활하는 지역의 학교에서는 관광 산업 및 서비스와 관련한 교육을 한다. 이렇게 지역 사회 특성에 따라서 교과목은 다양하게 제공되어야 한다.

교육의 궁극적인 목적은 학생 개개인이 지닌 학문, 예술, 기술적 재능을 최대한으로 개발하여 지역 사회 나아가서는 국가와 전 세계의 발전을 위해 기여할 수 있는 사람들로 만들어 가는 것이다. 그래서 학생들의 학업 능력에 따라서 교과목도 차별적으로 제공한다. 우수한 학습 능력을 지닌 학생들에게는 과학이나 언어, 사회 등에서 독자적 우수성을 개발할 수 있는 교과목을 제공한다. 전국 학력 평가에서 상위 3%에 드는 학생들 중에는 담임 선생님으로부터 추천을 받아 영재 교육 프로그램을 받기도 한다.

그렇다고 해서 우수한 학생에게만 특별한 과목이나 프로그램을 제공하는 것은 아니다. 오히려 학업 성적이 부진하거나 주의력 결핍 행동 장애(ADHD)나 자폐 등 장애를 가진 학생들에게는 특별 교육 과정이라고 해서 일반 학교 학생들과는 다르게 그들이 스트레스를 받지 않고 즐겁게 학교 생활을 하면서 사회성을 기를 수 있는 특별 교육 프로그램을 제공한다. 일반 학생들보다 적은 학생 수로 학급이 이루어지고, 특수 교육 교사와 보조 교사를 배정한다. 또한 졸업 후에 스스로 일을 할 수 있도록 취업 지도까지 한다. 예를 들면 아이스크림 판매를 할 수 있도록 지도한 후, 이 학생들이 취업할 수 있도록 돕는다. 이들의 고용주에게는 사회 복지국에서 주급의 약 40% 정도를 지원해 주는 등 사회적 장치가 마련되어 있다.

　미국은 다민족 사회의 발전을 위해 다양한 문화에 대한 이해와 인종적 편견을 버리기 위하여 교육의 획일성을 지양한다. 다양성을 인정하고 격려하는 사회가 진정한 민주주의 사회이기 때문이다. 미국에서는 실내에서 모자나 스카프를 두르는 것이 결례(缺禮)이지만 이슬람 아이들이 차도르를 쓰는 것에 대해서는 그 나라 예절로 인정한다. 최근 메릴랜드 주도 뉴욕의 뒤를 이어 아시아 인들의 설, 즉 구정을 휴일로 규정하였다. 이렇게 개인의 특성과 지역의 특성을 중시하는 교육이야말로 개인적 성취와 사회적 발전을 함께 이룰 수 있는 바람직한 교과 과정일 것이다.

06

외부와 차단되는 환경이 최상의 교육 환경인가?

어떤 학부모들은 학생들이 외부의 영향에 흔들리지 않고 학업에만 열중할 수 있는 환경을 제공하는 것이 최상의 교육 방법이라고 굳게 믿고 있다. 과연 그럴까? 미국의 많은 공립 학교들이 학생들의 마약 문제로 골머리를 앓고 있는 지금 외부와 격리된 채 아름다운 자연을 벗삼아 배움에만 정진할 수 있는 교육 환경을 제공하는 학교가 있다면, 교육에 관심이 많은 학부모들의 귀가 솔깃할 것이다. 그렇지만 현실적으로는 깊은 산 속에 들어 앉아 외부와 차단되는 교육 환경을 제공하는 곳은 사립 기숙 학교 뿐이다. 하지만 이런 학교의 등록금은 대학 등록금에 버금갈 만큼 비싸고 이런 비싼 등록금을 지불할 수 있는 사람은 소수의 부유층뿐인 것이 미국의 현실이다.

공립 학교 교육 시스템의 이런저런 불만으로 3년 전 캘리포니아에서는 공립 학교를 가지 않고 사립 학교에 진학할 경우에 정부 지원금 5,000달러를 돌려 주어야 한다는 주민안이 발의되었다. 물론 이 발의안은 통과되지 못하였다. 그것은 다수의 공교육 교사들의 텃세 때문이었다. 공교육은 그 규모가 거대하고 조직화되어서 누구도 건드릴 수 없는 막대한 힘을 발휘한다. 한 선생님이 약 30명 안팎의 학생들을 지도해야 하는 공립 학교가 7~10명의 학생을 지도하는 사립 학교보다 개개인에 대한 관리가 소홀할 수밖에 없다. 또 여러 사회적 계층과 다른 문화적 배경을 가진 다양한 아이들이 공립 학교에 오기 때문에, 사실 중산층 부모는 자신의 아이들을 공립 학교에 보내는 것을 두려워한다. 그래서 비싼 사립 학교 등록금을 낼 수 없을 경우에는 차라리 홈스쿨링이라는 극단적인 방법을 선택하기도 한다. 집에서 자녀들을 직접 교육함으로써 또래들에게 잘못된 습관이나 자신들의 가정에서 믿는 가치관과 다른 문화 전통이나 가치관을 배우지 않도록 하기 위해서다.

　그러나 이렇게 사회로부터 격리된 환경에서 자라나는 아이들이 졸업 후에 사회에 원만하게 적응할 수 있는가에 대해서는 좀 더 깊은 성찰이 필요하다. 자녀들을 학교에 보내는 이유는 더 많은 지식을 배우기 위해서만은 아니다. 학교라는 집단 생활을 통해서 적절한 사회 규범이나 예절, 의사 소통 방법 즉 사회성을 기르기 위해서이다. 개인의 성공도 사회 속에서 이루어져야 가치가 있다. 이런 까닭으로 학교는 자원 봉사 프로그램을 통해서 다양한 사람들이 서로 원활하게 소통할 수 있는 기회를 제공한다. 이러한 교육이 외부 환경과 차단된 교육보다 학문적인 발전과 성과에 있어서 훨씬 효과적이다.

1993년도 빌 클린턴(Bill Clinton)이 대통령으로 선출되었을 때 미국 전역의 보통 시민들은 열광하였다. 특히 알칸소 주 공립 학교 졸업생과 재학생, 교육 관계자들은 기쁨을 감추지 못했다. 매사추세스의 명문 사립 학교 출신의 조지 부시(George Bush)를 이기고 알칸소 공립 학교의 클린턴이 당선되었기 때문이다.

마약과 폭력으로 얼룩진 공교육의 부정적인 일면을 보고 사실 더 많은 부모들이 자신의 아이들을 보호하기 위하여 홈스쿨링을 하고 있다. 홈스쿨링을 하는 아이들이 많아지자 지방 교육청들은 이러한 아동들에게도 교과서나 평가 시험을 제공하고 필요하다면 정기적으로 교사를 집으로 보내 주기도 한다. 그리고 홈스쿨링을 하는 아이들이 견학이나 여행을 통해 사회성을 기를 수 있도록 지원한다. 어떠한 형태의 교육이라도 수혜자들이 원하는 방향으로 적극 지원하여 미래의 일꾼을 교육한다는 교육 정신 때문이다. 학교에 왜 다니는가? 교육을 왜 받아야 하는가? 개인적인 성공만을 쟁취하기 위해서인가? 개인의 성공이 사회적 기여로 이어질 때 진정한 교육이 이루어졌다고 할 수 있다. 교육이 사회 안에서 일어나는 문제를 현명하게 해결할 수 있는 성숙한 시민을 기르는 것이라는 점을 감안하면 더더욱 사회와 격리된 조용한 환경에서 학습에만 정진하는 것은 결코 바람직하지 않다. 사립 학교는 만들 수 있지만 사립 사회는 존재하지 않기 때문이다.

07

무엇을 배우든지 의구심을 갖는 것이 가장 중요한가?

어린 시절 토머스 에디슨(Thomas Edison)은 선생님이 가르치는 것을 수동적으로 받아들이기보다 자주 의문을 제기했다고 한다. 이러한 에디슨을 선생님은 거추장스러운 녀석이라고 달가워하지 않았고, 에디슨은 단 3개월만에 학교 생활을 끝내야 했다. 20세기의 발명왕 에디슨의 비판적 사고를 공교육은 다른 학생들의 학습 진도를 방해하는 귀찮은 행동으로만 생각했던 것이다. 하지만 인류 역사는 에디슨과 같이 의구심을 가지고 기존의 지식에 대해서 반박할 수 있는 사람들 때문에 계속 진보할 수 있었다.

현실과는 달리 교육 이념은 창의적으로 학생들을 교육해야 한다고 말하고 있다. 하지만 교육 현장에서 교사들은 학생들이 교사의 권위에 반하거나 틀렸다고 말하는 것에 심한 모욕감을 느낀다고 한다. 하지만 진정한 민주 시민을 육성하는 교육이 되기 위해서 교사는 학생들이 다소 도전적인 질문을 할 경우에도 이를 진지하게 수용해야만 한다. 그렇다고 해서 학생들의 불경스런 태도를 모르는 척하라는 것은 아니다. 학구적인 탐구 과정에서 서로 다른 의견을 경청하고 토의할 수 있는 학습 환경이야말로 창의적인 생각들을 살릴 수 있다. 교사들은 틀에 박힌 지식들을 그대로 학생들에게 가르치는 것에만 중점을 두어서도 안 될 것이다. 가령 한 가지 문제에 대해서 여러 가지 해결 방법이 나올 수 있다는 가능성, 지금 우리가 사실이라고 믿고 있는 진실이 거짓일 수도 있다는 가능성에 대해서 지도할 수 있는 교사만이 학생들의 사고를 열어 줄 수 있다.

인류가 지속적으로 기존의 지식을 비판 없이 받아들이는 수동적인 자세만 반복한다면 결코 사회는 발전하지 못하고 다람쥐 쳇바퀴 돌듯 동일한 생활을 반복할 것이다. 칼 마르크스가 주장한대로 공산주의 사회는 건설되었지만 결국 모든 사람들이 평등하게 살 수 있는 유토피아는 오지 않았고, 평등이란 명분 아래 개개인의 다른 능력과 특성을 용납하지 않았던 공산주의 사회는 붕괴되고 말았다. 만약 이 세상이 수동적으로 배우는 학생들로만 가득 찼다면, 이 사회는 어제와 같은 오늘, 그리고 오늘과 같은 내일처럼 발전 없는 생활을 할 것이다. 사람이 동물과 달리 다양한 문명 사회를 이루고 살 수 있는 것은 능동적으로 지식을 발전시켰기 때문이다. 능동적으로 지식을 받아들이는 학생들을 뽑기 위해 하버드, 버클리와 같은 명문 대학에서는 창의적이고 도전적인 자기 소개서에 후한 점수를 준다고 한다.

의구심을 가지고 배운다는 것은 기존의 지식을 무조건적으로 받아들이는 것이 아니라 능동적으로 그리고 비판적으로 받아들이는 것을 의미한다. 역사적으로 동양 사회가 왜 서양 사회보다 기술이나 민주주의가 더 늦게 발전했는가 하는 문제의 답은 교육에서 찾을 수 있다. 지나친 존경심을 요구하는 동양의 종속적인 사제 관계가 선생님의 가르침에 의문을 제기하는 도전적인 태도를 인정하지 않기 때문이다. 기존의 지식들을 읽고 외우는 유학 사상 중심의 교육보다는 학생들의 도전적인 의사 발표나 지식에 대한 반론을 진지하게 받아들이는 교육만이 세계를 이끌어 가는 인재들을 양성할 수 있다. 특히 어린 초등학교 학생들이 어떤 질문을 했을 때 선생님이 무조건 조용히 하라고 고압적인 자세로 말한다면 주눅이 들어 더 이상 의문을 가져도 질문할 수 없을 것이다. 이렇게 성장한다면 어린 학생은 창의력을 잃어버릴 것이고, 사회는 발전할 기회를 잃어버리는 것이다.

지금까지 인류 역사는 도전적 의문을 가진 사람들로 인해서 변화할 수 있었다. 25세의 갈릴레이는 무거운 물체가 가벼운 물체보다 빨리 떨어진다는 아리스토텔레스 이론이 오류라는 것을 증명하기 위해서 학생, 교수, 성직자들이 지켜보는 가운데 피사의 사탑 꼭대기에서 무게가 다른 두 금속 물체를 떨어뜨렸다. 그 두 물체는 실제로 같은 순간에 땅에 떨어졌는데 이 사실은 기존의 절대적 지식의 오류를 밝힌 것이다. 그러나 눈으로 확인된 갈릴레이의 실험도 아리스토텔레스 이론을 가르치는 다른 교수들의 믿음을 깨지는 못했다. 대학의 권위자들은 아리스토텔레스를 부정하는 갈릴레이를 무엄한 오만에 빠졌다고 몰아붙이고 결국 그는 1591년 피사 대학의 교수직을 사임하게 하였다. 이듬해 갈릴레이는 파두아(Padua) 대학에 다시 임용되었고, 그 곳에서 18년 동안 실험과 강의를 하면서 명성을 널리 떨치게 되었다. 우리는 지금의 교육 현장이 피사 대학과 같은지 파두아 대학과 같은지를 한 번쯤 돌아보아야 한다. 인류의 운명은 우리가 맹신하고 있는 것들에 대해서 '틀리다' 라고 말하는 사람들로 인해서 발전되기 때문이다.

이러한 까닭에 교사들은 학생들의 능동적인 질문을 유도할 수 있도록 교수안을 짜야만 한다. 학생들이 새로운 과제를 배우기 이전에 그들의 호기심을 자극할 수 있도록 'Why Questions', 즉 의문문으로 학생들이 이미 알고 있는 지식과 앞으로 배워야 할 내용에 대하여 미리 알아볼 수 있는 교수안이나 교과서로 학생들을 가르쳐야만 좀 더 창의적인 학생들로 교육할 수 있기 때문이다. 기존 지식에 대한 의구심은 문명을 발전시킬 수 있는 원동력이다. 주어진 사고를 수동적으로 답습하는 것으로 우리가 만족한다면 이 세상은 더 이상 발전하지 않을 것이다.

08

가장 훌륭한 교육은 다양한 분야의 지식을 습득하는 것인가?

　대학 내 전공 분야는 커다랗게 과학, 인문, 사회 3가지 영역으로 나뉘어져 있다. 현 미국의 대학 교육 제도에서는 전공을 불문하고 이 3가지 영역에서 골고루 교양 과목을 이수한 학생만이 전공 과목을 수강할 수 있다. 기본 교양과 상식이 있는 사람은 자신의 분야에서 두각을 나타낼 수 있을 뿐 아니라, 한 조직이나 기관의 지도자로서도 효율적으로 업무를 처리할 수 있기 때문이다. 이러한 이유로 편입생을 선발할 때에도 기본 교양 과목인 과학, 인문, 사회의 교양 과목을 골고루 이수한 학생에게만 자격을 주고 있다.

　공학을 전공했다 할지라도 사회·정치 부분에서는 민주 시민으로서 정치 참여를, 경제 부분에서는 실리적인 생활을 할 수 있도록 미국의 정부 제도나 경제 상식을 기본적인 소양으로 갖추어야 할 필요가 있다. 또한 누구나 C 이상의 학점을 따야 할 뿐 아니라, 영어 작문 자격 시험에 합격해야만 졸업 자격을 준다. 공학을 전공하더라도 자신의 의견이나 이론을 발표하여 남들을 이해시키는 훌륭한 작문 실력이 있어야 한다고 믿기 때문이다. 에세이 쓰기가 강조되는 교양 학부 덕분에 사회 생활을 하는 많은 학생들의 쓰기 실력은 두드러질 수밖에 없다. 장래에 정부 기관에서 일하든 기업체에서 일을 하든 작문 실력을 기본적으로 갖춘 행정가나 기업가가 효과적으로 자신이 전하고자 하는 내용과 답변을 글로 표현할 수 있는 것이다.

반면에 영문학을 전공하는 학생들은 화학이나 생물과 같은 실험 과목을 수학과 함께 수강하고 C 이상의 점수를 취득해야만 졸업을 할 수 있다. 이는 문학 작품을 창작할 때에도 기본적인 과학 지식이 있을 때에만 상식에 어긋나지 않는 작품을 쓸 수 있기 때문이다. 미국 공상 과학 소설의 대가 아이작 아지모프(Issac Isimov)는 수필가, 유머 작가이자 과학 교과서를 쓴 과학 분야의 학자였다. 그는 1960년대에는 14권의 역사 소설을 썼을 뿐 아니라 셰익스피어에 대한 평론 등 다양한 주제의 글을 발표하였다. 일생 동안 무려 500여 권이 넘는 책을 저술했는데, 이렇게 많은 책과 공상 과학 소설을 쓸 수 있었던 것은 그가 작가이면서 또한 과학자였기 때문이다. 이처럼 아지모프가 많은 문학 작품을 쓸 수 있었던 것은 깊고 폭넓은 지식의 소유자였기 때문이다.

그럼 작문이 누구나 갖추어야 할 능력이라면, 수학은 과연 무슨 이득이 있길래 교양 과목 안에 포함되어 있을까라고 반문하는 학생들도 있을 것이다. 하지만 수학은 논리적 사고의 틀을 가르쳐 주는 중요한 과목이라는 점을 잊어서는 안 된다. 언어학에서도 수학적 모델링이나 수형도를 사용해서 이론을 설명하는 것은 수학적 개념, 즉 숫자를 통해서 논리적인 사고의 틀을 명확하게 이해할 수 있기 때문이다. 수학적 개념을 배울 때 학생들은 논리적 사고의 기준이 되는 원리 원칙에 접근할 수 있다는 점을 명심해야 한다. 수학적 표현은 간결하다. 그런 이유로 복잡한 현상을 등식이나 부호 또는 숫자로 표현하여 명확하게 이해할 수 있도록 도와준다. 그 뿐만 아니라 숫자를 사용해서 설명할 때 객관적 설득력도 얻을 수 있다. 그런 이유로 사회 복지나 환경, 도시 행정학 등 사회 과학적 영역에서도 수학적 데이터를 이해하는 학생들의 능력을 강조하는 것이다.

인문, 사회, 과학의 영역은 각자 독특한 지식의 전문적 성격을 가지고 있다. 어느 하나가 더 중요하고 다른 하나는 덜 중요하다고 평가하는 것은 의미가 없다. 요즘 젊은이들이 인문학을 기피하는 현상이 일어나고 있다. 이는 인문학을 전공한 졸업생들의 취업율이 타학문을 전공한 졸업생보다 낮기 때문이다. 취업률이 높은 경영학, 법학, 의학과가 인기 전공 과목이라고 한다. 경영학과 학생들에게 인문학을 공부해야 한다고 하면 그것은 시간 낭비라고 불평을 한다. 하지만 인문학 관점에서 사물을 이해하고 세상을 바라볼 때, 법학도 의학도 새로운 관점을 가지고 발전하게 된다. 반면에 과학의 영역에서 터득할 수 있는 논리적·수리적 사고는 인문학을 새로이 탄생하게 만든다. 이렇듯 다양한 학문 분야의 기초적인 지식을 알고 있을 때 우리 사회 구성원들은 좀 더 효과적으로 자신의 능력을 개발하고 보다 효과적으로 일할 수 있는 지식인이 될 수 있다.

09

책을 통해서 얻는 지식은 직접 경험보다 폭넓고 깊은가?

　우리는 책을 통해서 얻는 지식이 직접적인 경험보다 더 폭넓고 깊이 있느냐는 질문에 대답하기 이전에 지식을 대체로 어떻게 얻게 되었는지 생각해야 할 것이다. 한평생 쌓은 우리들의 지식이 모두 직접 경험에서 얻은 것이었을까? 그렇지 않다. 대부분의 지식은 교과서, 참고서, 문학 작품, 신문 또는 텔레비전을 통해서 조금씩 읽고 들은 내용들이 두뇌 속에서 종합되어 전체적인 개념을 파악하고 이해할 수 있게 된 것이다. 간혹 어떤 이들은 직접 경험이 너무 중요하기 때문에 어릴 적에는 곤충 채집 등 자연 학습 현장을 자주 가야 하며, 직접 갈 수 없는 우주를 이해하기 위해서는 과학관에 견학을 가는 것이 가장 효과적이라고 한다. 때문에 학교는 보다 많은 시간과 돈을 직접 경험을 하는 교과 프로그램에 투자해야만 한다고 주장한다. 물론 견학이나 수학 여행은 학생들에게 학습 동기를 효율적으로 부여한다. 항상 교실에 앉아서 연필과 책을 들고 읽기와 쓰기를 통해서 지식을 연마한다면 지루함을 이기지 못하기 때문이다.

그렇다고 해서 지식을 직접 경험에 의해서만 얻을 수 있다면, 그것은 오히려 학생들의 상상력과 호기심을 감소시키는 결과를 가져올 것이다. 무엇보다도 방대한 양의 지식을 직접 경험으로 얻는다는 것이 현실적으로 불가능할 뿐만 아니라, 지금 당장 경험할 수 없는 역사 속 위인들의 사상은 배울 수 없을 것이다. 책은 시간과 공간을 뛰어넘어 독자들이 자유롭게 현인(賢人)들의 생각을 배울 수 있는 기회를 제공한다. 예를 들면 나는 변형 생성 문법의 대가인 촘스키를 한 번도 만나 본 적이 없다. 하지만 그가 지은 《통사론》 등 여러 책을 읽음으로 그의 언어학에 대한 생각을 이해할 수 있다. 컴퓨터와 인터넷 기술이 발달한 현대에는 웹사이트에서 자신이 알고 싶은 지식을 검색만 하면 친절한 전문가들의 답변들을 쉽게 얻을 수 있다. 책은 공간의 장벽뿐 아니라 시간의 장벽을 넘어 자신이 알고 싶은 어떠한 인물도 만나게 해 준다. 로마의 카이사르를 만날 수도 있고, 영국의 셰익스피어를 만날 수도 있다. 더 시간을 거슬러 올라가서 아리스토텔레스, 플라톤 등 그리스의 철학자들과 대화를 나눌 수도 있다.

사람이 만물의 영장이 된 까닭은 자신들이 경험하고 터득한 지식을 글로 남겨 후세에 전했기 때문이다. 문자가 생기고 종이를 발명한 이후 사람들은 수많은 경험과 생각을 책으로 만들어 남겼으며, 구텐베르크(Johannes Gutenberg)가 금속 활자를 발명한 이후에는 한꺼번에 더 많은 책을 만들 수 있게 되었다. 작은 활자로 쓰여진 책은 다양한 세계로 안내하는 여행의 길잡이가 되었다. 또한 책은 독자들에게 스스로 상상할 수 있는 또 다른 창조 능력을 부여한다. 책은 독자들이 직접 경험에 의존할 경우 얻을 수 있는 지식의 편협한 한계를 무한하게 넓혀 준 중요한 창(窓)이다. 책을 통해서 우리의 상상력은 우주에 살고 있을지도 모르는 외계인들의 삶에까지 확대되었다.

교육 심리학의 대가 에릭슨(Erickson)은 직접 경험으로 지식을 습득할 수 있는 나이는 불과 다섯 살이라고 하였다. 인지 능력이 발달하면 할수록 학생들은 자신이 얻은 지식을 바탕으로 또 다른 지식을 추론할 수 있는 지적 능력이 발달한다. 즉, 학교에 다닐 정도의 아동들은 배운 지식을 바탕으로 상상력을 발휘하여 새로운 지적 능력을 가진 아이로 성장하게 된다. 직접 경험을 하지 않고도 책을 통해서 지식을 축적하고 그것을 바탕으로 다시 창조적인 발명과 발견을 할 수 있기 때문에 사람을 만물의 영장이라고 일컫는 것이다. 책은 시공간을 뛰어넘어 사람과 사람 사이에 생각이나 경험을 나눌 수 있도록 한다. 특히 네트워크가 발달한 요즘에는 인터넷에서 얻은 지식으로 생활의 발전을 극대화할 수 있다.

책은 문자로 기록되어 있다. 아무리 시각적 이미지가 발달되어 모든 것을 사진이나 그림으로 생생하게 볼 수 있다지만 그래도 사람들이 기본적으로 창작하고, 논리적인 이성으로 현상을 분석 종합할 수 있는 가장 효과적인 방법은 문자이다. 카메라나 비디오카메라가 발전했더라도 이런 사고의 원초적인 틀이 문자 기록에 있다는 것을 잊어서는 안 될 것이다. 더욱이 사람이 움직일 수 있는 거리가 한정되어 있기 때문에 직접 경험의 물리적인 폭은 매우 좁다. 배움의 방법에 있어서 혹자들은 직접 경험이 더 효과적이며, 사진이나 그림 또한 중요한 학습 방법이라고 반박할지 모른다. 하지만 직접 경험이나 시각적인 그림은 책을 통해서 배우는 것을 보조해 주기는 하나, 책을 통해서 배우는 것보다 효과적이라고 말할 수는 없다. 책은 우리들의 지적 활동에 가장 기본이 되는 편리하고 간단한 방법이다.

10

의지대로 생각하고 원하는 대로 배우는 것이 최선인가?

　대학 진학이나 취업 관문을 통과하기 위해서는 항상 마지막에 인터뷰 과정을 거쳐야 한다. 인터뷰에서 가장 흔한 질문은 '당신의 이상형은 누구인가?', '당신은 왜 그 사람을 존경하는가?' 등이다. 공산주의 사회나 독재 정권의 교육 현장에는 그 사회의 최고 지도자의 사진이 교실 전면에 근엄하게 걸려 있다. 이는 그 정치 지도자를 무조건적으로 존경해야 한다는 맹목적인 추앙을 학생들에게 심어주는 부정적인 예라고 할 수 있다. 이렇게 정치적으로 권력을 유지하기 위하여 만든 억지 영웅이 아닌, 인본주의와 민주주의 발전의 역사를 다시 쓴 훌륭한 인물을 본받게 기르는 것은 또 다른 위대한 사람을 탄생시키는 밑거름이 된다.

영국의 식민 지배 아래에서 인도의 독립을 위하여 무저항 무폭력을 주장하였던 간디는 후세에 흑인들의 권익을 위해서 시민 운동에 앞장섰던 마틴 루터 킹에게 영향력을 끼쳤다. 미국의 몽고메리 지역에서 흑인이면서도 뒷좌석에 앉지 않고 앞 좌석에 앉았다는 이유로 흑인 여성이 버스에서 내동댕이쳐진 일이 일어났다. 이 사건을 계기로 조직적이고 평화적인 저항을 이끌어 흑인에게 부당하게 적용됐던 차별법(Segregation law)을 폐지시킨 마틴 루터 킹은 이상적 위인 간디를 마음 속 깊이 존경했던 것이다. 남아프리카 공화국에서 최초로 흑인 대통령으로 선출된 넬슨 만델라(Nelson Rolihlahla Mandela)는 수십 년간 투옥을 당하면서도 비폭력 노선을 포기하지 않은 지도자로 세계의 관심을 집중시켰다. 또한 고등학교 시절, 최우수 학생으로 뽑혀 백악관에서 케네디 대통령을 만난 클린턴은 케네디와 악수를 할 때 자신도 미국의 대통령이 되어야겠다고 결심했다는 일화는 유명하다.

미국 교육 현장에서 이상형은 교육에서 매우 중요한 역할을 한다고 믿는다. 왜냐하면 주변의 어른들을 직접 보고 배우는 것은 교과서나 위인전을 읽는 것보다 더 큰 영향을 끼칠 수 있기 때문이다. 이런 이유로 훌륭한 모델이 되어 줄 어른이 없는 가정에서 자라나는 아이들에게는 지역 사회에서 명망있는 자원 봉사자들을 동원해서 아이들을 돌보게 한다. 한 달에 한 번 정도 아이들을 데리고 야구 경기를 보여 주고, 영화를 보거나 놀이 공원에 데리고 다니고, 집에 초대해서 멋진 저녁을 대접하고, 대화의 시간을 함께 보냄으로 아이들이 사회의 부정적인 모습이 아닌 건강하고 긍정적이며 따뜻한 환경에서 자라날 수 있도록 배려하는 것이다. 중학교에 다니는 쟈니는 마약 중독으로 일찍 죽은 엄마와 감옥에 있는 아버지를 대신해서 늙으신 할머니가 그를 양육한다고 했다. 이런 쟈니는 지역 사회의 도움으로 매 주말 교회나 또 지역 도서관, 그리고 박물관을 데리고 다니면서 친구가 되어 주고, 들쭉날쭉한 치아와 튀어나온 잇몸을 교정시켜 주는 양부모를 만나게 되었다. 경제적으로 여유 있는 사람들이 가난하고 어려운 가정에서 자라나는 아이들을 외면한다면 사회는 점점 더 빈부의 격차가 벌어지고, 이러한 격차는 차별과 갈등이 가득한 폭력적인 사회를 만들 것이다. 또한 유명한 영화 배우나, 가수 또는 운동 선수들이 학교 교육에 참여해서 어린 꿈나무들에게 희망을 심어 주기도 한다. 학생들은 교육 프로그램에 참여함으로 친밀한 관계를 형성하는 가운데 자신들도 노력만 하면 훌륭한 사람이 될 수 있다는 꿈을 키울 수 있으며, 이런 꿈은 어린이들의 능력을 개발할 수 있는 기회를 열어 준다. 누군가 아이들의 이상적 멘토(Mentor)가 되어 줄 때, 우리 어린 자녀들의 미래는 밝다.

　개인의 의지대로 배운다는 것은 현실적으로 불가능하다. 어린이들은 주위 누군가의 행동을 보고 자극받고 따라하기 때문이다. 폭력적인 사람의 언사와 행동을 보고 자란 아이는 아무렇지도 않게 욕을 하고 주먹을 휘두른다. 어린 아이들은 학교 생활을 통해서 가족 이외에 선생님이나 또래 친구들과의 사회 생활을 시작하게 된다. 대부분의 시간을 학교에서 보내게 되는 아이들에게 선생님의 말투, 행동과 사고 방식은 지대한 영향을 끼친다. 선생님이 아니더라도 친구들의 행동을 보고 흉내 내는 아이들은 가정을 떠나서 좀 더 커다란 사회적 예의 규범과 가치관을 배우는 것이다. 가장 민감한 사춘기에는 아이들의 눈높이에 멋져 보이는 행동을 하는 학생들이 인기가 있기 마련이다. 교육 심리학자 비고츠키(Vygotsky)는 아동이 타인과의 관계에서 영향을 받으며 성장하는 사회적 존재임을 강조하고 부모나 교사의 행동을 표본으로 자신의 가치관을 형성해 나간다고 설명한다. 마음 속의 위인보다는 학생들이 매일 만나는 교사의 행동과 양식이 학생들에게 귀감이 되어 준다면, 교육은 매우 효과적으로 이루어질 것이다. 그리고 훌륭한 이상형의 어른들이 도처에서 모범을 보여 줄 수 있는 사회가 진정한 인본주의 사회일 것이다.

11

감성 발달을 돕는 교육이 학생들에게 더 유익한가?

'당신이 교육을 받는 목적이 무엇입니까?'라는 질문을 던졌을 때 '제 자신의 입신출세(立身出世)를 위한 것입니다.'라고 거침없이 답변하는 학생들이 부지기수라면 그 사회의 공교육은 실패했다고 평가할 수 있다. 또 그러한 제도에서 교육을 받은 학생들에게 '당신의 장래 희망은 무엇입니까?'라고 묻는다면 그들은 당연하다는 듯이 '일류 대학에 가는 것입니다.'라고 말할 것이다. 이 또한 그 사회의 구성원이 미개한 이기주의자라는 증거이다. 우리들의 아들딸도 이런 답변을 하지 않을까 두렵다. 하지만 학교에서 학원으로 국어, 논술, 수학, 과학, 영어 등 성적 위주의 교육에 시달리며 자라난 아이들에게 그 이상의 답변을 기대할 수 있을까? 얼마 전 뉴스에서 체육 과목의 이수 시간을 높인다는 정부의 발표에 많은 학부모들이 수험생에게 이중고를 준다고 분개하는 모습을 방영한 적이 있다. 자기 자녀가 사법고시에 합격해야 하고 수입이 좋은 의사가 되어야 하고, 적어도 대기업에 취직해야만 한다는 고집 때문에 수능 시험이나 대학 논술 고사와 직결되는 과목만을 공교육이 가르쳐야 한다는 잘못된 가치관 때문이다. 분명 이 학부모들은 지나친 이기심에 가득 찼다는 비판을 피하기 어려울 것이다.

 물론 국어, 수학, 영어, 사회, 과학 등 주요 교과목의 비중이 다른 교과보다 커야 한다는 것은 모두가 인정하는 사실이다. 이러한 기본 공통 교과목은 학생들에게 비판적인 사고와 논리적 추론을 할 수 있는 지적 능력을 길러 주기 때문이다. 그렇다고 해서 이런 교과목만을 중시하는 교육은 학생들의 신체적 발육을 저해하는 결과를 가져온다. 몸이 튼튼해야만 지적인 활동도 효과적이라는 것은 이미 증명되었다. 미국의 교과 과정은 대체로 지역의 특성을 살려서 재조정되지만, 교과 과목 가운데 지역을 불문하고 국가 공통으로 들어 있는 과목은 체육이다. 5살에 공립 유치원에 입학한 이후로 미국 아이들은 매일 50분에서 90분 정도의 체육 시간을 10학년, 즉 고등학교 1학년까지 이수하게 된다. 그리고 정부는 자라나는 아이들의 건강한 몸 관리에 많은 재원과 인력을 지원하고 있다. 이런 이유로 미국 교사 협회에 체육 교사들의 수가 가장 많다. 체육은 건강한 사회의 존속과 발전을 위해 꼭 필요한 것이다. 다양한 단체 경기 종목이나 개인 경기 종목을 통해 학생들의 체력 증진을 도모하고, 그것이 가져다 주는 만족감이나 공동체 의식으로 사회 적응력을 키워나갈 수 있다. 또한 산업의 근대화, 즉 도시화로 인한 자연적인 놀이터나 육체 노동 시간의 감소, 도시 공해 등은 모든 국민에게 사회 체육의 필요성을 높여 주었다. 즉, 사회 변화에 따라 국민들이 운동의 필요성을 실감하고 참가할 가능성이 높아졌고 사회적 배려도 점점 더해가고 있다. 이런 이유로 선진국형 산업 구조를 가진 사회에서는 체육 교육의 중요성이 강조되고 있다.

체육 과목이 학생들의 신체 발달에 중요한 역할을 한다면 음악, 미술, 윤리 과목은 학생들의 정서 함양에 도움을 준다. 또한 예술의 감상과 표현을 통하여 미적 체험과 심미적 감성을 교육할 수 있다. 그렇기 때문에 예술 또한 체육과 더불어 교육의 기초 교과목으로 인정해야 한다. 교육사적 입장에서 볼 때, 예술 교육은 그리스 로마 시대에 크게 번성하였으나, 산업 혁명 이후 근대 국가의 산업화 및 기계 문명의 발달에 따라 점차 쇠퇴하였다. 이와 같은 현상은 학교 교육의 목적과 기능이 인문 교육에서 점차 자본주의 사회가 요구하는 직업적 교육으로 흘렀기 때문이다. 그러나 예술 교육은 직업적 교육만으로는 이루어질 수 없는 전인 교육, 즉 창조적 활동과 생산적 활동 및 인간성 함양과 자아 표현 수단으로서 그 중요성이 널리 인정받고 있다. 특히 영국의 허버트 리드(Herbert Read)는 그의 저서 《예술을 통한 교육(Education through Art)》을 통해 예술 교육의 방향을 정립함으로써 전인 교육에 커다란 영향을 끼쳤다. 오늘날 예술적 소질이 있는 소수의 어린이를 위한 전문적 천재 교육이 아니라 모든 어린이의 창조적 활동을 계발하고 심미감을 육성하기 위한 교양 교육으로 예술 교육의 의미와 역할이 확대되었다. 논리적 인식이나 과학적 사고력을 키워나가는 것이 학교 교육의 중요한 기능이지만, 인간 생활에 중요한 역할을 담당하는 심리적이고 감성적인 정서도 중시되어야 한다. 인간 생활 중에는 논리적인 사고뿐만 아니고, 예술적 감동이나 의지적 행동도 매우 중요한 위치를 차지하기 때문이다. 따라서 예술 교육이란 어린이가 형상, 색상, 음률, 동작, 언어 등으로 사물을 생생하게 표현하고, 이와 같이 표현된 예술 작품을 재현하고 감상하는 교육 과정에서 인간의 다양한 능력을 전면적으로 발전시켜 전인 교육에 이바지하는 일이다.

교육 현장에서 논리 교육만이 지나치게 강조된다면 전인 교육은 불가능할 것이다. 감성과 신체적 균형이 맞지 않는 교육은 지적으로나 정서적으로 불균형한 사회인들을 양산할 위험이 있다. 보편적인 진리와 원리를 발견하려고 노력하는 과학적 사고나 언어 논리를 통해 지적인 생활을 영위하는 것은 분명 학생들이 습득해야 할 지적 훈련일 것이다. 그러나 예술이나 체육 수업을 통해서 그들이 정서적으로 안정되고 신체적으로 강건한 청년으로 자라날 때 지적 교육 또한 효과적으로 이루어진다는 사실을 깊이 이해하고 교과 과정을 구성해야만 할 것이다. 학생들이 지적, 감정적, 신체적으로 균형 잡힌 성장을 할 수 있을 때 안정된 사회를 만들어 갈 수 있기 때문이다. 닷새 동안 직장에서 열심히 일하고 주말에는 가족이나 친구와 함께 스포츠나 예술 공연을 즐길 수 있는 사회 구성원이 많은 지역 사회는 좀 더 생동감이 넘치는 사회가 될 것이다.

12

평생 교육은 왜 필요하며, 어떤 측면에서 그 효과가 긍정적으로 평가되는가?

컴퓨터의 발명과 네트워크의 구축은 세계를 변화의 소용돌이 안으로 몰아넣고 말았다. 할머니 할아버지 세대에게는 전혀 필요하지 않았던 요술 단지 같은 컴퓨터의 등장은 실로 많은 사람들을 당황하게 만들었다. 그리고 글을 깨우치는 것도 어려워 여전히 문맹률이 높은 국가에서도 컴퓨터 교육에 열을 올리게 되었다. 문맹이 아니라 컴맹을 퇴치하는 교육이 절대로 필요한 상황이 되고 말았다. 이런 이유로 컴퓨터 산업을 주도하고 있는 미국은 커뮤니티 칼리지를 통해 주민들에게 새로운 컴퓨터 기술을 교육하고 있다. 전문 강사들을 고용하여 다양한 컴퓨터 공학에 관련된 과목들을 신설하고, 학교 시설을 전산화하는 투자를 감행해 주민들이 불편 없이 컴퓨터를 사용할 수 있도록 한 것이다.

12주마다 우편물로 집집마다 배달되는 커뮤니티 칼리지의 과목들은 그 종류가 매우 다양하다. 마이크로 소프트사의 운영 체제를 기본으로 한 문서 작성 프로그램이 아니더라도, 다양한 미디어 프로그램을 배우기 위해서 주말이나 저녁 시간의 강좌는 수강생들로 가득하다. 18세 이상 주민이면 누구나 수강할 수 있는 평생 교육 과목도 인기가 대단하다. 초급에서부터 고급반까지, 소프트웨어 사용법을 가르치는 과정에서부터 컴퓨터 언어를 지도하는 과정, 하드웨어 기술자나 네트워크 기술자를 양성하는 과정까지 컴퓨터에 관한 평생 교육 과정은 매우 다양하다. 중고등학교 교사, 법정 사무관, 교도관, 기업체 종업원 등 너 나 할 것 없이 2년제 커뮤니티 칼리지에서 수강했음을 증명하면 월급의 액수가 늘어나게 된다. 왜냐하면 컴퓨터 사용 기술이 뛰어난 종업원들은 언제 어디서나 복잡하거나 많은 양의 일을 할 수 있기 때문이다. 이처럼 새로운 기술은 발명하는 것도 어렵지만, 사회에 편리한 도구로 정착하기까지의 길은 더욱 험난하다.

노인 인구가 급증하여 1955년 이후에 출생한 미국 시민들은 만 65세가 아니라 만 67세부터 국민 연금을 신청할 자격이 주어진다고 한다. 고령화된 미국 사회에서는 60대를 '새로운 중년'이라고 부른다. 미국 정부는 더 많은 노인 인력을 사회에 재투자하기 위해서 종합 소득세법을 대폭 수정하였다. 예전처럼 연금을 소득에 포함시키지 않는다. 다시 말해서 젊어서 번 연금에는 세금을 부과하지 않는다는 뜻이다. 그래야 더 많은 노인들이 일자리를 찾아 나서기 때문이다. 고령화 사회를 준비하기 위해 미국의 각 교육 기관은 평생 교육 제도를 더욱 더 확장하고 있다. 컴퓨터 활용 능력을 교육하기 위해서 커뮤니티 칼리지는 물론 크고 작은 사설 학원이나 도서관 등 동네의 공공 시설 어디서나 컴퓨터 강좌는 열리고 있다.

또한 미국 정부는 많은 숫자의 이민자와 외국인들 심지어는 불법 체류자에게도 무료로 영어 강습을 하는 성인 학교(Adult School)을 운영한다. 성인 학교는 영어를 외국어로 하는 사람들을 위한 무료 교육 제도인데 일반 공립 학교가 끝난 저녁 시간에 교실을 빌려서 운영된다. 또 뒤늦게 고등학교 졸업장을 취득하고자 하는 성인들이 고교 과정을 이수할 수 있도록 지원하고 있다. 물론 성인 학교에 영어 교육 프로그램만 있는 것은 아니다. 기본적인 컴퓨터 프로그램이나 노인들을 대상으로 하는 자신의 자서전 쓰기, 여행이나 자전거 타기, 체스 등 다양한 취미 생활 프로그램을 자유롭게 선택할 수 있다. 3개월마다 수강 신청을 하기 때문에 시간적 여유가 있는 주민들은 누구나 자유롭게 수강 신청할 수 있다. 평생 교육 프로그램 안에는 금연이나 금주와 같이 생활 습관을 고치는 프로그램이나 사회 봉사를 좀 더 효율적으로 하기 위해 필요한 자원 봉사자의 교육 프로그램도 포함되어 있다.

불경기가 닥치면 노동자의 해고가 많이 발생하는 나라가 또한 미국이다. 다시 말하면 이는 노동력이 매우 유동적이라는 뜻이다. 공립 학교에서도 일년에 약 30% 교사들이 이직, 파면 또는 은퇴의 이유로 바뀌고 있다. 교사를 그만두고 은행에 새로운 일자리를 구하거나 컴퓨터 프로그래머가 되는 사람들도 있다. 또 은행을 그만두고 40세가 넘은 나이에 공립 학교 교사가 되는 사람들도 있다. 아마도 직업이 유동적인 나라여서 더욱 더 평생 교육이 필요한지도 모른다. 평생 교육 프로그램은 기초 생활비를 무상으로 지급하는 것보다 더욱더 의미 있는 일이다. 국민 한 사람 한 사람이 긍정적인 자세를 가지는 것이 보다 건전한 사회를 구축할 수 있다고 믿기 때문이다. 즉, 국민의 자발적인 참여를 이끌어 낼 수 있는 사회가 새로운 에너지로 가득찬 강대국이 될 수 있다. 한 국가가 가진 자원 중에서 천연 자원은 고갈이 예상되어 있다. 그러나 우수한 인적 자원은 그 가능성이 무궁무진하다. 이러한 이유로 정부는 평생 교육에 끊임없는 경제적 지원을 하고 있다.

II 기술과 미디어

Technology & Media

13 기술의 발달이 윤리와 도덕도 바꾸는가? **14** 기술의 발전은 휴머니즘에 부정적 영향을 끼쳤는가? **15** 기계는 다만 인간 두뇌가 이용하는 도구일 뿐인가? **16** 기술은 현대인에게 더 많은 여가 시간을 주었는가? **17** 광고는 소비자에게 대리 만족을 주는가? **18** 문자보다 정확성과 신뢰성이 있는 비디오카메라 기록이 더 중요한가? **19** 현대 사회에서는 이미지 그 자체가 가장 중요한가? **20** 대중의 사랑을 받는 유명인의 사생활은 침해해도 되는가? **21** 텔레비전이나 컴퓨터는 가 보지 못한 관광지도 친숙하게 하여 관광 산업을 위축시키는가? **22** 미디어는 개인이나 사회에 혼란을 야기한 책임을 져야 하는가? **23** 장기간의 시각적 혼란은 사람이 하나의 주제에 집중하는 것을 방해하는가?

여성의 평등한 지위 획득은 정치 지도자나 사회 운동가의 덕분만은 아니다. 그 배경에는 여성을 자유롭게 할 수 있었던 기계 기술의 발전이 있었다. 그러나 열정과 노력으로 발전한 20세기 최첨단 기술이 한편에서는 우리 사회의 평화와 생태계를 위협하고 있다. 인류의 위대한 문명의 이기인 '칼'의 양면성처럼 말이다. 첨단 기술은 유익하게 쓰면 편리한 도구가 되지만 개인의 탐욕을 성취하기 위해 쓴다면 대량 살상과 파괴의 주범이 될 수도 있다. 그러므로 기술을 무한하게 발전시키는 것에만 급급하기보다 다소 시간과 경비가 들더라도 도덕성과 양심을 기초로 모든 기술 연구는 발전해야 할 것이다.

안락함과 인명 재해를 준 기술의 발달

지난 세기 빠른 속도로 발전한 기술은 우리에게 과연 안락함과 편안함을 가져다 주었는가? 아니면 빨라진 생활은 과거의 느리지만 평화스러웠던 생활을 망가트리고 말았는가? 이 질문은 점점 더 기계화되어가는 삶을 살아가야 할 현대인에게는 반드시 짚고 넘어가야 할 중대한 논쟁점으로 부상하였다. 또한 기술의 발달로 얻은 안락함은 과연 궁극적으로 휴머니즘 발전에 기여했는가 하는 질문에 우리는 그렇다라고 자신 있게 답변할 수 있을까? 기계화로 인해서 과거에는 상상할 수도 없었던 크고 작은 문제들이 다반사로 발생하고 이로 인하여 대형 인명 피해 사건 또한 속출하고 있다. 기술의 발달이 없었다면 체르노빌 우라늄 방출 사건과 같은 대형 재해는 결코 발생하지 않았을 것이다. 그렇다면 기계화로 발생한 여러 사회 문제를 해결할 수 있는 가장 바람직한 방법은 무엇일까? 다른 새로운 기술로 해결할 수밖에는 없다며 더 진보된 기술의 발달을 기대해야 할까? 공상 과학 소설처럼 인간과의 전쟁도 불사하는 무시무시한 파괴력을 갖춘 로봇이 출몰할지도 모르는 위험한 미래를 대비하고 미연에 방지해야 할 책임을 모두 과학자들에게만 전가해야 하는지에 대해서 우리는 생각해 보아야 한다.

기술의 발전, 법적인 제재, 그리고 도덕적 양심

인류의 지적 능력은 점점 더 진보하여 왔다. 과연 기계가 감성을 갖는다면 인간은 어떻게 반응하고 길들여질까? 갓난 아기에게 수유하는 로봇이 생산되었다고 가정해 보자. 아마 아이를 팔이 아프게 안지 않아도 될 엄마는 편안하게 느낄 것이고, 아이도 한 치의 흔들림도 없이 수유해 주기 때문에 편안하게 우유를 먹을 수 있을 것이다. 이런 아기가 자라 두 살 정도가 되면, 자신이 원하는 장난감을 알아서 가져다 주는 로봇에게 고마운 감정을 느낄 것이고 아이는 로봇과 부모 사이에서 애정의 혼란을 겪게 될 것이다.

원시 시대부터 사용해 왔던 칼은 긍정적인 면에서 본다면 음식을 만들거나 다른 도구를 만드는 유용한 연장이지만 잘못 사용하면 사람을 죽이는 살상 무기가 된다. 마찬가지로 현대 첨단 기술도 도덕적 양심에 따라 활용해야만 문명의 이기가 될 수 있다는 것을 우리는 어린 자녀들에게 철저하게 교육해야 한다. 그렇지 않다면 첨단 과학 기술을 가진 사람이 기술에 대한 지식이 없는 사람들의 재산이나 권리를 부당하게 착취하는 새로운 범죄가 세상의 평화를 위협할 것이다. 사회 발전을 위해 기술의 발전과 더불어 법적인 제재, 그리고 도덕적 양심을 교육해야만 한다. 인류의 기술은 끊임없이 발전해 왔으며, 우리는 미래에도 지속적으로 발전시키고자 하는 열망이 있다. 이러한 창조를 향한 열망은 그에 비례하여 지구의 파괴를 가져올지도 모른다는 사실을 새로운 세대들은 명심하고 그 방비책을 새로운 기술 사용만큼 준비해야 할 것이다.

세계를 일일 생활권으로 만든 교통과 통신의 발달

지난 20세기 발명품들 가운데 인간 생활을 현저하게 바꾸어 놓은 3대 발명품은 자동차나 비행기와 같은 운송 기술, 미디어 영상 기술, 가전 제품 기술이다. 자동차는 생활 필수품이 된 지 이미 오래되었으며, 비행기를 타고 여행하는 것은 더 이상 소수만이 누리는 사치스러운 생활이 아니다. 자동차 산업으로 거부가 된 포드는 그의 말년을 조용한 시골에서 보냈다고 한다. 이때 신문 기자 한 사람이 왜 한적한 시골에서 여생을 보내냐고 묻자 포드는 "시끄러운 자동차 소리가 싫어서 그렇다."라고 말했다는 재미있는 일화가 있다. 보잉 747기는 요란한 굉음으로 하늘을 뚫고 사람들의 대륙 횡단을 단 몇 시간 만에 가능하게 하였다. 그러나 이러한 비행기도 무자비한 납치 사건으로 수많은 무고한 사람들을 살상하는 무기로 돌변한 사건이 일어나고 말았다. 또한 자동차 사고로 인한 인명 피해 또한 매년 4만 건이 넘고 있다. 자동차 사용을 부정적으로 생각하는 이들은 문명의 이기인 자동차를 포기하는 순간 사람들은 다시 환경 친화적으로 살아갈 것이라고 역설하며, 자동차의 생산과 소비를 줄이고 대중 교통 수단을 이용해야 한다고 주장한다.

하지만 자동차가 없는 생활은 더 이상 상상할 수도 없다. 더욱이 광활한 미국이란 땅덩어리에서 교통망은 지역 간의 문화적·경제적인 차이를 해소해 주었다. 다민족 사회인 미국에서 전국을 연결하는 도로망은 여러 지역 사람들이 서로 다른 문화나 언어 그리고 관습을 이해하고 받아들이는 데 중요한 역할을 하였다. 또한 정보 통신망은 광케이블로 지구의 반대 방향에 살고 있는 사람들과의 관계를 밀접하게 연결하였다. 서울에서도 뉴욕 시간에 맞추어 살아가고 있는 전문 증권인들의 숫자가 늘어나고 있다. 이들의 매일매일의 생활은 서울과 뉴욕의 거리가 느껴지지 않을 만큼 비슷하다. 이처럼 교통망과 통신망의 발달은 사람들의 잦은 왕래를 가능하게 함으로서 세계가 하루의 생활권으로 움직이게 했다.

기술의 발전으로 인해 잃은 것과 얻은 것

　기술의 발전과 무관하게 전쟁, 기아, 폭력 문제는 지금도 여전하며 버튼 하나로 대량 학살이 저질러지기도 한다. 또한 20세기 일어난 두 번의 세계 대전은 많은 사람들의 목숨을 앗아가고, 삶을 파괴시키고 말았다. 그렇다고 해서 핵무기로 인한 제2차 세계대전의 피해를 기술의 발전 탓으로만 돌려서는 안 될 것이다. 자신들의 정치적인 야심을 지키기 위해 무기를 생산하고 이를 인명을 살상하는 데 사용한 사람들의 이기적인 도덕 불감증이 문제의 근원인 것이다. 자동차나 비행기의 발명이 지구를 더 작게 만들었고 미디어 기술이 민주주의 발전에 원천적인 힘이 되었다는 사실을 부인하기는 힘들다. 더욱이 컴퓨터 기술의 발전으로 누구나 쉽게 많은 지식과 정보를 얻을 수 있게 되었고 좀 더 평등한 기회를 가질 수 있게 되었다.

민주 사회 건설에 지대한 영향력을 끼친 미디어

　기술의 발달은 미디어라는 새로운 세계를 만들었다. 20세기를 대표한 새로운 영상 기술 발달로 미디어가 대중에게 잡다하고 조각난 정보만을 제공하는지, 또는 거시적인 관점으로 세상을 제대로 판단할 수 있는 정보를 제공하는지를 뒤돌아보고 자성하자는 목소리가 높아가고 있다.

　미디어에 대해 긍정적으로 평가하는 사람들은 미디어가 아니었다면 많은 개발 도상국들의 민주화가 지연되었을 것이고 반인륜적인 일들이 사회를 더욱 어지럽게 하였을 것이라고 주장한다. 이처럼 미디어는 인본주의를 바탕으로 하는 민주 사회 건설에 지대한 영향력을 끼쳤다. 미디어를 통해서 국민들은 정부가 하는 일을 알 수 있으며 또한 정부 공무원의 비도덕적인 행위를 규제할 수 있다. 때로는 텔레비전이 정부의 부정부패를 파헤치고 대통령과 같은 사회 지도자 선출을 돕기도 한다. 개개인이 감시할 수 없는 일들을 대신해 줄 사회 장치로 미디어가 절대적 역할을 하고 있는 것이다. 이런 긍정적인 미디어의 역할을 지속시키기 위해서는 신문이나 방송에서 말하는 모든 정보를 맹목적으로 받아들이기보다는 예리한 판단력을 가지고 냉철하게 받아들일 수 있는 힘을 기르는 것이 중요하다.

주의해야 할 무분별한 미디어 수용

한편에서는 각처로 똑같이 전송되는 획일적이고도 강위력한 영상 이미지들에 밀려 각 민족의 전통 문화가 사라져가고 있다는 우려가 나타나고 있다. 현대 사회에서 시각적 이미지가 조금은 과장된 사실을 전하고 있는 것이 사실이다. 문자로만 의사 소통을 하던 시대는 이미 지났다. 이미지가 전달하는 메시지는 문자 메시지보다 훨씬 강력하게 사람들을 사로잡는다. 때문에 지나치게 폭력적인 이미지와 미디어 프로그램은 자라나는 어린 아이들의 인성을 망가트리는 결과를 가져오기도 한다. 아이들이 시청할 수 있는 텔레비전 프로그램이나 컴퓨터 게임 등에 폭력뿐만이 아니라 성적으로 자극적인 이미지들이 아무런 규제 없이 등장하고 있다. 부모들은 아이들의 무분별한 미디어 수용에 주의해야 하고, 사회 또한 이런 문제들을 해결할 사회적 장치를 마련해야 한다.

차별을 고무하는 광고와 미디어

텔레비전이 일상 생활의 많은 부분을 차지하게 되자 대부분 시청자들이 그저 생각 없이 텔레비전이 전달하는 수많은 시각적인 자극에 익숙해지는 부정적인 결과를 가져왔다. 화려한 광고는 가난하고 소외된 사람들을 더욱 힘들게 하고, 뚱뚱한 사람들을 우울하게 만든다. 사실 대부분 고가품 광고에는 부유층 백인들을 대표하는 모델이 등장한다. 이를 보고 자라는 흑인이나 동양계 또는 라틴계 이민자 자녀들은 어쩔 수 없는 열등 의식을 가지게 될 것이다. 이런 점을 고려해 사회적으로 차별을 고무하는 광고는 지양되어야 한다. 이미지 창조는 자칫 잘못하면 시청자들에게 잘못된 정보를 전달할 수 있다는 것 또한 유의해야 한다. 한편 미디어는 긍정적인 힘으로 우리 사회에 기여하기도 한다. 미디어의 폭로는 한 개인 혁명가가 결코 바꿀 수 없을 정도로 세상을 변화시키는 폭발적인 힘이 있다. 그러므로 미디어는 세상을 혁신해 나아가는 지도자일 수도 있다. 하지만 이와는 달리 미디어가 과도하게 시청률을 의식하고 시청자 관심을 끌기 위해서 광고를 하는 부정적인 면도 있다. 미디어가 추구하는 센세이셔널리즘 때문이다. 미디어는 지나치게 일반 시청자들의 관심을 불러일으키기 위해서 사실을 극적으로 포장하고 종종 무고한 사람의 사생활을 해치기도 한다. 인터넷 게시판의 악성 댓

글로 인해서 정신적 고통에 시달리는 연예인들이 자살하는 일이 벌어지기도 한다. 인터넷 게시판의 악성 댓글이 비단 유명 연예인뿐만 아니라, 신문 기사의 주인공이 된 일반인에게까지 확대되면서 문제는 더욱 심각해지고 있다. 하지만 미디어가 권력을 남용하거나 부당한 이윤을 추구하는 이들을 사회에 고발하고 신뢰할 수 민주 사회를 구현하는 데에 기여한 점은 인정해야 한다.

'인간다움'을 추구하는 기술과 미디어를 위해

인류가 새로운 기술과 미디어의 힘을 이용하여 수많은 어려움을 극복하고 한층 커다란 행복을 실현할 수 있게 되었다는 주장에 대하여 많은 사람들은 종종 반론을 제기한다. 행복에 대한 환상은 오늘날 이미 허상이 되었으며, 과학 기술의 발달은 인간을 기계 문명의 주인공으로 만들기는커녕 과학 기술의 노예로 만들었다고 주장한다. 그리고 기계화는 인간을 비인간화하는 과정이므로 이러한 추세에 저항하는 것만이 휴머니즘을 실현하는 길이라고 말한다. 이와 같이 현대의 휴머니즘은 혼란에 빠져 그 지향하는 바와는 정반대의 방향으로가기도 한다. 다같이 '인간다움'을 추구한다 해도 그 인간성을 어떤 방향으로 확충해 나가는가가 커다란 문제점이다. 지나친 개인적 성취에 대한 열망이나 권력을 갖기 위해서 과학 기술을 연구하고자 하는 과학자들의 야심은 법적인 제도를 마련하여 저지해야 한다. 기술과 미디어의 힘이 세계를 파괴하는 일에 사용되지 않고 병들고 굶주린 사람들을 위해서 사용되는 아름다운 21세기 역사를 쓸 수 있도록 모두 함께 노력해야 할 것이다.

13

기술의 발달이 윤리와 도덕도 바꾸는가?

　지난 20세기 기술의 발전은 생활 양식의 놀라운 변화를 가져왔다. 운송 기술은 도시와 지방 간에 문화적 격차를 줄여 주었으며, 국가와 국가 사이의 거리를 좁혀 왔다. 그야말로 지구상의 모든 국가들이 일일 생활권 안에 들어오는 좁은 세상이 되고 말았다. 미국의 인기 프로그램을 시청하며 함께 웃는 외국 젊은이의 수는 나날이 증가하고 있다. 지난 세기 쏟아져 나온 각종 가전 제품의 발명과 발전은 여성들을 가사 노동으로부터 해방시켰고 이로 인해 여성의 사회 참여 기회가 확대되었다. 1980년대부터 보급되기 시작한 PC와 인터넷은 온 세상 사람들을 하나의 정보 거미줄 안에 엮어 놓았다. 또한 생명 공학의 발전은 유전자의 비밀을 밝혀 내어 정자 없이 난자만으로 복제(Cloning)할 수 있다고 하여 생명 윤리 의식마저 위협하는 수준으로 발전하고 있다. 과연 이러한 기술의 발달은 도덕과 윤리관을 어떻게 바꾸어 왔으며, 앞으로는 어떻게 진보할 것인가?

1903년 12월 17일에 라이트 형제(Orville Wright and Wilbur Wright)는 동력을 사용하여 공기보다 무거우면서도 하늘을 날 수 있는 기계를 발명하였다. 이는 손오공이 썼다는 축지법보다 더 빠른 속도로 이동할 수 있게 하였다. 사람들은 지구 동쪽에서 서쪽으로 남반구에서 북반구로 지금 이 순간에도 초고속으로 이동하고 있다. 그리고 대량 생산 시스템은 고유의 생활 습관과 전통을 변화시키고 말았다. 대량 생산을 위해 많은 노동력이 필요하게 된 미국 시장은 제1·2차 세계대전에 필요한 군수 물자를 만들기 위하여 여성들의 노동력에 의존하게 되었다. 이로 인해 여성들의 사회 참여는 증가되었으며, 여성들의 목소리 또한 영향력을 발휘하게 되었다. 19세기의 순종적이고 종속적인 여성상을 벗어나기 위한 여성 해방 운동은 이렇게 기술의 발달에서 비롯되었다. 여성들은 한 명의 '사람'으로서 스스로의 사회적 가치를 찾기 위한 몸부림을 시작하였으며 1920년 미국 의회는 미국 헌법 제19조 수정안을 통과시켜 여성에게도 남성과 동등한 참정권을 부여하였다.

1925년 GE(General Electric)가 내놓은 냉장고를 비롯한 진공 청소기, 전자레인지, 세탁기와 건조기, 식기 세척기 등과 같은 가전 제품의 발명은 여성에게 최고의 도우미가 되었다. 요즘 미국에서는 아침에 일찍 일어나 전기 주전자로 커피를 끓이고, 토스터에 빵을 굽고, 컴퓨터로 재택 근무를 하는 젊은 여성의 숫자가 급격히 늘어가고 있다. 어린 자녀를 돌보면서도 자신이 맡은 일들, 즉 디자인이나 소프트웨어 프로그램 그리고 출판 편집 등을 집에서도 처리할 수 있는 컴퓨터 통신 시대가 열린 것이다. 모든 집안일을 자신의 손으로 처리해야 했던 여자들의 생활을 돌이켜 볼 때 이제 여성도 남성과 같이 동등하게 자신의 재능과 관심을 펼쳐 나갈 수 있는 위치에 오르게 된 것이다. 더 나아가 점차 바빠진 여성들을 위하여 남성들이 집안일을 자처하고 나서게 되었고, 대신해서 집안일을 돌보는 가정부도 여성보다는 남성이 더 인기가 있다는 뉴스 또한 낯설은 이야기가 아니다. 더 이상 남자가 부엌에 들어가는 것은 흉잡힐 일이 아니라 장려되어야 할 일이라고 새로운 시대의 남자 아이들은 알고 있다. 이렇게 기술의 변화는 결혼 생활 풍속도마저 변하게 하였다.

1930년대 미국은 경제 공황으로 인하여 온 국민이 심한 고통을 겪었다. 이러한 불안한 상황 속에서 미국인들에게 정신적인 위안을 주었던 것은 라디오와 영화였다. 힘든 하루의 노동을 마치고 집으로 돌아온 가족은 라디오 주위에 모여 앉아서 당시 유행하였던 〈수퍼맨(Superman)〉, 〈잭 암스트롱(Jack Armstrong)〉, 〈론 레인저(The Lone Ranger)〉와 같은 프로그램을 듣는 것이 커다란 낙이었다. 1950년대에는 흑인 인권 운동가인 마틴 루터 킹(Martin Luther King)의 'I have a dream'이라는 유명한 연설이 텔레비전을 통하여 미국 전역에 퍼져 나갔다. "언젠가 노예의 아이들과 주인의 아이들이 함께 손을 잡고 살아갈 수 있어야 미국에 희망이 있다."는 그의 연설은 지금도 미국인들 마음에 깊이 새겨져 있다. 이렇게 20세기 미디어 기술은 인종 편견이란 불합리한 사회적 병폐를 없애고 휴머니즘이라는 이성적 가치관을 신봉하는 사회로 발전할 수 있는 원동력이 되었다.

요즘 세계는 유전자 연구에 박차를 가하고 있다. 불임 부부에게 실험관 아기의 탄생은 분명 감동적인 순간일 것이다. 또한 수정란이 착상할 수 없는 약한 자궁을 가진 여성들에게 대리모라는 존재는 없어서는 안 될 사람이다. 하지만 임신한 아기가 비정상으로 밝혀지자 불임 부부가 대리모와의 계약 파기를 선언해 법정 공방이 시작되었다는 보도나 값싼 대리모를 얻기 위하여 가난한 인도 여인들을 이용하는 미국 불임 가정의 경우 등에서 보여지듯 그들의 도덕성이 의심되는 사례들도 있다. 이처럼 대리모 계약은 새로운 시대의 노예 계약이며, 비도덕적 행위라는 비난도 일고 있다. 이뿐 아니라 장기 이식 기술이 발전하자 미국 부자들은 가난한 사람들의 장기를 사기 위하여 원정 이식 수술까지 감행하고 있다고 한다. 가난하게 사는 것도 가엾은 처지일 터인데, 돈으로 이들의 신체 일부를 훼손하는 비도덕적 행위는 철저히 금지되어야만 할 일이다.

이처럼 기술의 발전은 우리 사회의 인식과 가치관도 바꾸어 놓았다. 발전된 기술을 적절하게 사용한다면 여성과 남성 모두 더불어 행복하게 살아갈 삶의 터전이 제공될 것이다. 그러나 악용한다면 강력 범죄가 빈번하고 생명의 존엄성이 무시되고 인간 생명을 상품화하는 비윤리적인 사회가 될 것이다. 그러므로 우리는 기술을 사용하기 전에 도덕성과 윤리에 부합하는 일인지를 우선 판별해야만 한다.

14

기술의 발전은 휴머니즘에 부정적 영향을 끼쳤는가?

　자동차, 비행기, 컴퓨터, 핸드폰, 텔레비전, 각종 가전 제품 등이 출시된 20세기는 발명품의 홍수 시대라 해도 과언이 아니다. 그러나 이러한 기술의 발전에도 불구하고 전쟁과 폭력 문제는 아직도 해결될 기미를 보이지 않으며, 가난과 기아에 허덕이는 사람들이 세상 도처에서 도움의 손길을 기다리고 있다. 과연 기술의 발달로 이 세상은 더 살기 좋은 곳이 되었는가? 아직도 미국은 각종 첨단 무기를 동원해 이라크와 전쟁 중이며, 팔레스타인과 이스라엘이 평화와 이해의 관계로 발전할 기색은 보이지 않는다. 폭력적인 비디오나 영화를 보고 자라난 아이들은 폭력을 사용하는 것이 마치 영웅적 인물이 되는 것이라고 착각한다. 현대인들은 불만에 찬 목소리로 텔레비전이 쾌락 제일주의 시대를 주도한다고 혹평한다.

20세기 최악의 역사적 사건은 제2차 세계대전을 종식시키기 위해 나가사키와 히로시마에 원폭을 투하한 것이다. 한순간에 20만 명이 넘는 사람들이 불더미에 타 죽었다. 살아남은 자는 괴물같이 망가진 몸과 절망으로 비참해진 마음을 추스르며 암담한 생활을 이어왔다. 원폭 피해는 당대에 끝나지 않고 자식이나 손자에게까지 이어져 아직까지도 장애 아이들이 태어나고 있다. 기술의 발전은 이처럼 많은 인명을 잔혹하게 살생하는 파괴적인 역사적 사건을 일으키고 말았다. 그렇다고 해서 결코 과학자나 기술자들이 애써 개발한 연구 성과 자체를 비난해서도 안 될 것이다. 최첨단 기술들은 칼의 양면과 같은 것이다. 유용하게 사용하면 인류에게 큰 혜택을 줄 수 있지만 개인이나 집단의 권력이나 부를 위하여 사용한다면 돌이킬 수 없는 피해를 줄 수도 있는 것이 바로 기술이다.

　교통사고로 다치거나 사망하는 사람이, 한국만 하더라도, 하루에 수십 명이라고 한다. 그렇다고 해서 걸어만 다닐 사람은 없다. 자동차의 발명은 사람들을 신속하게 만날 수 있게 하였고 종국에는 국가와 국가 사이에 왕성해진 무역 거래로 20세기 세계 경제 발전과 부를 이루게 하였다. 여성들은 편리한 가전 제품 덕에 가사 노동으로부터 자유롭게 되었으며, 이로 인하여 여유 시간을 갖게 되었고, 그 시간을 자기 계발에 사용하며 삶의 만족감을 높이게 되었다. 청소기, 세탁기, 전자레인지는 여성에게 꼭 필요한 가사 도우미가 된 것이다. 이외에도 기술의 발전은 난치병 치료에 쾌거를 이루었을 뿐 아니라, 동식물의 우수 품종을 개발하여 지구상에서 기아와 빈곤을 감소시키는 데도 공헌하였다.

20세기를 대표하는 최대 기술은 단연 통신 기술이다. 그 이유는 미디어 발전이 민주주의 발전에 절대적으로 기여했기 때문이다. 독재자들이 미디어 개방을 두려워하는 것은 민주 정치를 하는 다른 여러 국가의 국민들이 행복을 추구하며 살아가는 모습을 자국민에게 보여 주기가 두려워서일 것이다. 한 사람의 인권 운동가가 며칠 동안 외치는 목소리보다 단 몇 초 동안 보여지는 미디어 영향력이 더 위력적이다. 휴머니즘의 성취와 발전에 앞장을 선 것도 당연히 미디어이다. 산업 시대와 달리 컴퓨터를 이용한 정보화 시대에 사는 우리는 민주 정치의 근간이 되는 휴머니즘 사상이 이 세상 널리 퍼져 나가도록 힘써야 할 것이다. 휴머니즘은 바른 정보를 모든 사람들이 함께 나누고, 유용하게 사용할 수 있을 때에 이루어질 수 있다. 이렇게 지난 세기의 기술 발전은 휴머니즘 발전을 저해하기보다는 도움이 되었다는 것은 명백하다. 다만 이런 최첨단 기술이 어느 특정 개인이나 집단의 존속을 위하여 세계를 위협하는 데 사용되지 않도록 모두 노력해야 할 것이다.

15

기계는 다만 인간 두뇌가 이용하는 도구일 뿐인가?

철저한 알고리즘 논리에 부합하여 기계적 계산을 하는 컴퓨터가 순간적으로 실수를 저지르는 인간을 체스 게임에서 이겼다는 뉴스를 들은 적이 있다. 전자 계산기는 사람들을 능가하는 정확성과 신속성을 가지고 아무리 어렵고 복잡한 숫자들의 배합도 문제 없이 척척 계산한다. 또한 컴퓨터는 인간의 두뇌보다 더 많은 양의 지식을 저장할 수 있을 뿐만 아니라 그 지식을 논리적으로 분류하고 정리하여 수많은 사람들에게 정보를 전달한다. 〈로보캅〉과 같은 공상 과학 영화를 보면 로봇은 총을 맞아도 죽지 않고 결국에는 악한 인간들을 처치한다. 간혹 공상 과학 소설을 읽다 보면 로봇이 인간을 능가하는 지적, 육체적인 힘을 가지고 창조자인 인간에게 반항하는 이야기가 나온다. 과연 로봇의 반란은 가능한 것인가? 인간이 지나치게 자신들을 혹사한다고 해서 영화에서처럼 작동을 거부하고 기계들의 권리를 위하여 투쟁할 수 있을까?

분명 기계가 인간의 두뇌나 체력의 한계를 뛰어넘는 것은 사실이다. 차세대에 제일 유력한 사업은 로봇 사업이라고 한다. 더 이상 소방대원이 화마(火魔)에 휩싸여 울부짖는 어린이를 구하러 불길에 뛰어드는 위험한 일을 할 필요가 없을지도 모른다. 사람 대신 컴퓨터가 구조를 기다리는 대상을 찾아내고 불에 타지 않는 자재로 만들어진 로봇이 인명을 신속하게 구조할 것이다. 단순한 계산뿐 아니라 도표까지 자유자재로 그릴 수 있는 컴퓨터는 사람이 며칠씩 걸려 할 일들을 단 몇 시간에 처리할 수 있다. 또한 건축 현장에서 무거운 짐을 들어 올린다거나 건축물을 부수는 경우에도 인간보다 훨씬 뛰어난 힘을 가진 로봇이 각광 받는 시대가 도래할 것이다. 그러나 로봇에게는 한계가 있다. 로봇이 물에 빠져 구조를 기다리는 사람들에게 접근했다고 하자. 구조를 기다리는 사람들 중 누구의 생명을 먼저 구해야 하는지를 로봇은 판단하기 어려울 것이다. 만약에 사람과 개가 함께 허우적거리고 있다면 로봇은 누구를 먼저 구할 것인가? 또 이미 사망한 사람과 부상당한 사람 중에 누구를 먼저 구조할 것인가를 로봇은 직감적으로 판단하지 못한다. 아무리 기술이 우수해도 사람의 직감적 판단력을 능가하는 로봇은 공상 과학 소설에나 등장하기 때문이다.

사람들은 이제 컴퓨터 없이는 은행 거래, 물건 구매, 환자 치료

등 그 어느 것 하나도 자유롭게 할 수 없게 되고 말았다. 심지어는 현실보다는 가상의 세계에 빠져 사는 것이 더 즐거운 사람들이 날로 늘어나고 있다. 진짜 이성 친구가 아니라 가상의 친구들과 대화하는 것을 자연스러운 일상으로 받아들이고, 컴퓨터가 만든 가상의 세계와 현실을 구분하지 못하는 사람들이 날로 늘어나는 추세이다. 엄마 대신 로봇이 우유도 먹여 주고, 놀아 주고 공부도 함께 해 준 아이가 있다고 하자. 이런 아이는 로봇에게 특별한 정을 느낄 것이고, 집에 불이 난 위급한 상황에도 엄마가 아닌 로봇을 먼저 구해야겠다고 생각할지도 모른다.

미래 교육에는 인간과 컴퓨터와의 관계를 가르치는 교과목이 필요할지도 모른다. 기계를 창조한 사람들이 구체적으로 무엇을 어떻게 활용해야 하는지에 대해서 교육하지 않는다면 인간과 기계를 구분하지 못하는 혼돈된 세상이 올 것이다. 컴퓨터를 보호하기 위하여 사람을 해치는 어이없는 일이 일어날지도 모른다. 기계가 아무리 소중하더라도 인간 고유의 생명력보다 그 가치가 더하다고는 말할 수 없다. 아무리 기계가 훌륭하더라도 생명력을 가진, 즉 지적 감성으로 새로운 기계를 창조하고 운영하기 위해서 부단히 노력하는 사람의 두뇌를 능가할 수는 없다. 또한 예견하지 못한 고장이 발생할 경우에 기계가 기계의 문제를 해결하는 데는 한계가 있다. 인간의 두뇌가 기계보다 위대한 것은 창의적이기 때문이다. 또한 기계가 낙후되거나 고장이 나면 그것을 고칠 수 있는 능력을 가진 것은 사람이다. 기계를 수리하는 과정에서 문제점을 개선할 수 있는 지적 능력도 사람만이 소유한 것이다.

　기계와 인간은 감정과 생각이 다르다. 로봇은 필요에 따라 작동되는 프로그램된 감정을 가지고 있을 뿐이며, 생각 또한 수동적이다. 생명 유지 방법 즉, 실제로 밥을 먹느냐 기름을 먹느냐의 차이도 인간과 다르다. 인간은 맛을 볼 수 있는 다양한 혀의 감각을 가지고 있는 반면에 로봇은 맛이라는 것 자체를 이해하지 못한다. 아무리 기계가 지적 능력이 뛰어나서 인간의 두뇌가 감당할 수 없을 정도의 커다란 수를 척척 계산한다고 해도 인간과 같은 자유로운 감성을 가질 수는 없다.

16

기술은 현대인에게 더 많은 여가 시간을 주었는가?

　기술은 우리의 먼 조상인 구석기인들이 돌을 사용하여 짐승을 사냥하고 열매를 채집하기 시작한 이래 끊임없이 발전해 왔다. 경작지를 일구고 이삭을 자르는 기술을 습득하자 사람들은 비옥한 토지를 중심으로 모여 살면서 농사를 짓기 시작하였고, 이것은 신석기 시대에 이르러 사냥이나 채집 대신 양식을 수급하는 중요한 수단이 되었다. 그로부터 수세기가 지난 17세기에 영국에서 자동화된 기계 설비로 대량 생산이 가능한 산업 혁명이 일어났다. 의복을 만드는 직조 기술의 발달은 베틀을 사용해서 손으로 옷감을 짜는 여성들의 가내 수공업을 대신하였다. 또한 20세기 후반에 발명되어 세계를 하나의 거미줄 같은 정보망으로 엮어 놓은 컴퓨터 통신망 덕분에 편리하고 간단하게 일을 처리하고, 누구나 알고 싶은 지식과 정보를 얻을 수 있게 되었다. 그러나 이런 최첨단 기술 때문에 우리는 일상에 쫓기고 있다.

급격한 자동화로 인해서 사람들은 도시로 몰리기 시작하였으며, 대량 생산이 가져다 준 물질적 풍요는 오히려 빈부의 격차를 더 크게 만들었다. 그리고 현대인들은 인간의 본성을 망각하고 정신적 위기에 부딪히고 말았다. 우리 사회의 관심은 어떻게 하면 적은 비용으로 고가의 물건을 생산하고 어떻게 부를 축적하는가에만 쏠리게 되었으며, 조금 더 많은 시간과 정성을 들여 예술품을 만드는 사람들을 사회적으로 실패한 사람으로 여기는 세상이 되었다. 그리고 시간과 노력이 드는 옛것의 아름다움을 전승하는 것은 어리석고 경제 효율성이 없는 일이라고 여기고 있다.

가장 놀라운 20세기의 발명품이라는 컴퓨터 기술로 인하여 현대인이 여유를 갖게 되었는가 하는 질문에 대해서도 긍정적으로 답하기 어렵다. 컴퓨터에 정신적으로 구속되어 자신들의 일상을 스스로 결정하기보다 컴퓨터에 의존하는 사용자들이 점점 늘고 있기 때문이다. 컴퓨터 예찬론자들은 집에서 컴퓨터로 회사 일을 보거나 강의를 들어 학점을 이수할 수 있고, 음식을 주문하고, 멀리 떨어져 있는 가족과도 이야기를 나눌 수 있다고 말한다. 그러나 산업 혁명 이후 급속도로 발전하는 기계화는 사람들이 기계의 노예가 될까 우려해야 할 정도가 되었다.

세탁기, 진공 청소기, 전자 레인지 등의 발명으로 인하여 여성들은 더 이상 가사 노동에 시달리지 않게 되었다. 버튼 하나만 눌러 놓으면 세탁기가 빨래를 하고 로봇이 집안 청소를 대신한다. 전기 밥솥이 척척 알아서 밥을 해 주는 시대에 사는 현대 주부에게 여가 시간이 많아진 것은 부인할 수 없는 사실이다. 할머니들처럼 공동 우물에서 물을 길어와 밥을 하고, 꽁꽁 언 얼음을 녹여 가며 빨래를 하는 시대는 이미 오래 전에 지났다. 그런데도 요즈음 주부들은 그들의 증조 할머니들보다 더욱 더 바쁘게만 보인다. 경제 활동을 위해 회사도 가야 하고 자녀들의 교육과 양육을 위해 할 일도 많다. 찬거리를 사기 위해 자동차를 몰고 멀리 있는 대형 마트에도 가야 한다. 그뿐 아니라 쉴새 없이 울려대는 전화에 응답하느라 보내는 시간 또한 만만치 않다. 월말이면 날아오는 고지서를 납부하거나 여러 종류의 증명서를 발급 받기 위해서 주부들은 분주하다. 그래도 전업 주부의 경우에는 직장을 갖고 있는 주부들보다 훨씬 더 여유로운 편이다. 맞벌이 부부가 더 평범한 가정의 형태가 되어 버린 현대 사회에서 생존을 다투는 주부들에게 여가 시간은 없다.

　대학 시절의 여가 생활은 매우 중요하다. 20대 초반, 즉 청년 초기는 인격이 형성되고 자아의 많은 부분이 길러지는 때이다. 젊은 학생들에게 정신 건강에 도움이 되고 자발적 참여가 가능한 여가는 결국 자기 표현의 수단이 되기도 한다. 심리학자들에 의하면 여가 시간은 자기 성장과 자기 계발을 위한 중요한 시간이라고 말한다. 하지만 요즈음 대학생들은 여가를 즐길 시간적 여유가 없다. 컴퓨터를 24시간 동안 켜 놓고 살아가는 요즈음 젊은이들은 이메일을 확인하고 온라인 채팅과 핸드폰으로 교신하기 바쁘다. 하루에도 몇 번이나 오는 스팸 메시지와 전화는 수업에 집중하는 것을 방해한다. 가족 관계를 돈독하게 하는 대화의 시간은 거의 단절된 상태로 PC방에 모여서 노는 일이 더 자연스러운 세대에게 여가 시간을 내기란 좀처럼 어려운 일이다.

성인 남자의 경우에도 시간적 여유가 없기는 마찬가지이다. 모든 업무를 컴퓨터로 처리하는 사회에 적응하기 위해서 낮에는 일을 하고 저녁에는 컴퓨터 기술을 배우러 다녀야 한다. 컴퓨터뿐 아니라 세계화 시대에 살게 된 사람들은 다른 국가 사람들과 자유롭게 의사 소통하기 위하여 영어나 중국어 등 외국어를 배우기 위해서 동분서주해야 한다. 늘어난 교통량으로 출퇴근하느라 길거리에 소비하는 시간도 현대인의 여가 시간을 빼앗는 또 다른 요인이 되고 말았다.

분명 기술은 우리의 생활을 좀 더 편리하고 안락하게 해 주고 더 많은 여가 시간을 갖게 해 주었다. 다만 사용자들이 기술의 혜택을 유용하게 활용할 수 있을 때 인간 생활은 좀 더 여유를 가지게 된다. 그렇지 못할 경우 오히려 인간의 정신이 황폐해질지도 모른다. 기술은 잘 쓰면 명약이 되고 잘못 쓰면 극약이 된다. 건강을 지키려면 의사의 처방전에 따라야 하는 것처럼 정신적·육체적 건강을 지키기 위해서는 개발된 기술을 제대로 사용해야만 한다.

17

광고는 소비자에게 대리 만족을 주는가?

 무료한 시간에 무심히 텔레비전을 틀어 놓는 사람들이 많다. 텔레비전이 켜짐과 동시에 무차별한 제품 광고들이 시청자들의 눈을 현란하게 한다. 늘씬하고 매혹적인 인기 스타들이 고가의 화장품, 패션 그리고 아파트를 광고하면서 보통 사람들의 구매 욕구를 자극한다. 그렇다면 광고를 본 사람들은 자신도 같은 제품을 사용하면 광고 속의 주인공처럼 된다는 생각으로 그 제품을 살까? 샤론 스톤(Sharon Stone)이 등장하는 제품을 사용하면 샤론 스톤처럼 특별한 사람이 될 것이라는 생각이 시청자들을 행복하게 만들까? 광고주들은 거액의 광고비를 지불하면서까지 시청자들의 구매 욕구를 자극해서 상품 가치를 올릴 수 있는 광고를 만든다. 하지만 이러한 광고들은 결코 소비자들에게 대리 만족을 보장하지 못할 뿐 아니라 사회적 편견을 조장할 수 있는 독소로 변할 수 있음을 우리는 알아야 한다.

　신문, 텔레비전, 잡지 등에 가장 흔하게 등장하는 광고는 다이어트 식품이나 성형 수술 등이다. 반세기 전 젊은이들과는 달리 현대인들은 발달된 과학 기술 덕에 외모를 자신의 마음대로 고칠 수 있는 성형 시대에 살고 있다. 외모 지상주의의 시대가 열린 것이다. 성형을 조장하는 광고들은 청소년들에게 날씬한 몸매와 이목구비(耳目口鼻)가 분명한 얼굴을 선망하도록 유혹한다. 광고 이미지가 전하는 메시지는 사람들의 가치관 형성에도 지대한 영향을 미친다. 깡마른 모델들이 등장하는 광고들은 '마른 몸매만이 아름답다.' 라는 미(美)에 대한 잘못된 관념을 형성하고 말았다. 이러한 광고는 비만으로 고민하는 사람들을 열등 의식으로 힘들게 할 뿐 아니라, 살이 찌지 않은 시청자들마저 더 마른 몸을 만들어야 한다는 정신적 스트레스를 유발하고 생명마저 위협한다. 이와 반대로 비만 때문에 심각한 상황에 처하는 경우도 있다. 미국 사회에서 비만은 더 이상 개개인의 문제가 아니다. 어린 시절부터 패스트 푸드를 먹고 자라나는 아이들은 자신의 외모에 신경을 쓸 나이가 되기도 전에 이미 비만 아동이 되기 때문이다. 대부분 부모들은 직장 생활로 바빠 집에 돌아와 요리를 하기보다는 간단하고 손쉽게 사서 먹을 수 있는 음식들을 선호하게 된다. 때문에 가정에서 부모들이 준비한 식사보다는 맥도날드 햄버거를 먹고 자란 아이들이 급증하였고, 이러한 식습관은 많은 사람들을 뚱뚱하게 만들었다.

고가의 제품 광고를 본 저소득층은 그것을 살 수 없는 자신의 처지를 비관하고 욕구 불만으로 가득 차게 된다. 나이키는 젊은이들을 대상으로 150여 달러나 하는 고가의 운동화를 광고한다. 아이들은 마이클 조단(Michael Jordan)과 같이 유명인이 신는 운동화를 갖고 싶어한다. 자신의 아이들에게 이러한 운동화를 사 줄 수 없는 가난한 부모가 이런 광고를 본다면 저절로 한숨이 나올 것이다. 또한 어린아이들 중 더러는 상점에서 고가의 나이키를 훔치는 어설픈 도둑이 되어 범법자가 되기도 한다. 설사 자신의 욕망을 스스로 절제하고 잘 자라나 어른이 되었다 하더라도 텔레비전에 난무하는 고가의 제품이 그림의 떡이라는 것을 실감하고 나서는 가난이라는 열등 의식을 느끼고 좌절감에 빠지게 될 것이다.

미국 사회 저소득층의 대다수가 소수 민족이라는 사실은 인종 차별이라는 사회적 문제를 더욱 심각하게 만든다. 대부분 제품 광고의 주인공들은 잘 생기고 늘씬한 백인들이다. 고가의 자동차 선전에 나오는 가족 또한 다 백인들이다. 이러한 광고를 본 빈곤한 소수 민족들은 자연스럽게 자신들이 사회적으로 열등한 존재라고 여길 것이다. 만약에 벤츠(Benz)나 캐딜락(Cadillac)과 같은 고급 자동차 광고에 흑인 가족이 등장했다고 가정하자. 이러한 광고를 보고 자라나는 빈곤층 흑인, 라틴인이나 혹은 동양인 아이들은 자신도 크면 이러한 고급 승용차를 탈 수 있다는 무한한 가능성을 꿈꿀 것이다. 이렇듯 우리가 무심코 보는 광고들은 우리 사회에 때로는 꿈을, 때로는 좌절을 안겨다 준다.

우리는 소비상업주의(Commercialism)가 판치는 시대를 살아가고 있다. 한 기업이 고가의 제품을 팔기 위해서 소비자들에게 부러움의 대상이 될 만한 유명인을 광고 모델로 한다는 것은 우리 사회에서 가난으로 인한 소외 의식 때문에 고통스러워하는 많은 사람들을 잊고 있기 때문이다. 또한 비만을 고민하는 사람들에게 마른 몸매만을 강조하는 광고나 선전은 정신적, 신체적으로 건강하고 자신감있게 살아갈 기회를 박탈하고 만다.

이제 더 이상 담배 광고를 화면에서 볼 수 없다. 국민 건강을 해치는 담배의 판매를 고무하는 광고를 법적으로 금지했기 때문이다. 이처럼 사람들에게 잘못된 인식을 심어 주는 광고는 결코 밝은 사회를 이루어가는 데 도움이 되지 않는다. 사람들 사이에 차별을 조장하는 광고들은 개인을 불행으로 몰아넣을 뿐 아니라 반목하는 사회 구성원을 양산할 수 있다는 점을 우리는 깊이 깨달아야 할 것이다. 얼마 전 세계 광고 대상에서 도브 비누의 광고가 대상을 받은 이유는 이웃집 아줌마처럼 평범한 외모의 일반인들을 모델로 썼기 때문이다. 이것은 광고가 공익성을 배제하고 그저 상품만을 팔기 위하여 급급해서는 안 된다는 사실을 보여 주는 사례다.

18

문자보다 정확성과 신뢰성이 있는 비디오카메라 기록이 더 중요한가?

　정확성과 신뢰성의 기준으로 볼 때 과연 현대 생활을 기록하는 데 있어 비디오카메라는 문자보다 더 중요한 기록의 방법일까? 각종 환자들의 상처나 통증 부위를 촬영해서 보관하고 있는 병원 방사선과의 필름실을 떠올려 보면, 카메라가 신뢰할 수 있는 증거를 제공하는 기록이라는 사실을 부인할 사람은 없을 것이다. 하지만 그렇다고 해서 문자보다 더 중요한 기록 방법이라는 주장에 대해서는 동의할 수 없다. 왜냐하면 기록에는 있는 모습 그대로를 담는 것 이외에도 사람들의 생각을 담아야 하기 때문이다. 환자 진료 기록 없이 X-ray 사진만 가지고 환자들의 진료, 처방, 치료 경과 등을 상세히 알 수는 없다.

비디오 기술이 점점 발달함에 따라서 사람들은 이미지를 문자보다 선호하는 경향을 보이고 있다. 하루 중 기념할 만한 일이나 추억을 나누고 싶은 사람들과 간단히 사진을 찍고, 또 이것들을 자신의 블로그에 올려 놓는 것이 더 익숙하기 때문이다. 이처럼 비디오 기술은 젊은이들을 점점 문자, 글로부터 멀어지게 한다. 많은 사람들은 올림픽 경기를 중계하는 신문을 읽는 것보다 텔레비전 앞에서 경기 장면을 생생하게 보는 것을 더 선호한다. 또한 은행 자동 인출기 앞에 설치된 카메라에서 훔친 카드로 남의 돈을 인출할 경우, 비디오카메라는 정확한 법적 증거를 제공한다. 이와 같이 비디오카메라가 범인 검거나 범죄 예방으로 사용된 지 이미 오래이다. 또한 역사적인 순간을 포착하여 20세기 사건 사고를 사진 앨범으로 제작한 〈라이프(Life)〉 잡지를 보면서 우리는 지난 세기 역사를 쉽게 이해할 수 있다. 이 때문에 많은 사람들이 2시간 만에 모든 스토리를 감상할 수 있는 영화를 오랜 시간의 정신 집중과 두뇌 운동이 필요한 독서보다 선호하는 것이다.

하지만 이러한 정확성이나 편리성 때문에 이미지 촬영이 문자보다 더 중요한 기록 방법이라고 결론지을 수는 없다. 지금도 법정에서의 비디오 촬영은 일반적으로 금지되어 있다. 예전에는 화가를 고용하여 판결 과정 중에 원고나 피고, 증인 등의 순간 표정을 그려 문자 기록으로 알 수 없는 감정 기복을 기록해 왔다. 이러한 스케치 부분을 이미지가 대신한다고 하여도 취조 내용부터 판결까지 이르는 모든 내용은 문자로 세세하게 적어 놓는다. 이것은 오히려 문자가 한 사건의 판결 과정을 더 정확하게 기록할 수 있기 때문이다.

비디오가 교육 현장에서도 학생들의 이해를 넓히는 데 큰 도움이 되는 것은 사실이나 연필과 종이 없이 모든 것을 비디오에만 의지해서는 효과적인 학습을 할 수 없다. 논리적인 사고로 학습 내용을 이해하는 데 있어서 교과서를 읽는 것보다 그리고 그 내용을 나름대로 노트에 정리하는 방법보다 더 효율적인 학습 방법은 없다. 더욱이 수학 문제를 푸는 과정에서도 비디오카메라는 도움이 되기보다는 거추장스러운 물건으로 전락할 것이다. 문자가 더욱 중요한 것은 문학 작품 창작과 같이 창조적인 사고를 할 때이다. 소설이나 시를 비디오카메라로 창작한다면 그 또한 편리하기보다 불편할 것이다. 영화와 같은 영상 작품 또한 문자 기록인 스크립트를 바탕으로 만들어졌다는 사실을 잊어서도 안 될 것이다. 아무리 비디오카메라가 편리하다고 해도 역사책을 비디오 기록으로만 만들 수는 없다. 이미지가 어떤 사건을 생생하게 기록할 수는 있다고 할지라도 역사의 정확성을 기록하는 것은 문자임을 잊어서는 안 될 것이다.

법, 교육, 문화, 창작, 역사 등 어떠한 분야의 기록을 작성하는 데 있어서 어느 분야든지 문자를 비디오에 비할 수는 결코 없다. 비판적 사고와 논리적 생각의 흐름을 기록할 수 있는 것은 문자뿐이기 때문이다. 변호사 시험이나 대학 입시에서 에세이 쓰기를 평가하는 것도 문자를 사용하여 자신의 생각을 논리적으로 남에게 전달하고 설득할 수 있는 능력을 보기 위해서이다. 아마 비디오카메라가 문자 기록보다 더 중요한 기록 방법이라면 논술 시험은 사라질 것이다. 실용성의 측면에서도 펜과 메모장만 있으면 기록할 수 있는 간단함이 여러 단계의 기계 조작을 통해서만 기록할 수 있는 비디오카메라보다 편리하다. 더욱이 경제성을 고려해 볼 때도 문자 기록에 드는 비용은 비디오카메라를 사용하는 비용보다 수십 배 저렴하다. 그러므로 과거와 마찬가지로 현대 생활에 있어서도 중요한 기록 방법은 문자이지 비디오카메라가 아니다.

19

현대 사회에서는 이미지 그 자체가 가장 중요한가?

　대통령 선거가 다가오면 사람들은 월드컵 시즌처럼 텔레비전 앞으로 모인다. 이제 텔레비전 없는 대통령 선거는 더 이상 상상할 수 없다. 대통령 선거철이 되면 저녁 뉴스 앵커들은 고조된 목소리로 후보자들의 하루 동안의 선거 운동 행보를 보도한다. 그뿐만 아니라 후보자들의 인터뷰나 텔레비전 정책 토론은 선거의 성패를 가르는 데에 주요한 역할을 한다. 당락을 결정하는 결정적 요인이기 때문에 선거 운동 중 후보자들이 가장 촉각을 곤두세우는 것도 텔레비전 토론이다. 하지만 이러한 선거 방송전은 케네디(Kennedy)와 닉슨(Nixon)의 선거전이 벌어지기 이전에는 별로 신경을 쓰지 않았다. 미국 정치사에 있어서 미디어가 얼마나 후보자의 인기몰이에 중요한 역할을 하는가를 증명한 것은 케네디 후보였다. 그의 떠오

난 토론 기술과 더불어 텔레비전 화면에 나타난 그의 매력적인 외모는 많은 유권자의 지지를 얻게 하였다. 케네디는 사회자가 질문을 던질 때 카메라 렌즈를 응시하고 자신감 있는 목소리로 냉철하고 지적인 모습을 보인 데 비하여, 닉슨은 당황하는 모습이 역력했다고 한다. 당시 여론 조사에 의하면 라디오는 닉슨의 높은 지지율을 보고한 반면에 텔레비전 시청자들의 대부분은 케네디를 지지하였다고 한다.

케네디 당선 이후 대통령 선거에 임하는 모든 후보자들은 이미지 그 자체가 당선에 지대한 영향을 끼친다는 사실을 이해하고 대중을 설득할 수 있는 이미지를 만들기 위해서 고심하였다. 매혹적 이미지 창출이 성패를 가르는 것이 결코 선거에서만 유용한 것은 아니다. 상품을 파는 광고 또한 소비자들에게 제품의 우수성을 신뢰하도록 만들어질 때 판매량은 급증한다고 한다. 이러한 이유로 화장품, 패션, 고가의 사치품을 파는 광고들은 매혹적인 외모를 가진 유명 배우나 가수들에게 거액의 광고비를 지불하고는 한다. 이렇게 이미지가 강조된 사회에서는 미디어에 부각된 모습을 그 뒤에 숨은 진실보다 더 중요하게 받아들이기 때문이다.

이미지 만능 시대를 살아가는 사람들은 아름다운 미모를 갖기 위해서 성형을 하는 것이 기본이라는 위험한 생각을 가지게 되었다. 디지털카메라로 자신의 모습을 촬영하여 인터넷 카페에 올리는 등 요즈음 젊은이들은 자신을 홍보하는 데에 이미지 사용을 매우 자연스럽게 받아들이고 있다. 몸짱, 얼짱의 가치를 높이 평가하는 경향 때문에 내적인 아름다움을 가꾸기 위해 고심하는 젊은이들을 쉽게 찾아볼 수 없는 것이 현실이다. 아름다운 외모가 그 사람의 능력보다 더 중요하게 생각되는 사회적 편견은 젊은 사람들이 내적인 아름다움을 경시하는 사회를 만들고 말 것이다. 자신의 외모가 그리 아름답지 않더라도 덕을 쌓고 자기 발전을 위해서 진실되게 노력하는 것은 요즈음 젊은 세대들의 가치관과 거리가 멀다. 시각적 인간형보다는 내면적인 인간형을 추구하는 사회 풍조가 조성될 필요가 있다.

　가수를 평가할 때에도 대중은 그 가수가 얼마나 잘 생겼냐에 지나친 관심을 보이고 있다. 가수는 노래를 잘 불러야만 그 위대함을 인정받을 수 있다. 좀 뚱뚱한 외모를 가진 가수라도 아름다운 목소리와 깊은 성량으로 심금을 울릴 수 있는 노래를 부른다면 대중들이 진정 아껴 주어야 하고 그럴 때에만 예술적 가치를 지닌 더 많은 가수가 발굴될 것이다.

　얼마 전 〈국민일보〉에 '이명박, 대통령되려면 이미지 개선이 시급'이라는 기사가 실렸다. 그리고 또 이 신문은 지난 2002년 대선도 결국 이미지 선거의 성격이 강했기 때문에 이미지가 좋았던 노무현 후보가 대통령이 되었고 상대적으로 이미지가 나빴던 이회창 후보는 패자가 되었다고 논평하였다. 민주주의 선거에서의 쟁점은 이미지가 아니라 후보 각자가 내놓는 공약의 진실성과 현실성이어야 함에도 불구하고 미디어가 만드는 이미지가 한 국가의 대통령을 뽑는 선거에까지 중요한 요소로 작용하고 있다는 사실은 안타깝다. 성숙한 민주 시민은 후보자의 도덕성과 정치, 외교적 능력에 근거해서 자신들의 지도자를 선출해야만 할 것이다.

대화를 통해서 발견된 자아는 나의 마음을 남의 생각을 통해서 들여다볼 수 있는 인간 상호적인 자기 발견이다. 시대마다 중요한 자아의 측면이 다른데, 근대화 세대는 인간 대 자연의 구도에서 살았다. 인간이 만물의 영장인 것은 이성적 사고를 할 수 있기 때문이며, 그 이성의 총체적 집합체로 나타나는 것이 자아이다. 즉 근대인들에게 자아는 이성적인 인간 존재의 기반이었다. 따라서 이성의 영역인 글이나 말로 표현할 수 있고, 잘 변화하지 않는 자아의 확립을 중시했다. 이 때의 자기 성찰은 자신 속에 변치 않고 존재하는 어떤 핵심적인 본질을 깨닫는 것이었다. 진실된 자아를 얻기 위해서 사람들은 끊임없이 자기 내면을 들여다보고 그것을 글로 쓰거나 현자(賢者)와 대화를 하는 등의 노력을 했다. 하지만 요즈음 젊은이들은 사이버 공간에서 자신과 남의 이미지들을 끊임없이 접하면서 자기 자신의 가치를 발견한다. 하지만 가상 공간에서 살고 있는 사이버 세대가 얻는 이미지로서 자아에 대한 성찰은 자기 스타일의 발견이지 자아의 발견이라고 할 수 없다.

20

대중의 사랑을 받는 유명인의 사생활은 침해해도 되는가?

　연일 신문과 방송사들은 유명인들의 사생활을 취재하여 시청자들의 흥미를 만족시키는 소식을 전하고 있다. 일반 대중에게 유명인들의 스캔들은 지루한 일상의 시원한 청량음료나 여유 없는 일상의 윤활유 같은 역할을 한다. 이런 이유 때문에 많은 유명인들은 지나친 세인의 관심으로 사생활이 침해되고 불면증이나 우울증에 시달리고 있다. 인기 스타들 가운데 몇몇은 이러한 정신적인 압박감이나 불면증을 해소하기 위해 마약이나 알코올에 의존한다는 불행한 소식도 언론은 종종 전한다. 하지만 유명인들의 도덕성이 우리 사회에 끼치는 영향을 감안한다면 그들의 이런 행동은 충분히 문제가 될 수 있다. 왜냐하면 대중의 관심이 집중되는 인기인들의 생활은 모범을 보여 주어야 할 공인으로의 책임이 있기 때문이다. 특히 자라나는 어린 시청자들이 보고 듣는 정보가 그들의 사회적 도덕성을 확립시키는 데 큰 영향을 주기 때문에 연예인이나 유명한 스포츠 스타나 정치인들의 사회적인 책임은 막중하다. 이런 이유로 유명인의 사생활 침해를 쉽게 사법 처리할 수 없다.

미디어는 마이클 잭슨의 기행(奇行)에 대해서 어린 시절부터 인기에 둘러싸여 산 나머지 어린 시절의 정체성을 잃어버렸기 때문이라고 말한다. 마이클 잭슨은 성형 중독자에다가 백인이 되고 싶어서 피부 수술까지 받았다라는 루머에 시달려야 했다. 그의 코에 대해서도 여러 번의 성형으로 코가 없는 괴물이 되었다고 악평을 서슴지 않는다. 사실 그는 백반증 환자였기 때문에 피부가 하얗게 된 것이지 결코 피부 수술을 하지는 않았다고 한다. 얼마 전 마이클 잭슨은 아동 성추행으로 고소되어 무죄 판결을 받을 때까지 악몽 같은 나날을 보내야 했으며, 그 후유증으로 마이클 잭슨은 심한 정신적 스트레스를 받았다고 한다. 그뿐 아니라 계속된 법정 공방으로 그는 수백만 달러의 비용을 지불해야 했다. 이러한 그의 경제적 피해는 누구로부터 보상받아야 할까?

영국 왕세자비 다이애나는 집요하게 따라다니는 파파라치들을 따돌리기 위해서 과속으로 달리다 터널 안에서 참혹한 교통 사고를 당하게 되었다. 그녀의 갑작스러운 죽음이야말로 유명인의 사생활에 대한 과도한 흥미가 낳은 비극이다. 결국 부와 명예, 아름다움을 모두 갖추었지만 그녀의 삶은 전혀 행복하지 않았다. 찰스 왕세자와 다이애나 왕세자비의 결혼 생활은 순탄치 않았으며, 언제나 왕실을 공식 취재하는 기자들에게 시달렸고, 시도 때도 없이 사생활을 침해하는 타블로이드판 신문 기자들, 그 중에서도 파파라치들에게 끊임없이 추적당하면서 그녀의 스트레스는 쌓여갔다고 했다. 언론은 오로지 다이애나를 흠집 내는 일에만 흥미가 있었던 것이다. 이렇게 지나친 대중의 관심거리는 한 여인으로서 그리고 어머니로서의 역할을 영원히 할 수 없게 했다.

또한 한 국가의 정치적 지도자가 스캔들로 인하여 법정에 설 경우 낭비되는 국가적 비용과 에너지를 계산한다면 언론은 유명인의 사생활을 폭로하기 이전에 좀 더 신중해야 한다. 클린턴은 백악관의 젊은 인턴과의 성추문으로 미국 대통령의 도덕적 위상을 땅에 떨어뜨리는 세기의 스캔들을 일으켰다. 르윈스키와 1년 반에 걸쳐 성적 관계를 지속했다는 윤리적인 면과 르윈스키에게 거짓 증언을 요구했다는 법적인 면에서 도덕적 위상은 바닥으로 치달았다. 클린턴은 성적 관계를 부인했으나 르윈스키가 증거를 제시함에 따라 대통령의 위증 문제가 정치적으로 크게 부각되기도 하였다. 이 때 특별 검사 케네스 스타는 대통령의 불륜에 초점을 맞추어 1998년 9월 대통령의 위증과 권력 남용이 탄핵의 충분한 사유가 된다는 보고서를 의회에 제출하였다. 이에 따라 하원은 1998년 12월 19일 본회의를 열어 대통령 탄핵안과 견책안에 대한 토론을 벌인 끝에 상원으로 회부했다. 하지만 상원에서는 하원과 달리 공화당보다 민주당 의석이 많아 위증과 사법 방해 등 2개항의 탄핵안을 모두 부결시켰고 클린턴은 정치적 위기에서 벗어나 2001년 1월까지의 임기를 보장받게 되었다. 이 과정에서 국민들의 여론 또한 두 가지로 나뉘게 되어 서로 공방을 벌였고, 대통령의 재판으로 인한 재정적 · 시간적 손해 또한 천문학적 숫자였다고 한다.

 최근에는 사생활 침해의 법적인 한계를 지키기 위해서 유명인들은 고소나 소송을 불사한다. 2001년 2월 마약 중독 치료 센터에서 상담하고 나오는 나오미 캠벨(Naomi Cambell)의 사진을 〈데일리 미러(Daily Mirror)〉가 게재했고, 캠벨은 이것이 사생활 침해라며 고소했다. 이 사건은 유럽 인권법에 명시된 개인의 자유와 언론의 자유 사이의 한계를 결정짓는 기준을 제공했다며 주목을 받았고, 연예인 사생활 보호 논쟁까지 불러일으켰다. 1심 재판에서 재판부는 캠벨의 손을 들어 줬다. 〈데일리 미러〉가 캠벨의 마약 중독 사실을 알았더라도 사생활 보호가 우선이었다는 이유에서이다. 사진 게재로 충격을 받은 캠벨이 마약 중독 치료를 꺼리는 등 언론이 캠벨의 재활에 악영향을 미쳤다는 점도 인정되었다. 그러나 재판부는 항소심에서 〈데일리 미러〉의 보도는 공공의 관심을 충족시키기 위한 정당한 행동이었다며 원심의 판결을 뒤집었다. 캠벨이 마약을 복용한다는 사실을 대중에게 알리지 않았고 〈데일리 미러〉가 진실을 입증하기 위해 노력했다는 점을 재판부가 인정한 것이다. 1심 판결을 '웃음거리'라고 표현했던 〈데일리 미러〉의 편집장 피어스 모건(Pierce Morgan)은 "당시 캠벨이 곤경에 빠진 것은 사실이지만 그가 소송을 제기한 것은 언론에 대한 도전"이라며 이번

판결이 당연하다는 입장을 밝혔다. 하지만 영국 상원의 최종심에서 법원은 〈데일리 미러〉가 캠벨의 사생활을 침해했다며 캠벨의 승소를 확정하였다.

 정보 통신의 발달로 인하여 인터넷의 활용이 늘어나면서 예전엔 볼 수 없었던 사생활 침해 피해 사례는 점점 더 증가하고 있다. 물론 사실이 아닌 악의적인 정보를 유포한 네티즌들 또한 준엄한 심판을 받아야 할 것이다. 하지만 언론이 공익성을 위하여 진실을 파헤친 것이라면, 또 유명인들이 법을 위반하고 비도덕적 행위를 선택한 경우에 미디어가 이들의 비리를 파헤쳤다면 이는 대중의 알 권리를 만족시킨 것이다.

 법이 유명인의 사생활을 보호해 준 것처럼 개인의 사생활 보장은 무엇보다 중요하지만 언론과 대중의 관심을 받는 유명인들은 항상 자신들의 사회적 책임을 통감하고, 사회적 지도자로서 걸맞는 도덕적 규범에 따라 살아야 할 책임도 있다. 그리고 스캔들의 소용돌이에서 자신의 명예와 재산을 지키기 위해서는 배밭을 지날 때는 갓끈도 고쳐매지 않는 주의를 기울여야 할 것이다.

21

텔레비전이나 컴퓨터는 가 보지 못한 관광지도 친숙하게 하여 관광 산업을 위축시키는가?

　정보 통신의 발달로 사람들이 가 보지도 않은 세계 여러 명소를 친숙하게 여겨 결과적으로 관광 사업이 위축되었을까? 거실 소파에 누워서 〈내셔널 지오그래피(National Geography)〉나 〈디스커버리(Discoveries)〉로 채널을 돌리며 방송 진행자들의 자세한 유적지나 관광지 설명을 듣길 즐기는 이들은 성가시게 돈과 시간을 들이며 왜 굳이 힘들게 여행을 가야 하느냐고 말한다. 그러나 시각적인 만족으로 유적지에 대한 정보를 아는 것과 직접 이국적인 장소로 여행가고 싶어하는 갈망은 원천적으로 다르다. 사람들은 자신들에게 너무나도 친숙한 장소를 떠나서 어디론가 낯선 곳으로 여행을 가는 것이다. 캘리포니아의 고등학교 교장이었던 루이 스티븐슨은 '나는 어디론가로 떠나기 위해서 여행을 한다.'는 말을 남겼다.

사람들은 너무 익숙한 나머지 지루한 일상에서 탈피하기 위해서 어딘가를 여행하며 새로운 에너지를 찾는다. 시각적으로 경험하는 이미지와는 무관하게 사람들은 여행을 한다. 더욱이 관광업계는 텔레비전 방송으로 유명해진 장소를 신상품으로 개발하여 수익을 증대하고 있다.

텔레비전 프로그램 〈로마(Rome)〉가 방영되자 미국 전역에서 로마 여행 상품이 날개 돋친듯이 팔렸다고 한다. 사람들이 까맣게 잊고 있었던 과거로의 여행이라는 아이디어가 시청자를 자극하였기 때문이다. 또 평소에 가보고 싶었다가도 차일피일(此日彼日) 미루고 있었던 유럽 여행을 할 수 있도록 관광 사업을 활성화하는 효과를 가져 왔다. 〈로마〉가 방영되기 전에 다소 침체되었던 유럽 관광 상품들은 그 이후에 관광 수입이 두 배가 되었다고 한다. 우리 나라의 경우도 예외는 아니다. 텔레비전 드라마 〈겨울연가〉가 일본에서 호응을 얻자 욘사마 관광 사업으로 일본인 여행 업계가 큰 호황을 누렸다고 한다. 이 여행 상품은 드라마 배경으로 나오는 아름다운 수목이 우거진 강원도로, 서울의 명동으로 관광객들을 안내하고 마지막에는 드라마의 주인공 배용준과의 만남이라는 이벤트로 끝난다고 한다. 유명 드라마를 테마로 하는 여행은 말할 나위 없이 성공적이었다.

컴퓨터가 일상 생활에 필수적인 도구가 된 덕에 여행에 대한 정보를 일반인들도 몇 번의 클릭으로 접하게 되었다. 또 굳이 여행 정보를 검색하지 않아도 간간이 뜨는 팝업창에는 '로마로 여행, 단돈 1,000달러의 행복!'이라는 강렬한 선전 문구가 컴퓨터 사용자들을 한없이 자극한다. 바쁜 일상에 눌린 사람들은 스트레스로부터 탈출하기 위해서 '예' 버튼을 누르고 말 것이다. 여행은 사람들에게 신선한 충격을 선물하는 기회이다. 또 늘 함께 있는 가족들을 떠나서 어디론가 홀로 얼굴도 이름도 모르는 사람들과 어울리며 자신을 돌아다 볼 수 있는 자성의 기회로 여행을 가려는 이들도 있다. 가족여행이나 동호회 여행을 계획하고 예산을 세우는 데에도 컴퓨터의 시각적 이미지들은 많은 도움이 된다. 가고자 하는 곳의 주소만 입력하면 정확한 위치를 알려 주고, 싼 가격으로 비행기 표를 살 수도 있다. 또한 여행하려는 도시 주민의 숫자와 생활 환경, 문화까지, 이미지와 함께 올려 놓은 유용한 정보들은 낯선 도시로 여행을 떠나는 사람들에게는 대단한 편리를 제공한다.

텔레비전이나 인터넷이 등장하기 이전에는 여행 안내 책자에 인쇄된 휴양지의 평온하고 아름다운 사진만으로도 관광객을 모으는 데 매우 효과적이었다. 관광객을 유치하기 위해서 해안가의 사치스러워 보이는 남녀의 사진만으로도 사람들에게는 매혹적이었을 것이다. 월간지나 신문 광고에 실린 휴양지의 사진들을 보고 얻는 시각적 만족감은 여행으로서 얻을 수 있는 스트레스 해소나 새로운 에너지 충전과 같은 기쁨을 대신할 수는 없다. 유적지나 관광지를 그림으로 보았다고 해서 사람들이 여행을 떠나지 않는다기보다는 더욱더 자신이 그림 속 주인공이 되고 싶은 욕망을 가지게 된다. 매년 여름 휴가철이 임박하면 어디에서 여유로운 시간을 보낼까를 계획하는 사람들은 제일 먼저 신문이나 잡지를 뒤적이며 여행지를 고른다. 이처럼 생생한 시각적 이미지들은 관광 사업을 황폐화시키는 것이 아니라 오히려 활성화시킬 것이다.

더욱이 단체 관광 상품의 개발과 늘어나는 수입으로 관광객의 숫자는 점점 증가하는 추세이다. 왜냐하면 사람들은 일상의 필요한 것들이 만족되고 나면 움직이고 여행하고 싶어하는 본성을 가지고 있기 때문이다. 경제 발전으로 국민들의 생활이 윤택한 나라일수록 사람들이 해외 여행을 자주하게 되는 것은 이러한 까닭이다. 매일 만나는 친숙한 얼굴이 아닌 이방인들과의 만남에서 새로운 자아를 발견할 수 있는 기회를 가질 수 있는 여행은 혼잡한 교통난과 과중한 업무에 시달리는 현대인에게는 사막의 오아시스와 같다. 여행은 시각적인 만족만을 위해서 떠나는 여정이 아니다. 자신을 돌아다본다는 거창한 이유가 아니더라도 사람들은 기분 전환을 위해서 먼 길을 가고 싶어하기 때문이다.

22

미디어는 개인이나 사회에 혼란을 야기한 책임을 져야 하는가?

　미디어가 대중에게 미치는 영향은 거의 폭발적이라 해도 과언이 아니다. 그런데 미디어가 독자성과 중립성을 잃어버리고 사회적 편견이나 정치적·경제적 이익에 따라 책임감 없이 한 개인에 대한 평판을 내리는 어처구니 없는 일이 일어나기도 한다. 이러한 미디어의 횡포는 한 개인의 생활을 파괴할 뿐만 아니라 한 사회를 혼돈으로 몰아넣기도 한다. 리차드 주얼(Richard Jewell)은 이러한 미디어에 대한 아무런 지식이 없는 평범한 사람이었다. 그는 1996년 올림픽 기간 중 아틀란타 올림픽 공원에 폭발 사건이 일어났을 당시 안전 요원이었다. 이 사고는 1명의 사망자와 111명의 사상자를 내 미국을 경악시켰다. 폭발로 아수라장이 된 그곳에서 많은 사람들을 안전한 곳으로 대피시킨 그는 텔레비전 방송과의 짧은 인터뷰 이후 미국의 영웅으로 부상하였다. 하지만 얼마 뒤 아틀란타 신문은 다음과 같은 내용을 신문 기사의 헤드라인으로 실었다. 'FBI, 영웅적 보안 요원을 폭탄 설치 용의자로 지목하다.' 라는 기사에서 리차드 주얼은 폭탄을 설치한 사람으로 지목받고 있다고 하였다. 그리고 얼마 후 리차드 주얼은 더 이상 용의자가 아니라는 짧은 해명 기사를 실었다. 물론 그는 그 기사로 인해 사생활이 망가지고 명예가 실추되었지만 FBI나 신문과 방송사 그 누구에게도 사과를 받지 못했다. 이처럼 미디어는 평범하고 선량하게 살아가는 시민들의 평화로운 삶을 악몽으로 돌변하게 만드는 힘이 있다.

또한 미디어는 정치적인 세력으로부터 중립성과 독립성을 지켜야만 한다. 2000년 미국 대통령 선거 때에는 미디어가 선거 결과를 서둘러 발표하여 대통령 선거에 영향을 미치기도 하였다. 대통령 선거가 진행되고 있는 상황에서 미디어는 저마다 서둘러 실시한 출구 조사를 통하여 나름대로 자신들이 정확한 예견을 할 것이라고 자부하였다. 플로리다의 투표 결과는 앨 고어(El Gore)나 조지 부시(George Bush) 두 사람 중 누가 당선자인지를 확정할 수 있는 지역이었기 때문에 많은 시청자들은 미디어 뉴스에 관심을 주고 있었다. 투표가 끝나기 전 초저녁 즈음에 미디어는 민주당 후보인 앨 고어의 당선이 확정적이라고 방송하였다. 그러자 앨 고어의 지지자가 많은 서부 지역 주민들은 더 이상 투표를 하러 나가지 않았다. 그러나 갑자기 부시가 플로리다 주에서 앨 고어보다 더 많은 표를 득점하기 시작하였다. 방송사와 신문들은 허겁지겁 자신들의 예견이 빗나갔다는 것과 부시가 당선 확정자임을 발표하는 해프닝이 벌어졌다. 사람들은 미디어의 진실성에 대해서 실망했을 것이다. 뉴스 앵커가 시청자에게 혼란을 야기한 것에 대해서 대단히 죄송하다고 사죄는 하였지만 사회적 혼란을 가져온 것에 대한 법적 책임은 그 누구도 지지 않았다. 2000년 대통령 선거에서 보여 준 사회적 혼란은 책임없이 서두르기만 하는 미디어의 실책 때문이다.

ABC 방송이 '워싱턴의 마담'으로부터 전화 번호 리스트를 받은 것에 대해 다음과 같은 의문이 제기되었다. 방송사가 입수한 전화 번호 가운데 유명 인사들이 포함돼 있으면 방송사는 누구의 이름을 발표할 것인가? 칼 로브(Karl Rove)와 테드 케네디(Ted Kennedy)가 명단에 포함돼 있다고 가정해 보자. 두 사람의 이름이 공개될 가능성이 동일할 것인가? 만약 한 사람의 이름만 공개해야 한다면 진보파 언론이 어느 쪽을 공개할 것인지 답을 몰라 궁금하게 생각하는 시민이 있을까? 워싱턴에서 발생하는 스캔들은 누구의 이름이 먼저 공개되느냐가 문제이다. 누가 관련되었느냐에 따라 언론이 규정하는 '스캔들'이란 용어의 개념 자체가 근본적으로 달라진다. 그런 언론의 태도야말로 언론에 보도되는 어떤 스캔들보다 더 큰 스캔들이다. '워싱턴의 마담'이 노출되기 앞서 워싱턴의 큰 스캔들은 부시 행정부가 8명의 연방 검사를 해임한 조치였다. 그러나 빌 클린턴이 미국의 연방 검사 전원을 해임한 조치는 언론에서 스캔들로 다루어지지 않았다. 빌 클린턴의 연방 검사 해임 사건에서 아칸소의 연방 검사들은 클린턴의 주지사 시절 주 정부의 부패 혐의를 수

사하고 있었다. 연방 검사 전원을 해임한 조치가 클린턴 자신의 뒤를 캐던 검사들을 제거한 것이라는 사실을 덮어 버렸다. 그러나 당시 언론은 이 조치를 스캔들로 보지 않았다. 이렇게 미디어가 정치적 힘을 가진 사람들을 옹호하고 약자를 희생양으로 만드는 불공정한 여론몰이를 해가는 주범이라는 것은 자명한 현실이다.

기자들은 기사나 뉴스를 작성하기 이전에 보도 내용의 공정성에 대해서 심각하게 고려해야 할 것이다. 그리고 그들이 센세이션을 일으키기에 급급해서 적은 기사 때문에 개인적이거나 사회적인 혼란을 가져오는 결과를 자행했다면 미디어는 그 결과에 대해서 응분의 책임을 져야만 할 것이다. 한 개인을 영웅으로 만드는 것도 미디어이며, 또 한 개인을 범인으로 지목하는 것도 미디어이다. 사실상 시청자가 무심하게 보는 뉴스들은 객관성보다는 방송인들의 주관적인 의도가 담겨 있는 정보를 편파적으로 보도하는 경우가 종종 있다. 시청자와 미디어 사이에 성립되는 신뢰 관계가 깨지는 보도를 하거나, 사회적인 편견을 심는 방송 프로그램을 제작한 제작자와 방송사 또한 응분의 도의적 책임을 져야만 한다. 시청자 또한 미디어의 이러한 특성을 잘 이해하고 정보의 내용을 검증하고 옳고 그름을 판별할 수 있는 도덕적 잣대를 가져야만 할 것이다. 정보의 출처와 어떤 증거 자료가 있는지, 그리고 그런 증거에 대한 신빙성은 어디에 있는지를 판단할 수 있는 시청자가 많은 국가에서 진정한 민주주의 정치가 발전할 수 있기 때문이다.

23

장기간의 시각적 혼란은 사람이 하나의 주제에 집중하는 것을 방해하는가?

　어느 집에서나 텔레비전 앞에 앉아서 시간을 보내려는 자녀와 이를 막으려는 부모와의 갈등으로 늘 소동이 벌어진다. 거실에서 텔레비전의 채널을 돌려대던 아이는 숙제를 마치라는 엄마의 성화에 떠밀려 방으로 들어간 다음에는 컴퓨터 앞에 앉아서 게임을 즐긴다든지, 여러 가지 감각적인 이미지들을 들여다보며 시간을 보내기 시작한다. 한창 학업에 정진해야 할 어린 학생들이 소설이나 위인전을 읽거나 자신의 생각을 정리하는 일기를 쓰는 경우는 점점 줄어든다. 다시 말해 충분한 시간을 가지고 자신의 생각을 정리하고 어떤 문제에 집중할 수 있는 교육 환경이 요즈음 어린이에게는 주어지지 않는다는 이야기이다. 학업에 관한 문제든지 아니면 인생 문제든지 간에 자신도 모르게 감각적인 이미지에 빠져 살아가는 어린 자녀들을 둔 부모들의 걱정과 근심은 점점 더 커지기만 한다. 초등학교 교사들은 학부모와의 만남에서 주중에는 텔레비전 시청을 금지하고 주말에만 적절한 프로그램을 선정해서 볼 수 있도록 지도해 줄 것을 신신당부한다. 어린 아이들이 폭력적이거나 성적으로 자극적인 시각적 이미지에 노출되는 것을 막고 건강하게 자라날 수 있도록 하는 것이 부모가 아이들에게 할 가장 중요한 일로 꼽기 때문이다. 무엇보다도 성장기의 아동들에게 자극적인 이미지는 그들의 평생을 해칠 수 있는 잘못된 가치관을 심어 주기 때문이다. 어린 자녀들은 보는 대로 무엇이든지 따라한다는 사실을 부모들은 유념하고 텔레비전 시청을 절제시키는 것이 학업 정진의 성패를 좌우하는 아주 간단한 법칙이라고 교사들은 강조한다.

텔레비전이나 컴퓨터 프로그램은 우리 자녀들이 학업에 집중하는 것을 방해할 뿐만 아니라, 어른들 사이에서도 대화를 단절시켜 부부 생활을 어렵게 만드는 주범이 되기도 한다. 얼마 전 내 친구는 자기 남편과 다툰 후에 별거를 시작했다. 친구의 사생활을 건드리는 것이 아닌가 조심스러워 별거의 이유를 차마 묻지 못하고 있는 내게 친구는 마구 하소연을 시작하였다. 자신과 대화를 하지 않고 하루 온종일 소파에 누워서 텔레비전에 빠져 사는 남편이 미워서 더 이상 함께 살 수가 없다는 불평이었다. 어처구니없어 보이는 그 이유는 심각했다. 친구의 남편은 귀가와 동시에 거실 소파에 누워서 리모콘을 가지고 이리저리 채널을 돌리고, 저녁 식사마저 텔레비전 앞에 가져다 놓고 대충 먹는다는 것이다. 자신과 대화를 하지 않는 것은 물론이요, 별거를 통보하고 짐을 챙겨서 나가는 날에도 역시 소파에 앉아서 머쓱한 표정으로 채널을 돌리며 자신의 얼굴은 쳐다 보지도 않더라는 것이다. 부부 간의 문제를 대화로 해결하는 것이 어려울 정도로 텔레비전을 돌려대며 살아가는 남편의 모습에서 더 이상 희망을 찾을 수 없었다는 하소연을 들으면서 정말 시각적 이미지의 중독은 부부 간에도 큰 문제를 일으키는 심각한 중병이라는 생각이 들었다.

　텔레비전을 시청하는 중간 중간에 나오는 광고들은 시청자들이 한 가지 주제에 집중하는 것을 어렵게 한다. 분명 신문을 읽는 것보다는 텔레비전을 보는 것이 사회의 문제점과 그 주변 상황을 이해하는 데에 도움이 된다. 그러나 문제는 너무 자주 나타나는 광고에 있다. 광고는 시청자가 한 가지 프로그램에 집중하는 것을 고의적으로 방해한다. 공익적이라기보다는 상업적인 목적을 더 가지고 있는 방송은 기업의 이윤 극대화를 위해서 수많은 시청자들의 시간이나 프로그램 이해의 연결성을 고려하지 않고 광고를 내보내고 있다. 정치나 시사 문제 등을 토론하는 프로그램은 물론 드라마마저도 시청자들이 한 가지에 집중할 수 없도록 방해하는 결과를 기대하면서 의도적으로 제작되고 있다.

　물론 그렇다고 해서 신문이나 역사책을 읽는 것이 한 가지 주제에 집중하는 적절한 방법은 아니다. 문자로 적혀 있는 책을 읽는 것이 장기간 한 가지 주제에 집중할 수 있는 길을 열어 가는 것은 아니다. 대부분의 사람들은 문학 작품을 이해하는 데에 수십 시간씩

들여서 책을 읽는 것보다 한두 시간을 들여 영화를 보는 것을 더 선호한다. 이는 전체적인 작품의 이해가 시각적인 이미지를 통해서 보다 쉽게 충족되기 때문이다. 책을 읽는 경우에도 집중력이 흩어지는 경우가 있을 수 있으며, 문자로 된 읽을 거리들을 오랜 시간 동안 효율적으로 이해하기 위해서는 훈련을 쌓지 않으면 불가능하다. 어떤 교사들은 영상 매체를 이용하는 교육은 지나치게 시각과 청각이라는 감각에 의지하기 때문에 오히려 학생들이 책을 읽는 활동을 힘들게 한다고 주장한다. 그러나 이것 또한 극단적인 주장이다. 흥미 위주로 쓰여지지 않은 교과서는 학업 능력이 떨어지는 아동들의 학습 동기를 저하시킬 수 있기 때문이다.

시각적인 혼란으로 한 가지 주제에 집중하지 못하는 것은 다양한 이미지를 분별할 수 있는 능력을 타고난 사람들에게는 커다란 문제가 되지 않는다. 다양한 시각적인 영상을 보더라도 그 영상이 담고 있는 내용을 분석하고 정리하는 능력이 뛰어난 사람들은 그 내용을 잘 종합하여 자신의 것으로 만들 수 있기 때문이다. 하지만 너무 과다한 시각 이미지가 판치는 것은 사회 모두가 나서서 제지하고 검열해야 할 것이다.

Ⅲ 윤리

Ethics

24 최고 경영자는 기업의 이윤만 추구한다면 그의 도덕적 책임을 다하는 것인가? **25** 스캔들은 정계이든 학계이든 여론을 집중시킨다는 점에서 유익한가? **26** 가치관은 반드시 이성을 바탕으로 하고 있는가? **27** 개인적 책임이라는 말은 허구인가? **28** 목적을 성취하기 위해서라면 어떠한 수단도 정당화될 수 있는가? **29** 영웅을 보면 그 사회의 성격을 알 수 있는가? **30** 외모나 화술을 통해 그 사람의 정치 성향을 알 수 있는가? **31** 어울려 다니는 그룹만 보고 그 사람을 알 수 있을까? **32** 개인이 학교, 직장, 국가에 보이는 충성심은 건설적인가, 파괴적인가? **33** 노벨상처럼 유명한 상은 사회에 득이 되는가, 해가 되는가? **34** 환경은 선택의 여지가 없을까?

최고 경영자든 정치 지도자이든 또한 대중의 열광을 받는 연예인이든 많은 사람들의 관심을 받는 사람들은 그들의 모든 행동 하나하나가 사회에 큰 영향력을 끼치고 있음을 깨달아야 한다. 그런 이유로 늘 남에게 모범이 되게 살아야 하며, 만약 그들이 법을 어긴다면 그 행위는 엄중하게 다스려져야 한다. 사회에 이바지하는 지도자로서 도덕성을 지키는 것은 물론 사회적 책임을 다해야 하는 것이다. 그들 자신이 지닌 부나 명성이 자기 자신의 능력이나 행운임을 강조하기보다 공동체적 삶에서 얻은 행운일 뿐이라는 사실을 이해할 때 진정한 의미의 지도자가 될 수 있다. 또한 자신에 대한 절대적인 복종이나 충성심을 요구하기보다는 상부상조하는 사회적 분위기를 이끌어 갈 수 있는 지도력을 겸비하는 것이 민주 사회의 진정한 리더십이다.

휴머니즘과 윤리성을 중심으로

청교도, 즉 신교주의자가 구교의 교리나 예식에 반발하여 대서양을 건너와 새로운 대륙에 세운 나라가 미국이다. 사실 미국은 철저한 프로테스탄트 정신으로 개척된 나라이다. 역대 대통령 중 케네디 대통령을 제외한 모든 대통령들이 신교 신봉자였다. 미국의 대통령은 백인이며, 신교도이며, 대부분은 사립 학교 출신의 부유한 계층의 자녀들이었다. 이 가운데 링컨은 독학으로 공부하였으며, 클린턴은 공립 학교 출신이다. 그러나 이제 미국에서 종교적 색채를 찾아보기 어렵게 되었다. 공립 학교에서 교사들은 자신의 종교를 아이들에게 무리하게 선교하지 않으며 기도와 같은 종교적 행위도 하지 않는다. 물론 기독교 클럽과 같은 학생들 간의 친목을 위한 자발적인 학생 기구의 활동은 허락된다. 이처럼 완고한 종교적 도덕성을 강조하기보다는 휴머니즘을 바탕으로, 그리고 윤리성을 중점적으로 교육하는 나라가 미국이다. 다인종 다문화의 다양한 얼굴을 가진 미국이 하나가 된 것은 바로 이 휴머니즘 정신 때문이다. 휴머니즘은 인간성을 바탕으로 착하고 정직한 사회를 구축할 수 있다고 믿으며 반드시 절대자, 즉 신과의 관계에만 인간의 가치를 두지 않는다. 진정한 휴머니즘은 인종적·문화적으로 서로 다른 사람들이 서로를 이해하고 아끼고 존중하면서 인간의 지혜와 능력을 개발해 나갈 때 실현된다.

소외 계층을 보호하는 윤리와 법이 우선하는 사회

미국이 개인주의를 신봉하는 국가이기 때문에 미국인은 이기주의자이며 자신의 이익만을 먼저 추구하는 사람들이 모인 사회라고 결론을 내린다면 그것은 지나친 편견이다. 그 이유는 철저히 약자를 보호하는 미국의 법 정신을 보면 쉽게 알 수 있다. 소외 계층의 권익 보호에 사회 윤리와 법이 우선하는 미덕을 미국 사회는 보여 준다. 장애인들과 더불어 살아가도록 마련된 사회 제도는 장애인들을 사회 일원으로 공정하게 받아들이고 그들의 아픈 몸과 마음을 더 배려하고 있다. 건강한 사람들이 자원 봉사를 자청하며 도움의 손길을 주는 일은 어디서나 흔히 볼 수 있다. 붐비는 주말 골프장에서도 중년의 백인 남자는 카트에 딸로 보이는 10대 장애 아동을 태우고 다니고, 또 그것을 이상하게 쳐다보는 사람도 없다. 18홀이 끝날 때까지 몇 시간 동안 소녀에게 골프에 관한 규칙이나 방법을 일일이 설명해 주면서 그녀를 즐겁게 해 주는 그 중년 신사는 장애인을 돌보는 지역 사회 자원 봉사자이다. 대학에서도 장애 학생의 휠체어를 밀어 주고 화장실에 가는 일을 도와 주는 학생들이 있고 학교는 그 학생에게 보수를 지불한다.

재벌들의 사회 기여는 마땅한 의무

사회 복지를 위한 재산 헌납은 부자가 된 행운아들이 해야 할 마땅한 일이라고 미국의 대다수 부자들은 여긴다. 그들이 부를 축적할 수 있었던 것은 사회라는 환경적 틀과 물건을 구입하는 소비자들이 있었기 때문이다. 또한 기업이 활용하는 사회적 생산 기반은 대부분 국민의 세금으로 만들어지는 만큼 재벌들의 사회 기여는 마땅한 의무이다. 석유왕으로 불리는 록펠러, 철강왕으로 불리는 카네기, 그리고 자동차왕으로 불리는 포드도 비영리 재단을 설립하여 자신의 유산을 사회에 환원하였다. 또한 지난 20년간 신화적 존재가 된 마이크로 소프트사의 빌 게이츠는 그의 재산의 약 90% 이상을 사회에 되돌려 주었다. 최근 주간지 〈비즈니스 위크(Business Week)〉는 미국 재벌들의 기부금 현황을 발표하고서 재벌들을 박애주의자라 일컬었으며, 최고의 기부자는 물론 세계 제일의 재벌인 빌 게이츠 부부라고 발표하였다. 1999년 160억 달러로 '빌 게이츠 부부 재단' 이라고 지칭한 자선 기관을 설립했으며 그 후에도 지속적으로 기부하였다. 빌 게이츠 재단의 다른 이름인 '세계 보건 재단(Global Health Foundation)' 은 국경을 넘어 아프리카와 아시아 등 소외 지역의 에이즈와 같은 질병을 퇴치하는 데에 치중하고 있다. 그는 기부금으로 비영리 단체를 운영하여 소외 계층의 권익 보호나 자연 보호에 앞장을 섬으로써 재벌들의 역할 모델이 되고 있다. 이렇듯 성공한 사회 지도자들이 사회적 약자 보호에 앞장서서 모범을 보이고 있다.

약자를 보호하고 있는 미국 법

미국 사회가 약자를 보호한다는 것은 임대 계약에서도 볼 수 있다. 세입자가 월세를 내지 못한다고 해도 집주인은 세입자를 마음대로 내쫓을 수 없으며, 반드시 법적 절차를 거쳐야 한다. 하지만 적어도 4~5개월의 시간이 걸리기 때문에 세입자는 약 5개월 정도는 무료로 살 수 있다. 물론 1년 동안에 올릴 수 있는 임대료의 상한선도 법으로 규정해 놓았다. 오래 전 재미 교포 집주인이 세입자가 계약 조건을 준수하지 않았다고 소송한 사건이 있었다. 계약서에는 집주인이 임대 연장을 결정한다고 적혀 있었다. 그러나 판사는 임대 연장의 선택은 사회적 규범의 차원에서 임대인에게 있는 것이 아니라 세입자의 권한이라고 판시하였다. 이는 재산을 가진 자가 재산이 없는 자에게 양보해야 한다는 사회적 규범을 밝히는 판시로 미국의 법이 얼마나 약자를 보호하고 있는가를 보여 주는 단적인 예이다.

교육의 가장 중심은 정직과 도의성

교육 현장에서도 학생들에게 정직과 도의성을 명백하게 요구한다. 학교에서 학생들에게 요구되는 공동 프로젝트 활동을 할 때에는 각자의 의견을 정확하게 밝히고 인용한 표현도 출처를 밝혀야 한다. 표절(Plagiarism)이란 단어는 라틴 어로 '어린아이 납치범'을 의미한다. 남의 견해를 무단으로 인용하는 것은 다른 사람의 귀한 자식을 훔치는 것과 동일하게 본다는 의미이다. 하버드 대학은 표절에 대해 모든 학생들에게 경고하며 이를 어긴 학생들은 학칙에 따라서 처벌받는다. 하버드 대학의 기준에 따르면 표절은 절박함에서 비롯되는 경우가 많다. 처음엔 '참조'만 하려는 좋은 의도로 남의 저작물을 보다가 시간에 쫓기면 절박한 심정이 되어 도덕적 경계선을 넘게 되는 것이라고 말한다. 첫 문장에서 출처를 밝혔어도 그 뒷문장에서 원저자의 독특한 생각이나 표현을 계속 설명하면서 인용 부호를 표기하지 않거나 출처를 밝히지 않아도 표절에 해당한다. 글 전개 구조를 출처 없이 본떠도 표절이다. 또한 공동 프로젝트는 각자가 기여한 부분을 정확히 명시해야 '부적절한 공조' 위험에서 벗어날 수 있다. 한국 대학생들은 동료에게 자신의 과제물을 대수롭지 않게 빌려 주고 있지만 이러한 행동은 표절 방조 행위이다. 실제로 한국계 유학생이 지도 교수의 의견을 따옴표 안에 넣지 않아 박사 과정에서 퇴출당하는 일이 벌어지기도 했다.

미국은 표절뿐만 아니라 연구 부정 행위(Research Misconduct)의 심각성을 일찍부터 인식하고 이를 막기 위해 다양한 제도적 장치를 발전시켜 왔다. 최근에는 연구 부정 행위를 고발하고 조사하는 차원을 넘어 사전 예방과 교육에도 관심을 두고 있다. 가장 먼저 공식적으로 연구 부정 행위에 대응해 관련 제도를 정비한 나라는 미국이다. 미국은 잇따른 연구 부정 사건을 계기로 1980년대 중반 이후 꾸준히 이를 조사하는 절차를 연방 기관별로 마련해 왔다. 이는 2000년 12월 백악관 과학 기술 정책실(OSTP)이 '연구 부정 행위에 대한 연방 지침(FPRM)'을 발표하면서 완성됐다. FPRM은 '날조(Fabrication), 변조(Falsification), 표절(Plagiarism)'을 연구 부정 행위로 정의하고 성립 요건, 처리 절차, 사후 관리 대책까지 자세하게 규정하고 있다. 제기된 부정 의혹은 탐문하고 조사한 후 재판을 통해서 판결을 받거나 항소하는 절차에 따라 공정하게 검증하도록 했다.

도덕성을 일깨우는 교육적 목적의 법 제도

양심을 규제하는 원초적인 힘은 윤리나 양심에 근거하는 것이지 결코 법적 제재가 인간의 양심적 행위를 고무하는 것은 아니다. 물론 한 사회에 해가 되는 행위를 저질렀을 경우에는 반드시 그 결과에 책임을 진다는 것을 법에 규정해 놓은 것은 도덕성을 일깨우기 위한 교육적 목적 때문이다. 시민 생활의 안전을 보호하는 법을 집행하는 재판소나 법정은 시민의 복지를 위한 사회 복지국과 더불어 동네마다 설립되어 있다. 예를 들면 단순한 속도 위반과 같은 잘못을 한 경우에도 법원에 출두해서 교육의 일부로 판사의 훈시를 듣고 벌금형을 받는다. 이러한 절차를 통해서 시민들은 비도덕적 행위를 할 경우에는 사법 처리될 수 있다는 것을 교육받게 된다. 경찰서도 동네마다 한 군데씩 있으며, 인구 이동이 많지 않는 지역에서 경찰은 대개 그 마을에서 일어나는 사건이나 지역 사회 구성원들의 활동에 대해서도 파악하고 있다. 또한 각 지방 법원 홈페이지에는 이름만 검색하면 그 피의자의 기소 사항을 한눈에 볼 수 있도록 정보화되어 있다.

사회적 규약을 어겼을 경우에 반드시 따르는 책임

남에게 상해를 입힌 폭력 범죄가 아니더라도 사회적 규범을 어긴 경우에도 반드시 벌금을 부과하여 시민 개개인이 자신의 잘못에 책임을 지게 하고 있다. 예를 들면 16세 미만의 아이와 성관계를 한 성인은 3년 이상의 실형을 선고 받는다. 몇년 전 초등학생인 제자의 아이를 출산한 여교사에게 7년이 구형된 사건이 있었다. 이처럼 아동 보호법에 저촉되는 행위는 중죄로 다스려진다. 또한 공공 장소에서 담배를 피우다 적발되면 벌금을 물게 되고, 21세 미만의 청소년에게 술을 팔아도 법적 처벌을 받는다. 주류 통제법에 의하여 영업권을 가진 사람들만이 술을 팔 수 있고, 미성년자에게 술을 팔다가 걸리면 바로 영업 정지 처분을 받게 된다. 이러한 범법 행위를 적발하기 위해 손님으로 위장하여 일부러 주류 통제국 직원이 가게에 접근하기 때문에 가게 주인이나 종업원들은 철저히 나이를 확인한 다음에 술을 팔아야 한다.

정치인의 가장 중요한 자질은 정직

한 사회의 리더가 될 정치인의 청렴성과 도덕성에 대해서 보이는 미국 사회의 보수적인 성향은 역대 대통령들의 부인들이 모두 조강지처라는 점에서도 발견할 수 있다. 예외적으로 레이건 대통령이 이혼 경력이 있지만, 그가 대부분의 결혼 생활은 낸시 레이건과 했기에 도덕적 검증은 문제되지 않았다. 결혼 생활은 물론 뇌물 수수 혐의나 고의적인 거짓이나 국익에 위반되는 어떠한 행위도 국민은 용납하지 않는다. 대통령을 선출할 때 정치인의 정직성은 가장 중요한 자질임에는 틀림없다. 그렇다고 해서 진정한 국가의 수반이 모든 국가 정보를 낱낱이 국민에게 보고해야 한다는 말은 아니다. 정치적 지도자는 평범한 국민보다는 한 단계 더 높은 수준의 사고와 판단을 할 수 있는 능력이 필요하다. 왜냐하면 지도자는 국민들이 마음 놓고 자유롭게 경제 활동을 할 사회 환경을 제공해야 하기 때문이다. 이러한 이유로 국민들은 그들의 지도자를 선출할 때 무엇이 공익인가를 현명하게 판단하고 지도자가 대처할 수 있는 능력을 가졌는지 판단해야 한다.

사회를 지탱하는 도덕성과 정직성

이렇게 개인이든 기업가이든 정치인이든 이기심을 버리고 사회에 무엇을 기여할 것인가에 대해서 모두가 고심하고 힘을 기울이지 않는다면, 한 사회는 혼돈과 절망에 빠지고 말 것이다. 개인은 사회 속에 살면서 사회가 요구하는 삶을 수행하며 사회가 요구하거나 희망하는 삶을 살아갈 수밖에 없는 피동적인 존재이다. 이 점을 생각해 볼 때 한 사회의 정신 세계를 통치하는 가치관이나 도덕성, 정직성은 거대한 사회 속에서 개개인이 반드시 갖추어야 할 덕목이며 한 사회를 지탱시켜 주는 기반이다.

24

최고 경영자는 기업의 이윤만 추구한다면 그의
도덕적 책임을 다하는 것인가?

　최소의 고용 조건도 지키지 않고 값싼 불법 체류자들의 노동력을 착취해서 더 많은 이윤을 남겼다는 기업인을 비난하는 일은 비일비재(非一非再)하고, 수십 억 원의 세금을 포탈했다고 사회적 질책을 받는 최고 경영인들의 뉴스도 어쩌다 듣는 소식은 아니다. 어떤 기업가가 범법 행위를 하지 않고도 최대 이윤을 남겼다면 그는 분명 존경을 받을 만하다. 하지만 최고 경영자가 우리 사회에 관심과 존경을 받는 지위라는 것과 어떤 기업도 그 사회의 기반 구조(InfraStructure) 없이 막대한 부를 축적할 수 없다는 사실을 고려한다면, 기업가의 사회적 책임이 결코 합법적으로 이윤을 추구하는 데에만 있다고 말할 수 없다. 기업의 경제 활동이 미치는 영향력 또한 점점 더 거대해져 때로는 한 국가의 흥망을 좌우하기도 한다. 더욱이 다른 나라에 공장을 세워 그 나라의 인적·사회적 자원을 활용하는 국제적 기업으로 경제 활동을 할 경우에는, 그 기업가의 책임은 양쪽 국가가 제시하는 법의 테두리 안에서 이루어져야 할 것이다. 그렇다고 해서 두 나라의 법만 지킨다고 기업의 사회적 책임을 다했다고 보기는 어렵다. 다국적 기업이라면 자국의 사회적 책임을 떠나서, 국제 사회에서 리더로서도 존경 받아야 할 것이기 때문이다. 다국적 기업의 최고 경영자의 역할은 때때로 정부가 정치적 목적으로 파견한 대사보다 그 지역 사회 주민에게 미치는 영향력은 막대하다.

미국 3대 자동차 회사인 포드(Ford), 제너럴 모터스(General Motors), 크라이슬러(Chrysler)의 최고 경영자들은 1970년대 후반 시장에서 일본 소형 자동차의 판매가 강세를 보이면서 회사 경영이 어렵게 되자 제랄드 포드(Gerald Ford) 대통령을 만나서 자동차 수입 보호 무역 정책을 심각하게 요청하였다. 이 때 포드 대통령이 "당신들도 일본 자동차처럼 작고 기름이 적게 드는 차를 만들면 되지 않겠느냐?"고 반문하였다는 유명한 일화가 있다. 최고 경영자들이 사업의 위기를 어떻게 극복하느냐 하는 것이 한 국가에 미치는 영향은 지대하다. 국가의 보호, 즉 법적인 혜택을 받아 기업의 이윤을 추구하기에 전전긍긍하기보다는 자국 국민들의 기호와 요구에 부응하는 상품을 생산하려고 노력할 때 자국의 경제는 발전할 것이다.

국가와 기업의 관계를 볼 때, 현대 산업의 금강산 관광 개발 사업은 한국 정부의 대북한 외교 정책인 햇볕정책(Sunshine Policy) 과 긴밀한 관계에 있다. 아마 남북한이 북한의 핵실험으로 정치적인 갈등 국면이 길어진다면 타격을 제일 많이 받을 기업은 우리나라에서 최초로 북한과 경제 협력을 이루고자 했던 고(故) 정주영 회장이 설립한 현대 산업일 것이다. 1980년대 시장의 새로운 흐름인 통신 산업에 뛰어들지 않고 북한과 관광 사업 계약을 맺은 현대 최고 경영자의 결단이야말로 분단된 한반도 허리에 혈관을 이어 주는 역사적인 일이었다. 이처럼 한 기업의 사업 계획은 기업의 이윤 추구보다는 한 국가의 정책을 지원하기도 한다. 삼성, SK, LG 등 우리나라 굴지의 재벌들이 북한을 제외한 다른 나라들과의 사업에 눈독을 들일 즈음, 2002년 정주영 회장은 소떼를 이끌고 자유의 다리를 건넜다. 분명 정주영 회장과 같은 이상주의를 꿈꾸는 최고 경영자가 없었다면 아마 한반도의 허리는 아직도 이어지지 않았을지도 모른다.

석유 산업 시대에 세계 최고 부자 대열에 끼였던 포드(Ford), 록펠러(Rockfeller), 카네기(Carnegie) 등 재벌들은 사후(死後)에 자신들의 이름을 딴 비영리 자선 단체를 설립하여 운영하고 있다. 여러 나라 유학생의 영어 실력을 테스트하는 ETS(Educational Testing Center)도 이러한 재단에서 운영비를 제공받고 있다. 또한 이 시대의 세계 최고 부자로 꼽히는 마이크로 소프트사 대표인 빌 게이츠(Bill Gates)는 재산의 90% 이상을 사회에 헌납한다고 하였다. 그는 잘 알고 있는 것이다. 자신의 새로운 아이디어가 돈이라는 재화로 변하는 과정에는 이 세상 많은 사람들의 노력이 있었다는 것을 말이다. 그래서 그들은 자신의 마이크로 소프트사 지분 중에 30억 달러를 세계의 보건, 교육, 평등을 위하여 세계 보건 기구(WHO)에 기부하였다. 세계에서 마이크로 소프트사 제품을 사용하지 않는 사람들은 없다. 그러므로 빌 게이츠는 미래를 이끌고 갈 어린이들을 위한 장학 재단을 운영하고, 미개발 지역의 어린이들을 보살피며 사회적 책임을 다하는 것이다. 최고 경영자가 너무 많은 돈을 가지고 있으면서 세상에 환원하지 않는다면, 자연히 수많은 사람들은 그의 적이 될 수밖에 없다. 만약 빌 게이츠가 재산의 대부분을 선뜻 사회에 기부하지 않았다면 아마 그는 세상의 질시와 비난을 견딜 수 없었을 뿐 아니라, 고소 사건으로 법정에 서서 일생을 살아갔을지도 모른다. 다국적 고객을 상대로 부를 축적한 세계 기업은 국적을 떠나서 국제 사회 발전을 위하여 그가 번 재화를 써야 마땅할 것이다.

세계화로 인하여 기업의 국적은 점점 모호해지고 있다. 그리고 다국적 법으로도 다양한 형태와 빠른 속도로 발전하는 기업의 비도덕적 행위를 규제하지 못하고 있다. 최고 경영자가 오로지 기업의 이윤만을 추구한다면 그것은 사회적 지도자라고 할 수 없다. 휴머니즘이 과연 무엇인지를 제대로 이해하고 실천하는 경영자만이 진정 이 사회의 책임을 다하는 기업인이라고 할 수 있을 것이다.

25

스캔들은 정계이든 학계이든 여론을 집중시킨다는 점에서 유익한가?

　신문이나 방송 뉴스가 집중적으로 보도하는 스캔들은 우리 사회를 온통 경악과 분노로 들끓게 한다. 바쁜 일상으로 사회적인 이슈에 집중을 못 하던 대중들도 이 때만큼은 사회 문제에 너 나 할 것 없이 관심을 돌리기 마련이다. 성난 사람들은 거리로 뛰쳐나와 불공정한 정부 행정에 항거하기도 하고, 사회를 상대로 사기 행각을 벌여 부를 축적한 비도덕한 기업인을 법의 심판대 앞으로 끌어내기도 한다.

　1973년 초부터 1974년 8월 닉슨 대통령이 사임할 때까지 미국의 뉴스를 장악했던 워터게이트(Water gate) 스캔들은 결과적으로 미국 대통령의 권한을 대폭 축소시켰을 뿐만 아니라, 부도덕적 행위의 주범인 닉슨 대통령의 보좌관이 모두 명문 대학 법과 출신이라는 사실에 놀라서 각 법과 대학이 도덕 교육 과목을 필수 과목으로 지정하게 하였다. 학교 교육이 잘못되어서 오만 방자하고 부패한 정치인을 양산했다는 뒤늦은 후회와 다시는 부도덕한 사회적 지도자가 정부의 중심이 되어서는 안 된다는 교훈 때문이었다.

워터게이트 사건은 워싱턴의 워터게이트 호텔 내에 있는 민주당 본부 당사의 도청 장치를 경호원이 발견하여 CIA(Central Intelligent Agency)에 고발하면서 시작된다. 이 때 이 사건을 폭로한 사람은 〈워싱턴 포스트(Washington post)〉의 밥 우드워드(Bob Woodward)와 칼 번스타인(Carl Berstein)이었다. 이로 인해 대통령직에서 사임하게 된 닉슨의 연설 방송은 1억 1,000만 명의 시청자가 지켜 봐 역대 대통령의 연설 중에서 제일 높은 시청률을 보였다. 하원에서 27 대 11로 대통령 실책 조사 위원회를 결성하여 공식적인 조사를 감행하였으며, 최종적으로 법사 위원회는 '공정성 파괴, 권력 남용, 의회 모독' 등으로 대통령을 기소하기로 결정을 내렸다. 그 결과 닉슨 대통령은 법원에서 탄핵되기 전에 본인 스스로 사임하는 결단을 내리게 되었다. 그리고 도청을 주도한 닉슨 대통령의 측근 세 명(Haldeman, Ehrlichman, Mitchel)은 실형을 선고 받고 감옥으로 보내졌다. 워터게이트에 연루된 개인들의 징계는 물론, 대폭적인 정보 자유법(Freedom of Information Act)의 수정, 고위 공직자들의 재산 공개를 법문화하게 한 최대의 스캔들이었다.

또 다른 세기의 스캔들은 에너지 기업 엔론(Enron Creditors Recovery Corporation) 스캔들이다. 1985년에 설립된 엔론은 조지 부시 부자(父子)를 비롯한 정계와의 인맥을 통해서 2001년 파산하기까지 급성장한 최고 에너지 기업이었다. 많은 은행과 기업의 소액 주주들은 언론의 고속 성장에 의심 없이 투자를 했다. 이렇게 대단해 보였던 엔론은 뒤에서는 회계 장부를 조작했고, 주식 가격이 상승하고 있다고 허위 사실을 유포해서 일반 투자자들의 돈을 가로챘다가 최고 경영자들이 줄줄이 법정에 서게 되었다. 사법 역사상 최대 규모의 회계 비리 사건으로 약 6억 달러를 불법적으로 챙긴 엔론사의 최고 경영자 레이 회장과 전문 경영자(CEO) 칼링은 법원으로부터 징역 45년과 185년이라는 중형을 선고 받았다. 법학자인 조엘 에스 세리그만(Joel S. Seligman)은 〈워싱턴 포스트〉에 엔론 사건은 사베인 옥슬리법(Sarbanes-Oxley Act)을 만들어 부도덕한 경영인을 응징하고, 뉴욕의 증권 거래소와 증권사의 도덕적 상거래에 대한 규범을 강화하는 결과를 가져왔다고 평가했다.

지난해 황우석 박사가 〈사이언스(Science)〉에 발표한 줄기 세포와 관련된 논문이 한 방송 프로그램인 〈PD 수첩〉에 의해서 조작되었음이 드러났다. 그리고 애초부터 줄기 세포는 없었다는 허탈한 소식과 함께 줄기 세포 연구에 대한 비윤리적인 행동들이 속속 지적되었다. 특히 여성 연구원들의 난자 기증이 비도덕적으로 이루어졌다는 것을 뒤늦게 깨달은 한국의 줄기 세포 연구 기관들은 난자 기증의 기준을 법적으로 분명하게 밝혔다.

그렇다고 해서 모든 스캔들이 사회 발전에 긍정적인 효과를 가져 온다고는 말할 수 없다. 프랑스를 영국의 침략에서 구한 잔 다르크를 처형한 중세의 스캔들은 죄 없는 사람들을 마녀 사냥하며 정치적 도구로 이용하기도 하였다. 또한 유명인들의 사생활을 기사화해서 금전적인 이익을 보기 위한 파파라치들의 집착으로 영국의 왕세자비 다이애나가 유명을 달리한 사건을 생각해 볼 때, 인기인의 사생활을 파헤치고 스캔들을 만들기에 급급한 취재 경쟁 또한 자제되어야 할 것이다.

26

가치관은 반드시 이성을 바탕으로 하고 있는가?

　우리 사회에는 보이지 않는 막강한 힘이 있다. 그것은 한 사회의 정체성이라고도 일컫는 이데올로기(Ideology)이다. 한 사회가 신봉하는 가치관은 그 사회의 성격을 결정한다. 인간적인 가치관을 선호하는 사회의 민주 시민들은 사회 규범이나 제도를 정립할 때, 자유, 정의, 평등과 같은 가치관을 그 근거로 한다. 또한 개개인은 살아가는 동안 중대한 선택을 하거나, 자신의 행동 방향을 결정하고자 할 때 가치관이라는 잣대를 사용한다. 가치관은 물이나 공기의 존재와 같다. 물고기가 물 없이 살 수 없는 것처럼 사람은 가치관 없이 인생의 큰 그림을 그릴 수 없다. 이처럼 비판적인 생각 없이 무조건적으로 믿고 따르게 되는 소위 가치관은 이성(理性)을 근거로 한 것일까? 실망스럽게도 그렇지 않다. 물론 휴머니스트들은 인류 역사

이래 이성을 근거로 하는 가치관을 따르는 사회를 형성하고자 부단히 노력해 왔다. 하지만 과거의 사회는 물론 현대 민주 사회에서도 이성을 근거로 하지 않는 가치관은 쉽게 찾아볼 수 있다.

태조 이성계는 조선을 세우면서 정치와 결탁되어 세속화되어 버린 불교를 버리고 유교 사상을 근간으로 하였다. 그리고 백성들이 유교적 이념 아래 살아가도록 하였다. 전에는 남성과 평등한 관계를 유지했던 여성을 부부유별(夫婦有別), 삼종지도(三從之道), 칠거지악(七去之惡) 등의 유교적 가치관에 따라 남성에게 종속되게 만들었다. 이러한 가치관이 이성적이지 않다는 사실을 부인할 현대인은 없을 것이다. 그리고 군신유의(君臣有義), 부자유친(父子有親)과 같이 인간의 도리를 정의한 가치관들마저 결코 이성을 근거로 하고 있다고 말하기는 어렵다. 임금과 신하 간에 절대적인 충성심은 왕권을 유지하기 위한 수단이었으며, 아버지와 자식 간에 일방적인 효를 강요하는 가치관도 이성적으로 이해되지 않는다. 이제 더 이상 부모가 죽었다고 3년 동안 묘 앞에 움막을 지어 놓고 칩거하는 효자는 없다. 아무리 부모님의 은혜가 넓은 바다와 같다 하더라도 죽은 부모보다는 산 자식의 인생이 더 중요하다는 합리적 가치관을 깨닫게 되자 더 이상 비이성적 가치관을 추종하지 않는 것이다. 불필요해서 없어졌다는 사람의 꼬리와 같은 것이다.

현대 사회에서 무모한 충성심을 근거로 만든 가치관을 인민들에게 전략적으로 심어 온 사회가 북한이다. 북한이 신봉하는 주체 사상이야말로 이성과는 거리가 멀다. 체제를 유지하려는 북한 공산당은 인민이 이성적 가치를 추구할 수 있는 권리를 막기 위하여 소위 '주체 사상'을 강조하고 있다. 하지만 비인도적 가치관인 주체 사상은 추락하고 말았다. 인민들의 자유로운 사고를 구속하는 주체 사상은 이성적 가치관이 아니라 인민을 도탄에 빠트리고만 김일성의 잘못된 사상일 뿐이다.

그렇다면 세계 무역 수지 2위의 경제 대국 일본의 가치관은 어떠한가? 세계 여론에 개의치 않고 12명의 A급 전범들의 위폐가 있는 야스쿠니 신사의 참배를 일본인의 지도자로서 당연히 해야 할 중대사로 믿고 있는 고이즈미와 일본 우익 지도자들은 제국주의의 망령된 가치관을 보여 주고 있다. 지난 1985년 이후 한국과 중국은 신사 참배를 중단할 것을 요청하였으나, 일본 수상이었던 고이즈미는 재임 기간 2001년부터 2006년까지 잘못된 과거의 가치관을 청산하지 않고 매년 야스쿠니 신사를 참배하였다. 제국주의 가치관을 신봉하도록 가르친 교육이 아직도 국제 분쟁의 불씨가 되고 있는 것이다. 지난 2006년 12월 30일 이라크 텔레비전은 이라크 전 대통령이며 바트당(Baath Party) 수뇌였던 사담 후세인이 변호사, 집행인, 의사가 보는 앞에서 교수형에 처해졌다는 소식을 전했다. 그의 죄목은 휴머니즘에 위배한 범죄(Crimes against humanism)라고 판사는 판결을 내렸다. 그렇다면 일본의 지도자들은 왜 아직도 제2차 세계대전의 전범들을 추모하고 있는가? 이것은 분명 비이성적인 제국주의 교육을 받고 자란 전후 일본인들의 왜곡된 가치관 때문이다.

　세계 최고 강대국이라고 자타가 공인하는 미국은 다국적 사회와 문화를 이끌고 가는 그야말로 합중국(合衆國)이다. 미국인은 혈연이나 지연으로 뭉친 것이 결코 아니다. 다양한 사람들이 모여서 법을 만들고 그 법에 따라 함께 행복하게 살아가는 나라를 이루는 것이 미국인의 꿈이다. 그래서 미국 사회는 휴머니즘 가치관을 외치고 있다. 인종이나 문화, 성별, 나이 또는 장애를 넘어서 누구나 더불어 서로가 서로를 인정하고 기쁨과 사랑으로 주어진 환경에 감사하면서 살아갈 수 있는 건강한 사회를 구현하고자 노력한다. 거대한 공동체인 한 국가가 추구하는 가치관이 이성을 근거로 할 때 유토피아적인 사회를 이룰 수 있기 때문이다.

　국가나 사회를 이루는 이념적인 가치관이 아닌 우리들 생활과 직결되는 '가족'이라는 가치관은 어떠한가? 동양 사람들의 가족에 대한 애착은 유난하다. 가족이라는 이름은 매우 중요하고 가족은 어떠한 경우에도 서로를 감싸 안아야 한다고 생각한다. 가족 없이 혼자라는 생각은 한 인간을 매우 외롭고 힘들게 한다. 한국의 이산 가족들은 자신의 인생 대부분을 헤어져 남한과 북한이라는 서로 다른 국가 체제에 살아왔어도 서로가 서로를 찾아 헤매고, 살아 생전 한 번만이라도 만나고 싶어한다. 얼마 전 한국인 납북자 김영남이 남한 가족과 상봉하는 장면이 방송되어 남한 사회를 술렁이게 만들었다. 북한이 인도주의 차원에서 1978년 전북 선유도에서 실종된 김영남(당시 고등학생) 씨에게 가족과의 만남을 허락한 것이다. 이러한 가족관이 과연 이성을 바탕으로 하는가? 그렇지 않다. 차라리 생존의 필요성이 가족을 만들었다고 하는 것이 맞는 말일 것이다. 원시 시대부터 맹수의 공격으로부터 생존하기 위하여 사람들은 가족을 만들어 함께 군집을 이루며 살았다. 가족관이 이성적인지를 따지기 이전에 생존을 위한 방편으로 가족이라는 가치가 발생한 것이다.

나에게는 청상과부로 평생을 수절하시면서 삼형제를 헌신적으로 기르신 고모 한 분이 계신다. 가난했지만 양반가 딸로서의 기품을 지키며 살아오셨다. 작년에 세배를 갔더니, 다음 생에 다시 태어난다면 지금처럼 살지 않고 자신의 재능을 발휘하며 살고 싶다고 하시면서 자신은 정말 바보처럼 살았다고 하셨다. 우리가 맹목적으로 신봉하는 한 사회의 가치관은 과연 어떤 것이며 우리들 삶에 어떤 영향을 미치고 있는지 이성적으로 다시 한 번 생각해 보아야 할 것이다.

27

개인적 책임이라는 말은 허구인가?

케네디는 "정부가 무엇을 해 주기를 바라기 이전에 과연 나는 정부를 위하여 무엇을 할 수 있을 것인가를 생각하라."고 말했다. 민주 사회에서 준법 정신의 기본인 도덕적 양심을 유지해야 하는 개인의 책임은 늘 강조되어 왔다. 만약에 자신이 한 행동에 대한 책임을 모두 사회에 돌린다면 우리 사회는 무법 천지로 변하고 말 것이다. 놀랍게도 레이건 대통령을 저격한 존 힝클리(John Hinckly)는 정신병자로 판명되어 미국의 대통령을 저격하고서도 사형을 당하지도 감옥에 가지도 않았다. 자신의 생각을 조절할 수 없는 정신병자의 행위에 대해서는 개인적 책임을 물을 수 없다는 법원의 판시 때문이었다. 이러한 예외적인 경우를 제외하고는 한 사회의 일원으로서 사회적 질서 안에서 개인의 책임을 다해야 한다는 것은 누구나 잘 알고 있다. 하지만 사회적 관념에 따른 개인의 행위를 결정하는, 즉 '사회적 관념이 개인의 자유를 속박하는 사회에서 개인적 책임이라는 말은 허구다.'는 말은 과연 정당한 발언일까?

개인적 책임의 중요성을 심각하게 받아들이지 않는 사회는 무정부주의와 같은 혼란을 겪거나, 강력한 독재자의 절대적인 권력 아래 무릎을 꿇게 될 것이다. 역사적으로 모든 독재자들은 자신의 권력을 당연한 것으로 받아들이도록 국민들을 세뇌시켰다. 억압적 정치 그 자체를 합리화하기 위해서이다. 즉 국민의 민주 의식을 낮춰서 사회에 대한 책임감을 느끼지 못하게 하는 것이다. 민주주의가 발달한 미국에서는 정부가 무엇을 해 주기를 바라기 이전에 시민 개개인이 긍정적인 사회 발전과 변화를 위하여 무엇을 할 수 있는가를 질문한다. 모든 것이 그저 운명이었기 때문에, 그 때 정치적 상황이 그랬기 때문에 어쩔 수 없었다고 자신의 책임을 사회적 관념에 떠넘기는 지도자가 있다면 그는 분명 용기 없는 비열한 사람이다. 살인자가 살인을 할 수밖에 없었던 이유가 그들의 유전자가 살인을 하도록 프로그래밍되었기 때문이라고 핑계 댈 수는 없다. 민주 사회에서 어떤 대기업의 경영자가 '나는 당시 정치 상황 때문에 기업주로서 어떤 특정 정치인에게 자금을 기부할 수밖에 없었다.'고 말한다면 이는 최고 경영자의 명분 없는 변론이 될 수밖에 없다.

하지만 사회적 상황이 불안할 때는 이러한 도의적인 책임감은 더욱 더 무기력해진다. 전쟁이나 자연 재해로 인해 굶는 사람이 태반인 사회에서는 도적질을 하지 말라고 아무리 강조하더라도 지켜지지 않을 것이다. 중세 결혼관은 어떠한 경우에도 이혼을 용납하지 않았다. 하지만 영국의 왕 헨리 8세는 사랑에 빠진 앤 볼린(Anne Boleyn)과 결혼하기 위해 로마 교황과 결별하고, 성공회를 창시하고 이혼을 허가하는 법을 만들어 그의 첫 부인 캐서린(Catherine)과 이혼하였다. 이혼을 하고자 했던 그가 막강한 통치권을 가지고 있는 국왕이었기에 사회적 통념을 바꿀 수 있는 힘을 발휘할 수 있었다. 또한 시간이 지남에 따라 이혼 불가의 사회적인 통념에 반대하는 자유 이혼이 '결혼관'에 대한 사회적 통념까지 바꾸어 놓았다. 자유로운 이혼이 허용되는 현대 사회에서 사람들은 행복한 결혼을 유지하기 위해서 배우자의 역할에 최선을 다하고 있다. 즉 율법적인 강요로도 유지하지 못했던 남편과 아내의 책임이 자유로운 이혼이 허용되는 현대 사회에서는 자발적으로 지켜지고 있는 것이다. 배우자가 동거하는 사람과 다른 의미를 지니는 것은 결혼이란 단순한 이성 관계와는 다른 차원의 공식적, 즉 책임을 수반하는 사회적 의미를 갖기 때문이다.

개인적 책임의 중요성이 강조되지 않는 사회는 진보적 민주주의 사회라고 인정할 수 없다. 자유 시민이 된다는 의미는 스스로 결정한 행동에 대해서 책임질 수 있다는 의미이다. 공산주의 사회가 경제 발전에 실패한 이유는 정치·사회적 이데올로기가 개인의 경제적 행위까지 결정하였기 때문이다. 집단 농장의 수확량이 감소한 이유를 개인에게 물을 수는 없다. 개인의 자유 의지보다는 모든 인민들의 행위를 규제하는 공산주의의 집단 체제적 사회적 관념 아래 개인적 책임은 허구이다. 진정 개인적 책임을 물을 수 있는 사회는 자유로운 의사 결정을 할 수 있는 사회적 환경이 주어지는 사회이다. 휴머니즘을 바탕으로 정의와 관용이라는 두 가지 중요한 잣대로 서로의 가치관을 측량하는 민주 사회에서는 시민의 개인적 책임을 당연히 물어야 한다. 그리고 케네디 대통령의 주장과 같이 민주 시민은 사회적 규범을 지키는 일 이외에 사회를 위해서 무엇을 기여하고 또 환원할 수 있을 것인가를 고민해야 한다. 진정한 민주 국가는 사회에 대한 개인적 책임의 심각성을 깊이 이해하고 도덕적 양심에 따라 행동하는 시민들이 이끌어 가는 사회이다.

28

목적을 성취하기 위해서라면 어떠한 수단도 정당화될 수 있는가?

　우리말에 '모로 가도 한양만 가면 된다.'는 속담이 있다. 이 속담은 현대 한국인들이 손에 꼽는 없어져야 할 속담 가운데 하나이다. 수단과 방법이 다소 부도덕적이라도 그 결과가 좋다면 사회적으로 인정 받을 수 있다는 생각은 사회 전체를 매우 위험한 상태에 빠트릴 수 있다. 어떤 일의 옳고 그름을 밝힐 때에도 의도를 중요시하는 사회가 진정 휴머니즘을 갈구하는 희망적인 사회이다. 더 이상 미국 교과서에서 콜럼버스는 위인으로 그려지지 않는다. 왜냐하면 그의 위대한 업적인 북아메리카 발견은 개인적인 야심에서 비롯되었기 때문이다. 더욱이 수많은 인디언의 삶과 문화를 파괴한 인물을 어린 학생들에게 가르친다는 것은 목적을 위해서는 수단과 방법을 가리지 않는 부도덕한 시민을 양산하는 것과 같기 때문이다. 미국인들은 인류 사회의 발전에 기여했다 하더라도 정당하고 도덕적인 방법이 아니라면 역사적 영웅이 아니라고 생각한다.

우리나라의 독립을 위해서 싸운 안중근 의사와 무저항 비폭력으로 마지막까지 인도의 독립을 위하여 투쟁한 간디의 경우를 보자. 이 두 영웅이 자신의 국가를 위해서 희생한 방법은 매우 다르다. 안중근 의사는 이토 히로부미를 저격하여 살해함으로써 한국의 독립 의지를 세계 만방에 알렸다. 그러나 간디는 여러 차례의 단식 투쟁으로 전 세계에 인도의 독립 의지를 알렸다. 이런 이유로 간디는 세상을 혁신하고자 하는 많은 정치 지도자들의 본보기가 되었을 뿐만 아니라 그가 저항해서 싸운 영국 사람들에게도 존경받는 위인이 되었다. 간디는 후일 차베스(Cesar Chaves)에게도 영향력을 끼쳤다. 그는 미국의 이주 노동자, 즉 이곳 저곳을 이주하면서 노동하는 사람들의 사회적 지위 향상을 위해서 항거할 때에 단식 투쟁이라는 방법을 선택하였다. 세계적인 테러리스트들이 판을 치고 있는 지금 우리는 간디의 가르침을 다시 한 번 되새겨 보아야 할 것이다. 이슬람 저항 운동 단체를 이끄는 하마스 전투 대원들은 재판도 없이 야만적이고 잔혹하게 타파 지도자들을 총살하거나 건물 옥상에서 내던져 처형했다고 한다. 언론의 자유와 민주적인 법 절차, 종교와 정치의 관용에 역행하는 이런 행위는 이제 세계 어디에서도 자행되어서는 안 될 것이다.

민주주의 국가에서의 사법 제도는 벌을 얼마나 줄 것인가보다 벌을 주기 위한 절차와 과정을 더 중요시 여긴다. 1990년대 초반

이철수라는 한국계 청년은 미국에서 사형을 기다리고 있었다. 봉제 공장에서 일하는 어머니와 함께 고생하며 살던 이 청년은 길을 가던 행인이 총에 맞은 사건에 억울하게 범인으로 지목되었다. 실형을 언도받고 감옥 생활을 하던 중 우연히 벌어진 인종 싸움에서 라틴계의 갱단 두목을 살해하여 불행하게도 사형을 언도받은 것이다. 이 사연이 한국 이민 사회에 알려지면서 이철수 사건은 처음부터 다시 재판을 받게 되었다. 그리고 부적절한 증거로 인한 처음의 살인에 대해서는 무죄를, 잘못된 수형 생활로 인한 감옥이라는 특수 환경에서 저지른 두 번째 살인에 대해서는 정당방위를 인정하였다. 이는 동기가 결과적 행위보다 중요하다는 것을 보여 주는 판시였다.

비단 법적 문제가 아니더라도 미국 사회가 과정을 얼마나 중요시 여기는지는 흔히 볼 수 있다. 1984년 흑인 여성인 바네사 윌리엄(Vanessa William)이 미스 아메리카로 선정되었다. 세계 미인 대회 우승이 유력하다고 여기저기에서 그녀에 대해 칭송하였다. 하지만 그녀의 영광은 사흘밖에 가지 않았다. 1982년에 〈플레이보이(Playboy)〉에 사진이 게재된 것이 알려졌기 때문이다. 미인 대회에서의 규칙을 잘 지키는 것이 세계 대회에서 일등을 하는 것보다 더 중요하다는 사실을 가르친 중대한 사건이었다. 또한 평범한 일상에 있어서도 목적보다는 목적에 도달하는 과정과 방법이 중요한 것은 교통 질서를 잘 지키면서 목적지에 도착해야 하는 이유와 같다. 어떤 사람이 목적지에 빨리 도착하기 위해서 차선을 위반하고 신호등을 무시한 채 마구 질주한다고 생각해 보자. 이 사람 때문에 많은 사람들이 피해를 보았을 것이고 심지어는 억울하게 사고를 당했을지도 모른다. 이처럼 우리 사회 구성원들이 자신의 목적을 달성하기 위해 타인의 안전이나 이익을 생각하지 않고 제멋대로 행동한다면 사회는 무절제와 혼란에 빠지고 말 것이다. 우리가 함께 사는 이 지구를 살기 좋은 아름다운 세상으로 가꾸기 위해서는 결과보다 과정을 중요시 여기는 가치관을 어린이들에게 교육하고 또한 어른들이 그 모범을 보여야 할 것이다.

29

영웅을 보면 그 사회의 성격을 알 수 있는가?

한 사회의 성격이 궁금할 때에는 그 나라 역사 교과서에 등장하는 영웅들이 누구인지를 살펴보면 쉽게 이해할 수 있다. 왜냐하면 한 시대의 정치적·사회적·경제적으로 위급한 상황들은 역사 속의 주인공들을 탄생시켰기 때문이다. 또한 사회가 변화하면서 영웅으로 추앙되었던 위인이 역사의 죄인으로 낙인 찍혀 역사책에서 퇴출당하기도 한다. 그리고 한 사회의 영웅이 다른 사회에서는 착취자로 평가되기도 한다. 1991년 미하일 고르바초프(Mikhail Gorvachev)는 1917년 10월 혁명 이후 러시아가 믿어 왔던 공산주의 사상을 포기하고 자본주의 노선을 택하였다. 공산주의 사회를 만들었던 레닌과 스탈린의 동상이 끌어 내려졌다. 공산주의 사상을 포기한 러시아에게 더 이상 레닌이나 스탈린은 영웅이 아니었다.

작가 조지 오웰(George Owell)은 《동물농장》에서 소련의 두 절대 권력자 레닌과 스탈린을 다른 동물들을 착취하고 정치적으로 이용하는 두 마리 돼지에 비유하였다.

세계 최고 판매 부수를 자랑하는 책이 《자본론(Das Kapital)》이라는 사실은 마르크스가 공산 사회를 대표하는 영웅임을 뒷받침하고 있다. 또한 영국인들은 추리 소설의 대작가 아가사 크리스티(Agatha Christie)를 자신들의 영웅으로 존경하고 있으며, 현재는 《해리 포터》의 작가 롤링(J.K Rowling)이 아가사 크리스티의 뒤를 이어 명성을 날리고 있다. 분명 영국 사람과 소련 사람들은 서로 추구하는 가치관이 다르다. 영국이 낳은 위대한 작가, 아가사 크리스티와 롤링은 공산주의 사회에서는 결코 영웅적 인물로 받아들여지지 않았을 것이다. 그렇다면 미국인들이 꼽는 영웅은 누구인가? 1950년 'I have a dream' 연설로 백인들에게 인종 차별적 대우를 버리라고 호소했던 마틴 루터 킹일 것이다. 그를 기리기 위하여 미국은 '마틴 루터 킹의 날'을 경축일로 공포하였다. 그는 미국 역사상 최초 영웅적 흑인 지도자였다. 마틴 루터 킹 외에 미국 교과서에 등장하는 흑인 출신 영웅으로는 해리엇 터브만(Harriet Turbman)이나 프레드릭 더글라스(Fredrick Douglas)가 있다. 1849년 메릴랜드(Maryland)를 탈출한 여자 노예 터브만은 수많은 남부 노예들이 에리(Erie) 호수를 건너 캐나다로 갈 때, 앞장서서 자유를 찾아가는 길잡이 역할을 했다. 프레드릭 더글라스는 링컨 대통령의 동료였으며, 〈북극성(North Star)〉이라는 신문을 발간하는 등 노예 제도 폐지 운동을 이끈 흑인 지도자였다. 미국 역사 교과서는 남북 전쟁에서 노예 해방이 백인들의 배려가 아니라 자유를 얻기 위한 흑인들의 피나는 투쟁으로 이루어졌음을 가르치고 있다. 또한 최소한 인간답게 살아가기를 바라는 가난한 농부들을 대변하여 농장주에게 항거한 차베스를 용감한 사회 운동가로 소개하고 있다. 지금 미국 사회는 진정한 휴머니즘을 실현하기 위해 다양성을 중요시하고 소수 문화를 인정하고 격려하고 있다.

500여 년 동안 영웅으로 추앙되었던 콜럼버스는 더 이상 미국인이 존경하는 역사적 인물이 아니다. 인디언을 무차별하게 죽이고, 미대륙을 착취하기 시작한 최초의 유럽 인으로 그를 해석하는 새로운 역사관이 나왔기 때문이다. '콜럼버스의 날(Columbus Day)'은 더 이상 공휴일도 아니다. '마틴 루터 킹의 날'이 공휴일로 지정된 것과는 상반된 결과이다. 이렇게 지금 미국은 문화적·종족적 전통이 다른 사람들의 인권을 보호하고 증진하는 데 자신의 인생을 바친 사람을 영웅이라고 부르고 있다.

또한 미국 사람들이 존경하는 사람들 중에 스포츠 영웅들은 뺄 수 없는 존재이다. 미국 시카고 불스(Chicago Bulls)의 농구 선수 마이클 조단(Michael Jordan)이나 20세기 최고의 야구 선수 베이비 루스(Baby Ruth)와 같이 전설적인 스포츠 스타들 이야기가 신문의 한 지면을 장식하고 방송의 톱 뉴스가 된 것은 이미 오래 전 일이다. 이는 스포츠 문화가 미국인들의 일상을 차지하는 비중이 얼마나 지대한 것인가를 보여 준다. 스포츠 스타에 뒤지지 않는 대중의 인기를 차지하고 있는 가수들이나 영화 배우들을 볼 때 우리는 미국 사회의 대중성을 쉽게 알 수 있다. 대중 음악에 있어서도 투팍(Tupac Shacur)이나 50센트 같은 흑인 가수들의 랩 음악에 미국 젊은이들이 열광하는 이유는 그들의 노래가, 마약과 갱단의 폭력에 물든 환경에서 어떤 교육도 받지 못한 채 살아가는 암울한 사회적 환경에 대한 폭로적 메시지를 담고 있기 때문이다. 힙합의 주 사상은 갱스터 문화(Thug Lift)이다. 그 노래 내용은 주로 폭력과 마약에 관한 것이다. 인종 차별 속에서 가난을 벗어날 수 없는 할렘 인생들의 이야기를 담아 외로운 흑인들이 기댈 수 있는 음악 장르를 만들었다. 포기와 절망 속에서 일상을 살아가는 빈곤층 흑인들의 생활을 음악에 담아 사회를 고발한 그의 노래는 세계적으로도 인정받고 있다.

미국 사람들이 신봉하는 얼굴들 속에서 우리는 미국 사회의 성격을 파악할 수 있다. 마틴 루터 킹의 연설문에서, 투팍의 노래에서 인종 차별적인 미국 사회 모습과 흑인의 빈곤과 마약 문제를 읽을 수 있으며, 마이클 조단의 강인하지만 무언가를 추구하는 눈동자에서 우리는 흑인들의 절망적인 현실과 행복하고자 하는 열망을 느낄 수 있다. 그리고 콜럼버스의 날 대신에 마틴 루터 킹의 날을 제정한 것에서 잘못된 과거를 청산하고 진실을 규명하고자 하는 미국인들의 용기와 위대함을 엿볼 수 있다.

30

외모나 화술을 통해 그 사람의 정치 성향을 알 수 있는가?

　미국의 민주 정치는 공화당과 민주당 두 양당 체제이다. 우리는 상식적으로 공화당을 보수적인 성향을 가지고 있으며 대체로 부유층 출신의 우파 정치인 집단으로 알고 있고, 반면에 민주당은 소수를 대변하는 진보적 성격의 정당으로 알고 있다. 미국에서 보수(우파)란 의미는 기존의 정책과 제도를 그대로 유지하되 새로운 변화를 서서히 받아들이는 정치 집단을 뜻한다. 그리고 진보(좌파)란 기존의 정책과 제도를 근본적으로 빨리 재구성하자는 정치 집단이다. 각각의 노선이 이러하니 자연히 기득권 세력은 주로 보수적인 공화당을 지지하고 소외 계층은 주로 진보적인 민주당을 지지하는 것이 일반적이다. 평소에는 정치에 관심이 없는 사람들도 4년마다 치르는 대통령 선거나 중간 선거철이 다가오면 처음 만나는 사람들과도 정치에 관한 토론을 벌인다. 이 때 먼저 상대방이 지지하는 정당이 어느 쪽인지를 가늠한 뒤에 대화를 하는 것이 현명하다. 만약에 상대방의 정치적 성향을 배려하지 않고 지나치게 반대파 정당의 잘못된 점만을 들추다가는 잘 지내던 이웃과 논쟁을 하게 되고 때로는 극심한 감정 싸움으로까지 치달을 수 있다. 때문에 친분 관계가 없는 상대방을 외모가 부유해 보이고 성향이 보수적이라고 해서 그 사람의 정치적 성향이 공화당에 가까울 것이라고 단정해서는 안 된다. 반대로 상대방이 자유분방한 달변가라고 해서 그가 분명 민주당 지지자라고 판단할 수도 없다. 외모나 화술보다는 그가 지지하는 사회 복지 정책은 무엇이며, 또한 외교 통상 문제에 대한 입장이 무엇인지를 제대로 이해할 수 있을 때, 우리는 상대방이 어떠한 정치적 성향을 가지고 있는지 알 수 있는 것이다.

종종 우리는 한 사람의 성격이나 사회적 지위를 외모로만 평가하려는 경향이 있다. 가령 고급 옷을 입었다면 우선 우리는 '그는 부자다.' 라는 결론을 내린다. 또 상대의 겉모습이 깔끔하고 단정하다면 그의 성격이 까다로울 것이라고 생각한다. 흑인 가수 랩퍼들처럼 크고 헐렁한 스포츠 복장에 운동화를 신고 밴대나를 머리에 두르고 다니는 젊은이들을 만나면 그들은 분명 학구적이지 않고, 반항적이고 부정적인 태도를 가진 소외 계층 출신일 것이라고도 추측한다. 또한 온몸에 문신을 한 사람을 만난다면 그가 마약 조직에 연결되어 있는 범법자가 아닌가 하는 의심을 품게 된다. 이처럼 한 사람의 외모가 그 사람에 대해서 많은 정보를 주는 것은 사실이다. 또한 외모를 관찰한 뒤 대화를 나눠 보면 상대방에 대해 좀 더 자세히 알게 된다. 달변의 화술을 가진 사람은 성격이 적극적이고 사교적이라는 것과, 말이 지나치게 없는 사람을 만나면 소심한 성격의 소유자라는 것쯤은 예측할 수 있다. 그렇다고 사람들의 다양한 외모와 화술만을 보고 정치적 성향을 단정할 수 없을 것이다.

외모나 말투로 사람에 대해 속단하는 것보다 더욱더 우리 사회에 부정적으로 작용하는 사고방식은 어떤 고정적인 정치적 성향을 각 정당에 부여하고 각인하는 것이다. 공화당은 백인들의 주류 의견을 대변하는 보수 정당이고 민주당은 소수의 이익을 보호하고자 하는 비주류 정당이며, 공화당은 테러는 전쟁으로도 응징해야 한다고 생각하는 보복 외교를 지지하는 집단이고 민주당은 테러를 응징하는 방법으로서 전쟁은 꼭 피해야만 한다고 믿는 평화주의자다라고 한다면, 그것은 두 정당의 정치적 성향을 모두 상반되게 이해하는 스테레오 타입의 이미지를 심어 주는 것이다. 민주당 출신의 대통령들은 링컨이 성취한 노예 해방을 비롯해서 공화당보다는 좀 더 사회 소외 계층의 권익을 위해서 일하는 것은 사실이다. 그렇다고 해서 모든 공화당 사람들이 보수적이고, 공화당이 소수 민족의 이익보다는 부유한 백인만을 위한 정당이라고 단정 지을 수는 없다. 또한 공화당이 동성애자 간의 결혼을 인정하지 않는다고 해서 모든 동성애자가 민주당 당원일 것이라고 단정 지어서는 안 된다.

한 정당의 정치적 성향을 알기 위해서는 정당의 핵심 정책들을 이해해야 할 것이고, 한 사람의 정치적 성향을 이해하기 위해서는 사회, 경제, 외교 정책을 논해 보아야 할 것이다. 공화당은 정부가 기업 활동에 최소로 관여하는 자유 경제 이론을 신봉하며, 무조건적으로 배당되는 기초 생활자 수급보다는 직업을 가질 수 있도록 무료 교육 센터를 지원하는 것을 더욱 중요시한다. 그리고 공화당은 무조건적인 노동 조합을 인정하지 않고 오히려 노조의 정치적 성향을 비난하는 노동자는 언제든 노조에서 탈퇴할 수 있는 법을 제정하였다. 반면에 민주당은 최소 임금 제도, 소수 민족 보호법, 전국민 의료 보험 혜택 등 소수의 저소득층을 위한 복지 정책을 강조하고 있다.

그러나 문제는 민주당 내에서도 정치적 이슈에 대해서 다소 상반되는 정치적 이견을 가지는 당원이 있다는 것이다. 물론 서로의 의견이 다를 경우에는 토의와 투표를 통해서 통합된 당의 의견을 정한다. 2002년 민주당은 대통령의 이라크 전쟁 국회 인준 건을 놓고서 절대 반대하는 전쟁 불가론과 승인을 지지하는 전쟁 불가피론의 두 가지 의견으로 양분되었다. 지금도 전쟁 불가론을 주장했던 민주당 의원들은 조지 부시 대통령에게 이라크 전쟁에 대한 책임을 신랄하게 문책하고 있다. 이와 같이 같은 정당 내에서도 서로 다른 정치적 성향을 나타내는 의원들이 있다. 그런데 더더군다나 외모만 살펴보고 그 사람의 정치적 성향에 대해서 말하는 것은 모험일지도 모른다.

31

어울려 다니는 그룹만 보고 그 사람을 알 수 있을까?

　빨래방에 가면 가끔 삼삼오오 모여서 빨래를 하는 노숙자들을 보게 된다. 남루한 옷차림에 슈퍼마켓 카트 안에 허접스러운 물건들을 넣고 다니면서도 그들은 신기하게도 혼자가 아니다. 어느 누구도 돌보지 않는 이들도 자신들과 비슷한 처지의 사람들과 함께 살아간다. 혼자 놀고 있을 때는 사뭇 조용해 보이는 어린아이들도 자기 또래들을 만나면 생기를 띠며 재잘재잘 떠들기 시작한다. 사람들은 이렇게 어린 시절부터 언제 어디서나 자신과 어울려 다닐 수 있는 부류의 사람들과 더불어 살아가려고 한다.

　만 5세가 되어 유치원에 입학한 이후부터 아이들은 단체 생활을 하면서 다른 사람들과 어울리는 방법을 습득하게 된다. 또한 고학년이 되면서 아이들은 자신과 성격이나 취미가 비슷한 친구들을 선별하여 사귀고 함께 다니는 친구들도 점점 많아지게 된다. 사춘기가 되면 학구적인 성향을 가진 학생들은 공부를 잘하는 아이들끼리 어울리고, 공부에 관심 없는 학생들은 자기네들끼리 건들거리며 힘없는 아이들을 괴롭히기 시작한다. 그래서 사춘기의 자녀를 둔 부모들은 자기 자녀가 건달 같은 아이들과 어울려 다니면서 공부에 소홀해질까 염려하고, 되도록이면 성실하고 학업 성적이 좋은 친구들만 사귀라고 충고한다. 또한 더러 자기 아이가 비행을 저질러 법정에 서는 경우에도 자기 자식의 잘못을 인정하거나 반성하기보다는 친구 탓으로 돌리곤 한다. 다시 말해서 한 개인이 저지른 범죄를 자신의 잘못된 악의적 행위가 아니라 마치 한 그룹의 영향력 때문에 어쩔 수 없이 저지른 실수라고 주장한다는 것이다.

폭력을 수단으로 악행(惡行)을 저지르고 다니며 자신들의 이윤만을 챙기려고 하는 무리들을 우리는 깡패라고 한다. 우리는 새까만 옷을 입고 다니며 몸에 문신을 한 사람들을 보면 왠지 불성실한 사람일 것이라는 선입관을 갖는다. 하기야 악의적인 일을 하는 사람들일수록 떼를 지어 다닌다. 그래야만 약하거나 무방비 상태의 상대방을 갈취하기 쉽기 때문이다. 도박꾼 또한 여러 명이 함께 움직인다. 가산을 탕진하든 말든 도박에 빠진 사람들은 서로 비밀리에 만나 은밀한 게임을 즐긴다.

그렇다고 해서 한 사람의 인품이나 성격을 그 사람이 어울려 다니는 그룹의 성격만으로 이해하는 것은 조금은 지나치다. 샌프란시스코 다운타운에 가면 구걸해서 먹고 사는 사람들이 함께 지내는 시설이 있다. 일반 사람들에게는 다 똑같은 걸인으로 보일지 모르는 이 집단에도 한 사람 한 사람 나름대로의 사정과 성품이 있다. 적선을 베푸는 사람에게 시를 한 수 지어 준다는 한 걸인의 이야기가 신문에 기사화된 적이 있다. 자신이 줄 수 있는 것은 시밖에 없다고 하며 동냥자루에 돈을 던지는 사람에게 시를 지어 준다는 것이다. 또 같은 걸인이지만 함께 동냥하는 다른 걸인을 위해서 자신이 구걸한 음식이나 돈을 나눠 주는 걸인도 있다. 걸인이나 노숙자라고 해서 무조건 남에게 얻어먹기만 하는 무기력하거나 불필요한 사람들로 여겨서는 안 된다. 이처럼 우리는 어느 특정 그룹 사람들의 성격을 그룹의 성격으로 일반화하여 이해하는 오류를 범하고 있다.

다인종 사회를 이루고 있는 미국에서는 '다양성이 세상을 아름답게 한다.'고 학생들에게 가르친다. 그리고 미국인이 지역과 인종 차이로 서로 반목하거나 동질성을 가진 사람들끼리만 폐쇄된 커뮤니티 안에서 살아가지 않기를 원하고 있다. 미국과 같은 다민족 국가에서 각각의 인종과 문화가 서로를 배척한다면 사회 문제는 점점 더 심각해질 것이다. 이러한 이유로 미국 대학은 학생을 모집할 때도 서부에서 동부를 지원하는 학생들이 동부에서 나고 자라난 학생들보다 입학 사정에 있어서 유리한 점수를 받는다. 커다란 국토 크기만큼이나 다양한 사람들이 함께 살아가는 거대한 민주주의 국가를 이루기 위해서는 어떤 특정 그룹에 편견을 가져서는 안 된다.

　미국은 유명 대학들을 저소득층 거주 지역에 정책적으로 설립하여 사회의 소외 계층과 더불어 살아갈 노력을 기울이고 있다. 동질성만을 강조하는 소규모 집단을 형성하는 사회보다는 서로 다른 문화나 종교를 갖고 있는 사람들끼리 이해하고 어울릴 수 있는 사회가 안정적이다. 이런 사회를 만들어 갈 수 있도록 부유한 계층의 사람들이나, 교육을 받은 지식인들이나, 그리고 가난하고 힘 없는 사람들이 함께 노력해야 할 것이다.

32

개인이 학교, 직장, 국가에 보이는 충성심은 건설적인가, 파괴적인가?

충성심이란 무엇일까? 한 개인이 절대적인 권력을 가진 대상에게 무조건적으로 복종하는 것이 충성심인가? 아니면 자신이 속한 조직이나 국가가 발전할 수 있도록 상급자라 하더라도 공동의 이익을 저해하는 의견에는 적극적인 반대를 보이는 것이 충성심인가? 아니면 직장 상사나 사장의 말에 무조건적으로 순응하는 자가 유능한 직원인가? 가끔 불성실해 보이더라도 회사의 이윤을 증진하고 사원들의 근무 조건이나 복지 향상을 위해 기여한 직원이 충성된 직원인가? 여기 두 사람의 직원이 있다고 하자. 한 사람의 별명은 'Yes man'이다. 'Yes man'은 상관이 지시한 모든 일을 완벽하게 해내는 사람이다. 또 다른 한 사람의 별명은 'Mr. 용기'인데, 그는 회의 때마다 사장이나 상급 직원의 의견과 다른 자신의 의견을 거침없이 제안한다. 평소에 사장은 늘 'Yes man' 과 가깝게 지냈다. 그런데 사장이 작년 연말 정산 회계를 자세히 조사해 보니 'Mr. 용기'가 이끄는 팀의 수익이 'Yes man'의 팀보다 훨씬 높다는 사실을 발견하였다. 조사 결과 'Yes man'의 팀원들은 주어진 일만을 열심히 하는 데 비해, 'Mr. 용기'의 팀원은 자발적으로 더 많은 일들을 해내고 있다는 사실이 밝혀졌다. 그렇다고 하면 이 두 사람 가운데 누가 건설적인 충성심을 가진 사람인가? 물론 'Mr. 용기'일 것이다.

어린아이가 부모 품을 떠나서 처음으로 단체 생활을 경험하는 곳은 학교이다. 학교에 다니는 어린 자녀들은 학교에서는 집에서 하던 버릇없는 말대꾸가 받아들여지지 않는다는 것을 곧 깨닫게 된다. 선생님으로부터 인정받으려면 선생님의 지시를 따라야 하고, 이웃 학교와 스포츠 경기가 있는 날에는 팀의 우승을 위해서 목이 터지게 응원해야 한다. 혹 팀이 경기에서 지기라도 하면, 덩치 큰 학생들은 상대방 학교 학생들에게 분풀이를 하고, 더러는 패싸움으로 이어지기도 한다. 이 정도쯤 되면 경찰까지 나서서 학생들을 제압하고 그 중 주동자들은 경찰서로 연행까지 한다. 이런 해프닝이 일어났다는 기사는 매년마다 단골로 등장한다. 아무리 학생들을 징계한다고 해도 이런 싸움이 그치지 않는 것은 개인주의적 가치관보다 자신이 속한 조직이나 단체의 동질 멤버라는 생각에 사로잡혀 있기 때문이다. 시카고 근처의 한 교육국에서는 운동 경기 후에 벌어진 학생들의 싸움이 백인 대 유색 인종의 싸움으로 번져, 사상자까지 발생하는 일이 있었다. 이렇듯 어린 학생들이 보이는 학교에 대한 극도의 충성심은 때로 우리 사회에 매우 부정적인 영향을 미치기도 한다.

국가에 대한 충성심은 학교의 경우보다 더욱 파괴적인 힘을 발휘한다는 것은 역사를 통해서 쉽게 알 수 있다. 이라크나 이란이 미국과 전쟁을 벌이기 전에 비행기를 이용한 세계 최초의 테러리스트는 일본군이었다. 일본 공군 가운데 자폭을 자원한 자살 특공대 '가미가제'의 공격은 미국인을 공포에 떨게 하였다. 전쟁터도 아닌 평화로운 백주에 테러리스트들이 민간 여객기를 납치해서 세계 무역 센터를 공격한 것은 반미주의 노선을 선택한 이슬람 교도들이 자폭의 방법으로 대량 학살을 감행한 사건이었다. 그렇다면 이런 테러리스트들은 누구인가? 그들은 충성심에 가득찬 한 국가 영웅들인가?

충성심은 매우 파괴적인 힘이다. 그럼에도 불구하고 충성심은 우리 사회에 매우 긍정적인 힘으로 존재하고 있다. 단체나 조직이 하나로 함께 화합하며 살아가기 위해 충성심이 기본적인 힘이 되어 온 것도 사실이다. 기존의 사고나 조직 생활에 순응하는 사람들의 숫자가 많을수록 그 사회는 안정된 사회라고 말할 수 있다. 하지만 아이러니하게도 이렇게 모든 사회 구성원들이 충성심이라는 가치관만을 소중히 여긴다면 그 사회는 발전하지 않고 정체되고 만다. 여기서 우리는 다시 한 번 국민들의 역사적인 항거를 들여다볼 필요가 있다. 18세기 전 절대 왕권에 순응하던 사람들은 19세기에 들어서면서 인본주의 의식에 눈을 뜨고, 절대 왕정에 항거하기 시작하였다. 마리 앙투아네트(Marie Antoinette)와 헨리 16세(Henry XVI)를 왕좌에서 끌어 내 처형한 민중을 프랑스의 반역자라고 단정지을 수는 없다. 이렇듯 역사는 우리에게 충성심은 다양한 면모를 가지고 있다는 것을 가르쳐 준다.

개인이 학교나 국가에 보이는 충성심이 진정 건설적인 힘으로 작용하려면, 충성하고자 하는 대상만을 생각해서는 절대 안 된다. 학교에 진정으로 충성심을 보이는 학생은 모교의 이름만을 생각하기보다는 그 모교가 속한 지역 사회의 전체적인 공익을 생각하고 나아가서는 그 학교가 속한 국가의 공공 이익에 긍정적인 힘이 될 것인지를 사려 깊게 생각해야만 할 것이다. 예를 들어 기업에 유익한 충성심이 국가에 손해를 끼친다면 그런 행위는 긍정적인 충성이라고 말할 수 없다. 또 더 나아가서 국가에 이익이 되는 일이라도 국제 사회의 질서에 위배되는 일이나 우리가 함께 살아가는 이 세상을 아름답게 만드는 일이 아니라면 그 일도 애국이라고 말할 수 없다. 개인과 개인 사이든 국가와 국가 사이든 서로 신뢰를 쌓을 수 있는 관계를 구축한다면 선량한 시민을 공포에 떨게 하는 폭력이나 여러 사람들의 생명을 앗아가는 테러와 전쟁과 같은 인위적 재난은 방지할 수 있을 것이다.

간디는 다음과 같이 말했다. "나는 인도의 한 시민으로서, 또한 양심을 존중하는 한 사람으로서 이 나라를 위해 정의를 행하고자 한다. 이 신념 때문에 처벌된다면 나는 서슴지 않고 중죄인이 될 명예를 얻고자 할 뿐이다. 나에게 있어서 애국심은 인류애와 동일하다. 나는 인간이요, 인간이기 때문에 애국자이다. 내가 이 세상에서 인정하는 유일한 독재자는 내 속에 있는 양심이다." 간디가 바라다본 진정한 충성심은 좀 더 커다란 양심의 그림을 볼 수 있는 사람의 것이라고 해석할 수 있다.

33

노벨상처럼 유명한 상은 사회에 득이 되는가, 해가 되는가?

동물도 사람처럼 자신이 아닌 다수를 위해서 희생할 때가 있다고 한다. 동물들 중에 미어켓(Meerkat)은 자신의 무리들이 굶주린 배를 채우는 동안에 한두 마리는 감시를 한다고 한다. 그리고 무리들이 포식사에게 희생 낭하지 않도록 이상한 낌새가 있으면 자신의 무리에게 신호를 보낸다고 한다. 이기심이 일반적인 사람들 가운데도 자신의 물질적인 보상이나 부의 축적보다는 남을 위한 삶을 살고자 하는 이타적인 가치를 가진 사람들도 있다. 테레사(Mother Theresa)와 같이 가난과 질병으로 죽어가는 이들을 돌보기 위해서 일생을 바치는 사람들이 있는가 하면, 간디와 같이 나라의 독립을 위해서 헌신한 위인도 있다. 또한 이렇게 숭고한 목적이 아니더라도 부자가 되는 길과는 전혀 무관해 보이는 새로운 이론을 발견하거나 발명하는 데에 삶의 의미를 부여하는 이들도 있다. 음악가나 미술가처럼 예술적 가치를 추구하거나 비영리 단체를 운영하면서 타인의 삶의 질을 높여 주기 위해서 부단히 노력하는 사람들이 있어 우리 사회는 번영할 수 있다. 이타적인 사람들이 다수인 사회가 될 때 더 많은 사람들이 자신의 행복을 추구할 수 있는 아름다운 사회가 될 것이다.

이러한 사회를 형성하려면 대다수 사람들 스스로가 윤리 교육을 받고자 해야 한다. 윤리적인 인간을 양성하는 효과적인 방법에는 두 가지가 있다. 잘못된 행동에 대해서 벌을 주거나 즐거움을 빼앗는 방법으로 윤리 교육을 성공적으로 이룰 수 있다고 주장하는 이가 있는가 하면, 훌륭한 행동에 대해서 칭찬을 하거나 상을 주는 것이 더 유익하다고 생각하는 이들도 있다. 벌보다 상을 많이 주는 사회에서 우리는 이기심을 가지고 경쟁적으로 살아가는 사람보다는 서로를 아끼고 도와 주는 사람을 많이 양성할 수 있을 것이다. 때문에 우리 사회는 학교나 지역 사회에서 존경 받을 만한 젊은이들을 인정하고 고무하는 상을 마련해야 할 것이다. 무한한 상상력으로 기존 사고나 업적에 도전해서 새로운 발전을 가져온 위인들에게 수여하는 상들 가운데에서 가장 권위 있는 상은 노벨상이다.

노벨상은 스웨덴 화학자이며 사업가인 알프레드 노벨(Alfred Bernhard Nobel)에 의해서 만들어졌다. 다이너마이트를 발명하여 상업화한 그는 갑부가 되었다. 그가 노벨상을 만들기로 결심하게 된 결정적 계기는 프랑스의 한 신문이 형 루드비히 노벨의 사망

소식을 알프레드 노벨의 사망으로 잘못 전하면서이다. 신문에서는 노벨을 '죽음의 상인'이라고 했다. 이 기사를 읽고 충격을 받은 그가 자신의 재산 대부분을 스웨덴의 왕립 과학 아카데미에 기부하면서 노벨상이 탄생하게 되었다. 유명한 수상자로는 물리학상과 화학상 두 부문을 수상한 퀴리 부부와 문학상을 탄 헤밍웨이, 평화상을 탄 슈바이처 등이 있다. 2000년에는 한국과 동아시아의 민주주의와 인권을 위해 그리고 특히 북한과의 평화와 화해를 위해 노력한 김대중 전 대통령이 한국인으로서 최초로 수상하였다. 이처럼 자신이 만든 다이너마이트의 파괴력으로 인하여 많은 사람들을 살상했다는 죄책감에 사로잡혔던 노벨은 노벨상을 통해서 파괴적이 아니라 평화적인 인류 발전에 기여하고자 한 것이다.

이러한 노벨상 수상을 프랑스 철학자 사르트르는 거부했다. 제2차 세계대전 이후 사르트르는 프랑스 정치에 적극적 관심을 보였고 공공연하게 좌익으로 기울었다. 비록 프랑스 공산당에 가입하지는 않았지만 소련에 대한 열렬한 찬양자가 되었다. 그러나 1956년 부다페스트에 소련 탱크가 진입하면서 공산주의에 대한 환상은 처참하게 무너졌다. 사르트르는 마르크스의 변증법을 비판적으로 검토하는 데 착수했고 소련식 변증법은 살아날 수 없음을 발견했다. 그는 여전히 마르크스주의가 당대의 유일한 철학이라고 믿었지만, 마르크스주의는 화석처럼 굳어졌으며 특정 상황에 적응하는 대신 그 특정 상황을 미리 정해진 보편성에 따라 억지로 짜맞추었다고 비판했다. 그에 따르면 마르크스주의는 그 근본적 · 일반적 원칙이 무엇이든지 다른 구체적 상황을 인정하는 법과 인간의 개인적 자유를 존중하는 법을 배워야 한다. 《변증법적 이성 비판》이라는 책으로 1964년 노벨 문학상 수상자로 발표되었으나, 사르트르는 수상을 거부하였다. 아마도 그는 자신을 제도 속으로 몰아넣는 것을 염려했을 것이다. 한 제도 안에서 소수의 우상화를 위험한 행위로 해석했던 것이다. 사르트르는 노벨상처럼 극소수의 뛰어난 능력만 인정하는 사회적 제도는 그것이 상이라고 할지라도 유해(有害)하다고 판단하였던 것이다.

하지만 극소수를 부추긴다는 부정적인 효과보다 다수 사람들이 연구에 정진할 수 있는 목적이나 힘을 준다는 긍정적인 효과도 크다. 헤밍웨이나 김대중 전 대통령도 노벨상이 삶의 목표가 아니었다는 점을 고려해 보면, 사회 발전을 위해서 공헌한 위인들에게 주는 노벨상은 그 가치가 있다. 다시 말해 극단적인 사르트르의 견해보다는 이타적인 가치관을 가지고 자신의 일생을 다른 사람들을 위해 보내며 세상에 영향력을 끼친 인물들에게 존경심을 표현하는 노벨상은 그 가치가 무한하다. 노벨상이 어떤 개인을 우상화하기 위한 상이 아니라 진정으로 사회 발전에 기여한 사람의 업적을 기리고 있기 때문이며, 어린아이들에게도 이타적인 가치관을 심어 줄 수 있는 바람직한 상이기 때문이다.

34

환경은 선택의 여지가 없을까?

　시인 로버트 프로스트(Robert Frost)의 시 〈The Road Not Taken(가지 않은 길)〉은 깊고 적막한 숲 속의 두 갈래 길에 서 있는 외로운 나그네의 모습을 그리고 있다. 인생의 여정을 선택해야만 하는 순간에 우리는 과연 자기 자신의 자유 의지대로 결정할 수 있을까? 시에 나오는 나그네는 두 갈래의 길 가운데 아무도 가 본 적이 없는 거친 길을 선택한다. 하지만 보통 사람들은 대부분 잘 닦인 평평한 길을 가려고 할 것이다. 진정한 의미의 선택은 과연 무엇일까? 엄밀하게 진정한 의미의 선택은 여러 가지 중에 자신이 원하는 하나를 고를 수 있는 경우를 말한다. 본인의 의지보다는 어떤 주변 환경(그 환경이 사회적 환경이든 자연적 환경이든)의 영향으로 내린 결정이라면, 그것은 결코 본인의 의지에 따른 것이라고 말할 수 없다. 그렇다면 우리가 일생 동안 자유로운 선택을 할 수 있는 기회는 과연 몇 번이나 있을까?

대한민국 병역법은 18세 이상의 모든 건강한 성인 남자는 누구를 불문하고 반드시 군대에 가야 한다고 명시하고 있다. 이러한 강제적 군복무 법에 대해서 여호와증인의 신도들은 군 입대를 거부하며 종교 생활의 자유권을 달라고 외치고 있다. 그 대가로 그들은 아무런 죄를 짓지 않았지만 감옥 생활을 한다. 우리는 이러한 선택을 자유로운 선택이라 말할 수 있는가?

노스캐롤라이나 주에 위치한 그랜부룩 중학교 교장 프렛(Mrs. Pratt)은 아침 방송 때마다, "여러분이 이 세상을 살면서 잘못된 사람들과 어울려 다닐지, 아니면 대학 진학을 목표로 학업에 정진할지를 선택하는 것은 여러분의 책임입니다."라고 늘 말한다. 대부분 학교에서 대학을 갈 정도의 성적을 유지하지 못하는 학생들은 빈곤하고 무지(無知)한 가정 환경의 가여운 아이들이다. 그들이 인생을 포기하고 어두운 길에 들어 설 수밖에 없는 이유는 그들의 숙제를 함께 해 주고 따뜻하게 돌보아 줄 부모가 생계를 위해 일을 나가고 없기 때문이다. 경제적으로 윤택한 부모들의 관심과 돌봄을 받는 아이들과의 학력 차이는 고학년이 될수록 점점 커지게 된다. 가난에 찌든 지역의 학생들이 명문 대학에 입학하는 비율이 낮은 것은 당연히 이러한 경제적 불평등 환경이 그 요인이다. 미국 여러 대학들은 입학 과정에서 소수 민족에게 혜택을 주는 소수 민족 보호법

(Affirmative Action)이 정당한 것인지 부당한 것인지에 대한 의견은 분분하다. 예를 들면 캘리포니아 대학(University of California), 버클리 대학(University of California, Berkeley)이 백인과 동양인을 제외한 흑인과 남미 계통 학생들에게 입시에서 소수 민족 우대 점수를 주는 법을 폐지하자 흑인과 남미계 이민자 자녀들의 합격률이 12%에서 8% 이하로 떨어졌다. 때문에 소수 민족의 교육 기회 불균형을 해소하기 위하여 다소 SAT 점수가 낮더라도 소수 민족 학생을 우선 선발하는 제도를 다시 부활시킬 것을 흑인이나 남미 계통 학부모들은 강력히 요구하고 있다. 이들은 백인이나 부유한 동양인 자녀들이 명문 대학에 많이 진학하는 것은 인종적 우수성이 아니라 그들의 지적 능력을 함양할 수 있도록 지속적으로 받쳐 주는 가정과 사회적 환경 덕분이라고 주장한다.

그렇다고 해서 대학에 합격한 백인 학생이 모든 일을 자신의 자유 의지대로 선택할 수 있는 것은 아니다. 대부분 학생들이 전공 과목을 과연 자신이 원해서 선택한 것일까? 어떤 학생은 부모의 영향으로, 어떤 학생은 졸업 후 취업 때문에 각각의 전공을 선택한다. 또 다른 학생의 경우에는, 본인이 생명 공학이나 경제학을 전공하고 싶어도 평점이 낮아서 비선호 교과를 전공 과목으로 택하기도 한다. 고대 유적지를 다니면서 과거 역사를 공부하다가도 막상 취업을 고려해야 할 3학년이 되면 취업률이 높은 전공을 선택하게 된다. 컴퓨터 공학 시대에 사는 학생들은 당연히 전기 전자 공학을 선호할 수밖에 없다. 이처럼 자신의 자유 의지와는 달리 사회가 요구하는 일들을 선택해야 하는 것이 요즈음의 현실이다.

그렇다면 인생에서 제일 중요한 자신의 배우자를 선택하는 경우는 어떠한가? 부(富), 교육, 직업 등 조건에 무관하게 사랑만으로 배우자를 선택할 수 있을까? 미국 영화 〈프리티 우먼(Pretty Woman)〉이 흥행에 성공한 것은 현실에서는 이루어질 수 없는 헐리우드 창녀와 젊고 잘생긴 부호가 사랑에 빠져 결혼한다는 꿈 같은 이야기 때문일 것이다. 즉 가난한 많은 여자들의 가슴에 대리 만족을 가져다 준 덕에 흥행에 성공한 것이다. 그럼 여기서 셰익스피어의 《로미오와 줄리엣》이 500년을 넘어서까지 왜 명작으로 평가받는지를 한번 생각해 보자. 그것은 적대적 가문이라는 극복할 수 없는 주어진 환경 때문에 사랑을 이룰 수 없었던 젊은 연인(戀人)의 비현실적 사랑 이야기이기 때문이다. 죽음을 가장해서라도 이루고 싶었던 줄리엣의 사랑과 줄리엣을 따라 죽음을 선택한 로미오의 이야기에서 사랑이라는 순수한 감정을 가로막고 있었던 장애물은, 몬테규(Montague)가와 캐퓨렛(Capulet)가의 사회적 대결이었다. 즉 로미오와 줄리엣은 적대적 가문이라는 사회적 환경을 극복하고 그들의 지고 지순한 사랑을 이루기 위해서 죽음을 스스로 선택했던 것이다.

일생을 살아가면서 사람들은 수많은 선택과 결정을 내린다. 물론 결정을 내리는 사람은 자기 자신이다. 그러나 이런 선택이 결코 환경으로부터 자유로울 수 없다는 사실은 우리의 자유 의사는 불가불 환경에 영향을 받는다는 것을 의미한다. 환경은 때로는 넘을 수 없는 거대한 벽처럼 우리가 애써 얻고자 하는 것들을 가로막는 방해물이 되고 만다. 이런 이유 때문에 역사는 주어진 사회적 환경을 과감히 바꾼 사람들을 영웅이라 부르고 존경하는 것이다. 흑인이라면 누구나 백인들의 불평등한 대우를 운명으로 받아들이고 순응하며 살아갈 수밖에 없었던 시절에, "나는 꿈이 있다(I have a dream!). 언젠가 흑인 노예의 아이와 백인 주인의 아이들이 손에 손을 잡고 새로운 미국을 건설할 희망의 날이 오리라고 믿는다."라고 외친 마틴 루터 킹의 업적을 기리는 것은 흑인들에게, 아니 백인을 포함함 우리 모두에게 선택의 폭을 넓혀 준 위대한 인물이기 때문이다.

IV 과학과 예술

Science and Art

35 어떠한 분야도 다른 분야의 지식과 경험을 수용하지 않고는 발전할 수 없는가? **36** 지식을 얻을수록 점점 더 어려워지고 점점 더 미궁에 빠지는 이유는 무엇인가? **37** 데이터 없이 가설을 주장하는 것은 결정적인 실수인가? **38** 진정한 노력과 용기는 최대한 일을 간단하게 만드는 것인가? **39** 결정적 발견이나 발명은 우연히 이루어지는가? **40** 연구 결과가 논쟁의 여지가 있더라도 연구비 지원은 정당한가? **41** 사실은 완고한 것일까? **42** 현실적으로 객관적인 관측은 존재하는가? **43** 진정한 문명은 과학적 성과에 반영되는가, 예술적 창조에 반영되는가? **44** 영원히 존재하는 것은 문학, 음악, 미술과 같은 예술인가, 비평인가? **45** 정부는 모든 사람이 즐길 수 있도록 예술가들을 지원해야 하는가? **46** 문화 보존을 위해서 대도시에 더 많은 재정 지원을 해야 할까? **47** 전통과 현대는 공존할 수 없는가? **48** 기존 관습과 사고 방식에 젖어 사는 사람이 진정한 성공을 쟁취할 수 있을까? **49** 세상이 변하는 것일까, 세상을 바라보는 눈이 달라지는 것일까? **50** 자신의 아이디어나 의견을 피력하려는 열망에 들끓는 사람들이 큰 목소리를 내는가?

과학과 예술은 공존한다. 과학은 예술가를 편리하게 하며 예술은 과학자에게 영감을 불러일으킨다. 과학과 예술은 서로 다르게 보이나 막상 그 본질을 들여다보면 두 학문 모두 인간의 창의성에 근거하고 있으며, 서로 영향을 주고받으면서 사회를 발전시키는 원동력이 되어 왔다. 다만 과학은 지성에 근거하고 예술은 감성에 호소할 뿐이다. 새로운 지식을 탐구하고자 하는 인간의 욕망은 그 끝이 없다. 작가들은 작품을 통해 지나친 과학 연구의 열정이 때로는 우리 사회에 해로운 결과를 가져온다는 것을 일깨워 주기도 하고, 과학자들보다 앞선 상상력으로 미래의 세계를 구상하기도 한다. 그리고 과학은 다시 그 상상력을 현실화하면서 현대 사회를 이끌어 간다.

과학은 발견하고 예술은 창조한다

　과학은 이성을 바탕으로 한 논리적인 사고를 중시하는 반면에 예술은 감성을 중시한다. 그런 이유로 사람들은 과학은 논리적이며 예술은 감성적이라고 한다. 과학은 이전에는 알 수 없었던 자연의 법칙을 확인시켜 주는 역할을 하며, 예술은 무심해진 사람들의 감성에 호소함으로 진정 우리 사회가 추구해야 할 진리를 제시한다. 과학은 발견하고 예술은 창조한다. 예술은 주관적이고 과학은 객관적이다. 이렇게 다른 특성을 지닌 두 학문의 지대한 공통점은 모두 기존의 패러다임을 뛰어넘어 새로운 발명과 창조를 모색함으로 세상을 바꾼다는 점이다. 과학과 예술은 서로 불가분의 관계에 있다. 과학과 예술은 서로에게 지대한 영향을 주며 인류 역사를 발전시켜 온 중요한 학문이다. 과학과 예술은 각자 독자적인 분야로서 서로 그 기능과 목적이 다르더라도, 두 학문 모두 인류 문명의 발전에 지대하게 기여해 왔다는 점은 그 누구도 쉽게 부인할 수 없다.

과학은 새로운 것이라는 잘못된 생각

　현대인도 감탄하는 동굴 벽화에 나타나는 고대인의 예술적 창조는 도색 기술과 화구의 발달이 있었기 때문에 가능한 것이었다. 과학이 독자적인 학문으로 부상하기 시작한 것은 17세기부터이다. 서양에서 과학이라고만 하면 그것은 확실한 사실이며 위대하다라는 사고가 유행한 지 오래이다. 이로 인해 과학이라는 접미사는 도처에 붙어 다니게 되었다. 심지어는 상품에 과학이란 이름을 들먹이면 판매량이 증가할 것이라고 믿기도 한다. 서양인들은 과학이 아닌 미신을 철저히 배척한다. 점성술이나 우주관은 인간을 더욱 유약하게 만들 뿐, 사회적으로 추구할만한 대상도 아니고 가치도 아니라고 서양 사람들은 주장한다. 미신이 아닌 종교는 그 원리가 철학적 논리에 근거해 신을 합리적이며 보편타당한 원리 안에서 믿는 것을 의미한다. '과학적 실험으로 참이라는 것을 증명할 수 있는 자료를 확보할 때만 진리라고 할 수 있다.'라는 생각은 르네상스 시기에 인본주의 사상을 탄생시켰다. 또한 이러한 이유로 예술은 고대부터 원초적으로 인류 문명과 함께 항상 존재했지만 과학은 새로운 것이라는 잘못된 생각을 현대인들은 가지게 되었다.

서로 엮여 있는 과학과 예술

과학 혁명으로 인간의 지적 진보는 매우 급격하게 이루어졌다. 과학이란 논리에 근거해서 새로운 사실을 추론하고, 데이터 즉 근거 자료를 토대로 실험을 통한 증명이 가능한 사실이나 진리를 탐구하는 학문을 지칭한다. 그리고 인간의 지식이 발전해 온 역사를 고대와 근대로 구별지어 주는 새로운 단어가 바로 '과학' 이다. 17세기를 중심으로 일어났던 근대 과학은 학문의 세상을 압도하고 말았다. 과학이 위대하다는 사실을 부인할 사람은 많지 않다. 과학이 요구하는 논리성과 합리성은 인간 사회의 급속한 진보와 더불어 인류 역사에서 지적 혁명과 사고의 전환점을 가져 왔다. 그리고 이러한 과학은 예술의 아름다움을 더욱 승화시켜 줄 수 있는 지식과 기술을 발전시켰다. 예술도 과학적인 기술을 사용하여 더할나위 없이 아름다운 작품을 만들 수 있는 경지에 다다르게 하였다. 시대를 거슬러 올라가면 미술과 수학의 밀접한 관련성을 발견할 수 있는 고전 작품이 매우 많다. 물론 현대 미술에서도 조화·통일성 등 수학적 개념을 바탕으로 그림을 그리거나 조각을 만드는 것은 어렵지 않게 발견할 수 있다.

예술의 대중화와 세속적 성취

예술이 뭐냐고 묻는 질문에 피카소는 "그건 돈일세."라고 답했다고 한다. 예술 작품을 만드는 데 드는 많은 시간과 돈 때문에 아무나 예술가가 될 수 없다는 이야기이다. 또한 예술이 소수의 부자를 위해서 존재하는 사치품 같다는 의미도 포함되어 있다. 예술이 대중화된 것은 불과 한 200여 년 전이다. 셰익스피어는 위대한 극작가이기도 하지만 연극을 흥행시키고 극장을 지어서 처음으로 입장권을 발매한 사업가이기도 하다. 당시 엘리자베스 여왕은 셰익스피어의 극장에서 연극 관람을 즐겼다고 한다. 20세기 토머스 에디슨이 영사기를 발명한 이래 급속도로 발전한 영화는 극소수 부자들의 전유물이었던 연극을 대중화하는 데 성공하였다. 이처럼 예술의 대중화에 적극 기여한 장본인은 과학이다. 자본주의 사회에서 이제 예술은 돈에 의해 소통되고 돈에 의해 평가된다. '예술 가치의 금본위제'가 확고히 정착돼 어떤 경우도 여기에서 벗어날 수 없게 되어 버렸다는 다소 냉소적인 시각이다. 그리고 그렇게 돈에 의해 예술 가치가 평가되는 세상에서 예술가도 예술의 순수성만을 고집할 것이 아니라 능동적으로 그 가치 척도를 수용하고 예술적 성취와 세속적 성공을 동시에 추구할 필요가 있다는 의미가 담겨 있다. 어차

피 인간 세상에서 신화든 명성이든 사회의 필요와 역학 관계에 따라 만들어지는 것이고, 그 강력한 매개물인 자본을 도외시하고서는 본질적으로 예술적 성취를 얻을 수 없다. 피카소는 20세기 최대 인기 화가의 작품을 가장 많이 소장했던 사람이라고 한다. 그는 예술의 재화로서의 가치를 누구보다 잘 알고 있었으므로 자신의 그림을 함부로 팔지 않고 상당량을 애장해 두었던 덕에 그의 후손들은 부를 누릴 수 있었다.

개인의 감정을 정화시키는 예술

우리 사회에서 예술의 중요성이 강조되는 까닭은 예술을 통해서 개인의 감정이 정화될 수 있기 때문이다. 예술은 감성을 풍부하게 만들어 주기 때문에 학생들은 음악이나 미술 시간에 서로를 좀 더 따뜻한 마음으로 대할 수 있다. 과학이 우리의 논리적 사유를 수련시키듯이 예술은 우리의 감성적 느낌을 수련시킨다. 예술은 우리의 감정을 표현하는 장이며 이러한 장을 통해 우리는 감정을 정리하고 명료화할 수 있다. 감성을 표현하는 수련이 되어 있지 않을 경우, 타인에게 감정을 난폭하게 폭발시키거나 또는 타인과 감정을 적절히 공유하지 못하는 부작용을 초래하기 쉽다. 우리는 사유하는 존재일 뿐만 아니라 울고 웃고 화내고 사랑하는 존재이기 때문에 사유의 수련만큼이나 감정의 수련도 조화로운 자아의 형성을 위해 매우 필요하다. 때로는 냉정하고 예리한 판단력을 기르는 것보다 아름다움을 만끽할 수 있는 여유로운 미소가 우리 삶의 질을 높여 줄 수 있다. 과학이 지적 능력에 근거한다면 예술은 감성을 통한 창조이며 예술 작품의 카타르시스는 사회적인 불안마저 해소시켜 준다.

다채로운 삶의 경험을 주는 예술

우리는 예술을 통해 간접적이지만 구체적으로 타인의 생각과 인생을 경험할 수 있다. 예술가는 주변의 인생 이야기를 극대화하여 표현하고 우리는 그들이 그린 그림이나 음악을 통해서 다양한 인물들의 다채로운 삶을 경험할 수 있다. 이렇게 다양한 삶들을 간접적이지만 구체적으로 경험함으로써 삶의 깨달음을 얻을 수 있게 인간 감정을 정화시켜 주는 것이 예술이다. 예술은 청소년들이 자신의 인생관을 형성하는 데, 그리고 자신의 인생을 꾸려 가는 데 큰 도움을 줄 수 있다. 예술을 통한 인생 교육은 글이나 말로 하는 어떤 교육보다 효과적으로 우리가 추구해야만 할 삶의 방향을 설정할 수 있도록 도움을 준다.

예술가의 상상력을 바탕으로 한 창의적 작품

예술 교육의 중요성은 예술의 힘이 상상력으로부터 나온다는 것이다. 철학자 칸트는 예술을 오성과 상상력의 자유로운 유희라고 표현하였다. 예술에서 늘 강조되는 것이 상상력이다. 예술가가 상상력을 바탕으로 창의적 작품을 완성하면 그 상상력 속의 세계가 언젠가는 실현되리라는 기대를 가지게 된다. 또 한편 지성에 의존하는 과학자들은 사람들의 무지를 깨우쳐 주고 어떤 새로운 사실을 확인시켜 준다. 코페르니쿠스가 지동설을 발표했을 때 로마 교황청은 그를 신성 모독죄로 기소했고 세상은 그의 재판 소식으로 떠들

썩하였다. 이는 과학자이든 예술가이든 새로운 생각을 내놓게 되면 고정 관념에 젖어 있는 기존 세대는 이를 받아들이지 못해 반발할 수밖에 없기 때문이다.

예술과 과학은 하나

예술과 과학은 새로운 사실을 발견하거나 새로운 도구를 발명하고 삶을 풍요롭게 만들고 싶은 열망과 표현을 통해서 인류 문명에 교훈적 메시지를 던져 주었다. 최대의 불가사의한 유적으로 손꼽히는 피라미드도 고도의 과학적 기술이 없었다면 건설될 수 없었을 것이다. 하지만 피라미드가 경이로운 것은 아름다운 예술적 표현이기 때문이다. 고대 4대 문명의 발생지에서 일어난 문명이 남긴 작품들은 과학적 지식을 예술적으로 승화한 것이다. 이렇게 고대에서부터 지금까지 끊임없이 세상은 사람들이 과학과 예술 모든 분야에서 창조적인 업적을 남기면서 진보해 왔다. 인문과 예술의 발달이 그 절정을 이루었다는 문학과 예술, 철학 등 학문적인 르네상스 뒤에는 항상 과학적 지식이 뒷받침하고 있다.

20세기 가장 전위적이고 현대적 건축의 상징인, 프랑스 퐁피두 센터는 예술과 과학의 합작품이다. 이와 같이 현대 문화의 특징은 바로 예술과 과학이 하나가 된다는 것이다. 프랑스 시인 폴 발레리(Paul Valery)는 "예술과 과학은 얼핏 보면 반대 개념처럼 보이나 실제로는 불가분의 관계이다."라고 과학과 예술의 관계를 밝혔다. 최근 세계는 하나로 연결되어 있다는 사상이 주류를 이루고 있다. 이제 예술과 기술의 구분은 무의미하다. 현대 예술은 과학 기술의 도움 없이 존재할 수 없다. 컴퓨터 그래픽으로 더욱더 실감나게 창조된 화려하고 아름다운 영화의 장면이나 어떤 작품보다도 아름다운 건축물은 과학과 예술이라는 공통 분모를 가지고 있다. 그리고 앞으로 더욱 발전해 나갈 새로운 기술들은 점점 더 예술적인 작품을 탄생시킬 것이며, 예술은 위대한 영감을 과학자들에 지속적으로 불러일으키며 새로운 인류 문명을 발전시켜 나갈 것이다.

35

어떠한 분야도 다른 분야의 지식과 경험을
수용하지 않고는 발전할 수 없는가?

    고대 희랍어로 '철학'은 지혜에 대한 사랑을 뜻한다. 철학에서 지혜라고 말하는 것은 일상 생활을 영위하기 위한 실용적 지식이 아닌, 인간 자신과 그것을 둘러싼 세계에 대한 관조적 지식을 의미한다. 이른바 일상적으로 세계관, 인생관, 가치관이라고 부르는 인식적 사고를 말한다. 고대의 철학적 학문으로는 신학, 사회학, 심리학, 인류학, 역사, 교육, 수학, 물리학, 법학 등을 들 수 있다. 이렇게 철학은 광범위하게 기초 학문의 발전에 바탕이 되었다. 20세기에 와서 컴퓨터 과학은 고대 철학만큼이나 주위의 모든 학문 발전에 실용적 공헌을 하였으며 그 영향력은 인문, 과학, 사회 영역은 물론 음악과 미술에도 미치고 있다. 다만 고대 철학은 지식을 탐구할 수 있는 방법을 제시한 반면에 현대 컴퓨터 과학은 지식을 검색하고 분석하게 하였다. 즉, 고대 철학이나 현대 컴퓨터 과학은 각각 학문의 발전에 지대한 공헌을 했다고 말할 수 있다.

1912년 8월 공과 대학의 교수가 되어 취리히로 돌아온 아인슈타인은 자신의 학창 시절 친구였으며 수학 교수로 재직하고 있던 그로스만(Marcel Grossmann)과 일반 상대성 이론을 만들기 위한 공동 작업을 시작했다. 그러나 그로스만과의 공동 작업에서 아인슈타인은 새로운 이론을 발견하였으나 그것이 뉴턴의 중력 방정식을 유도해 내지 못하자, 물리적 의미를 부정하면서 연구를 포기하고 말았다. 그때 포기한 새로운 이론이 수학자 베른하르트 리만(Bernhard Riemann)이 1853년에 교수 자격 강연에서 발표한 리만 기하학이다. 하지만 당시에는 주목받지 못했고 1916년 일반 상대성 이론이 나온 뒤 많은 관심을 받고 출판되었다고 한다. 이렇게 수학과 물리학은 서로의 연구에 큰 영향력을 끼치면서 발전해 왔다.

인문 과학으로 알려진 언어학 이론 또한 수학적 개념을 바탕으로 구축되었다고 해도 무리는 아니다. 20세기 후반 변형 생성 문법 이론을 발견한 노암 촘스키(Noam Chomsky)는 문장의 구조를 분석하고 문장 안에 내포되어 있는 문법적 요소들 간의 지배, 즉 수식 관계를 설명하기 위하여 이분법 수형도를 사용하였다. 이뿐만 아니라 수학적 기호를 사용하여 문법적 구조와 문장 생성 과정을 명료하게 설명한 그의 이론은 언어학의 연구 방향과 세계관을 바꾸어 놓았다. 또한 이진법적 사고에 근본을 둔 컴퓨터가 그리스 철학자들이 성립해 놓은 'if, then(만약 그렇다면)'의 논리를 따르고 있다는 것은 철학이 시공을 뛰어넘어 대단한 영향력을 끼치고 있다는 것을 의미한다.

의학 분야에 있어서도 예외는 아니다. 기계 공학이나 컴퓨터 공학, 재료 공학 등 다양한 공학 분야의 지식과 기술의 발전은 의학 기술을 점점 더 발전시켰다. 몇십 년 전만 하더라도 심장 이식 수술은 치사율도 높을 뿐 아니라 15시간 이상을 요구하는 아주 어려운 수술이었다. 하지만 의료 장비의 발달은 컴퓨터 모니터를 통해서 수술 진행 과정을 좀 더 자세히 볼 수 있게 하였고, 전기 공학의 발달은 심장 수술에 있어 매우 중요한 잘못된 심장 근육과 혈관의 위치를 정확히 판명하는 데에 결정적인 기여를 하였다. 그로 인해 지금은 수술 시간이 10시간 미만임에도 높은 성공율을 보이고 있다.

약 10년 전 〈로스엔젤레스 타임즈(Los Angeles Times)〉에 다음과 같은 기사가 실렸다. "UCLA 메디컬 센터 신경외과에서는 뇌 손상 환자의 수술이 진행되었다. 역사적인 이 수술은 이 수술을 담당한 신경 전문의, 언어학자 그리고 마취도 하지 않고 잠자는 상태로 수술 과정 도중에 의사나 언어 학자의 질문에 대답해 준 용기 있는 환자 덕분에 가능하였다." 두뇌에 생긴 종양을 제거하는 수술을 깨어 있는 상태로 진행하는 임상 실험이 열린 것이다. 이 환자는 종양 제거 수술 후에 모국어를 생성하는 뇌세포가 제거된 탓으로 영어로는 의사 소통이 어려웠으나, 고등학교 시절에 배웠던 스페인 어로 제한적이지만 의사 소통을 할 수 있었다고 한다. 또한 컴퓨터 엔지니어였던 이 환자는 수술 후에도 컴퓨터에 관한 지식은 그대로 기억하고 있다고 하였다. 제거된 뇌세포에서 담당하는 모국어에 대한 기억만 사라졌을 뿐 그 외에는 아무런 손상을 받지 않았기 때문이다. 즉 이 수술은 어린 시절에 자연적으로 습득하는 언어를 생성하는 뇌세포와 제2외국어나 전문 지식과 같이 학습된 지식을 축적하는 뇌세포의 자리가 다르다는 것을 입증하였다. 이처럼 신경외과 전문의들이 우리 뇌세포의 역할과 구조가 가지고 있는 비밀을 밝혀 내는 데는 언어학 지식이 절대적인 역할을 하였다. 반대로 이 신경외과 수술의 결과는 모국어를 배우는 과정과 외국어를 배우는 과정이 다른 만큼 영어를 외국어로 배우는 학생들은 자신의 지식 수준에 따라 영어를 배워야 한다는 결론도 이끌어 내었다.

위에서 살펴본 것과 같이 모든 학문은 서로 거미줄처럼 얽혀 있다. 어떠한 학문도 다른 학문의 영향을 받지 않고 독자적으로 발달할 수 없다. 그래서 대학은 지나치게 전문적인 지식만을 가르치는 직업 교육에 중점을 두기보다는 보다 더 폭넓은 교양 과목을 습득할 수 있는 교과 과정을 제공해야 할 것이다.

36

지식을 얻을수록 점점 더 어려워지고 점점 더 미궁에 빠지는 이유는 무엇인가?

분명 구석기 시대에 생존했던 과거의 사람들보다 현대인들이 사물에 관한 이해와 지식의 폭이 넓고 깊어 모든 일을 간편하고 쉽게 해결한다는 사실은 부인할 수 없다. 지식이 점점 더 발전하면서 새로운 기술과 발명품들이 쏟아져 나오기 시작한 덕에 우리는 더 많은 지식과 정보를 알게 되었다. 그리고 더 많이 알게 된 정보만큼 우리들의 시야도 점점 더 넓어졌다. 더 이상 현대인의 시야는 과거처럼 지구 위에 일어나는 일들에만 국한되어 있지 않다. 지구가 둥글다는 것을 증명하기 위해 동쪽이 아니라 서쪽으로 항해를 한 콜럼버스의 기행이 더 이상 관심거리가 아니다. 이제는 저 멀리 우주에는 과연 어떤 것들이 있을까를 궁금해 하게 되었다. 깜깜한 밤하늘을 올려다볼 때 별들과 비슷하게 반짝반짝 빛나는 인공 위성들을 발견할 수 있다. 우주 신비에 대한 호기심은 날로 커지고, 이를 벗겨 내려는 과학자들의 노력으로 우리들의 활동 범위는 점점 더 우주를 향해서 나아가고 있다. 코페르니쿠스가 지동설을 주장한 이후 천문학은 급진적으로 발전하게 되었다. 미국 텍사스 주에 있는 나사(NASA) 항공국에서 우주 탐사를 위해 수천 명의 직원들이 분주한 일상을 보내는 모습을 코페르니쿠스는 과연 상상할 수 있었을까?

최초로 사물에 대한 성질을 구체적으로 논한 사람들은 그리스 인이었다. 물질의 가장 작은 입자라는 뜻의 원자(Atom)도 그리스 어로 비분할을 의미하는 'atomos'에서 유래한 것이다. 즉 물질을 쪼개고 또 쪼개는 과정을 반복하면 더 이상 쪼갤 수 없는 입자를 얻게 되는데 이를 원자라 부른 것이다. 그러나 이후에 전자, 양성자, 중성자 등의 존재가 밝혀지면서 원자가 단일하고 더 이상 쪼갤 수 없는 입자가 아니고 복잡한 구조를 가졌다는 것을 알게 되었다. 현재는 소립자라고 하는 한 무리의 입자가 물질의 궁극 입자라고 보고 있다. 이처럼 물질이 무엇으로 구성되었는가에 대한 답변은 점점 더 복잡해지는 더 작은 입자를 발견함으로 달라지고 있다.

21세기 후반 엄청난 양의 정보를 한 눈에 볼 수 있도록 만든 컴퓨터 기술은 세계를 하나의 정보망으로 연결하는 데 성공하였고, 이로 인하여 사람들의 생활은 점점 더 복잡해지게 되었다. 그리고 인터넷으로 전 세계와 교류하기 위해서는 세계를 한 공간으로 묶어 주는 인프라를 구성하고 또한 이와 같은 기기를 관리, 운영, 개발할 많은 인재들도 필요하게 되었다. 물론 컴퓨터 기술을 발판으로 한 우주선 개발 또한 박차를 가하게 되었다. 반 세기 전만 하더라도 꿈도 꿔 보지 못할 정도의 먼 거리를 비행할 수 있게 되었으며, 어떻게 하면 우주의 자원을 지구를 위해서 효율적으로 사용할 수 있는가에 대해서 고심하게 되었다.

어떤 이들은 왜 더 알수록 모호해지느냐고, 그것은 역설적이고 혼돈스럽게 만드는 괴변이 아니냐고 말할지도 모른다. 알수록 세상이 모호해진다면 더 이상 연구를 진전하지 말아야 하는 것이 아니냐고 항변할 수도 있다. 하지만 물리 영역에서 상대성 원리와 양자역학(Quantum mechanics)은 원자에 관한 문제에는 해답을 제공했으나 두 이론 모두 완전한 해답을 얻지 못했다. 해결된 문제가 보일수록 새로운 발견에 대한 열정을 결코 멈춰서는 안 될 것이다. 이러한 열망이 없다면 인류 사회는 점점 퇴보할 것이기 때문이다. 세상이 항상 동일한 양과 질의 지식으로만 이루어진다면 인간의 삶 자체가 매우 지루하고 새미 없을 것이다. 그리고 이런 고정적인 지적 환경은 정신적으로 피폐한 사람들이 들끓는, 상상할 수 없이 진부한 사회를 만들 것이다.

또한 지식을 얻을수록 사물에 대한 이해가 어렵다는 것은 우리들의 어린 시절을 회상해 보면 쉽게 이해할 수 있다. 아마도 5살 때는 열 손가락 내에서 모든 계산이 명백하고 간단히 이루어졌을 것이다. 그리고 엄마나 아빠가 옆에 있는 것이 확인되면 더 이상 알아야 될 일들도 없었다. 하지만 지식 수준도 우리들의 키처럼 점점 자라난다. 대학생이 되고 나면 손가락으로는 도저히 셀 수 없는 보다 많은 숫자의 개념도 알고, 다른 일반 지식의 범위도 더 깊고 넓어지지만 이에 따라 더욱 복잡하고 다양한 일들을 처리하거나 해결할 능력도 커진다.

사실 따져 보면 학문이 발전할수록 인간은 더 많은 문제를 해결해야만 했다. 이 우주 안에서 살아가는 동안 우리가 풀어야 할 사물에 관한 수수께끼가 무한하기 때문이다. 연구나 기술이 진전될수록 세상이 점점 더 복잡해지는 이유는 탐구하는 대상이 점점 더 많아지기 때문이다. 이 세상을 과학적으로 완전히 이해하는 것은 결코 불가능한 일이다. 새로운 지식 탐험이 성취된 후에 또 다른 지식의 세계를 향해서 돌진해야 하는 우리는 알면 알수록 더욱 복잡해지는 끝이 없는 미지의 세계 속에서 살고 있다.

37

데이터 없이 가설을 주장하는 것은 결정적인 실수인가?

　16세기 초 코페르니쿠스 시대에 이르러 처음으로 과학이라는 학문이 발생하였다. 그 이전에는 객관적 관찰을 통한 증명보다는 주관적인 가설을 주장하는 식으로 학문이 발전되었다. 하지만 갈릴레오 갈릴레이(Galileo Galilei)는 과학은 실험을 통하여 그 타당성을 증명해야 한다고 주장하였다. 그 이래로 근거 없는 이론, 즉 객관적 실험을 통해 얻은 정확한 데이터로 증명될 수 없는 가설은 가치 없는 무용지물처럼 여기는 경향이 생겼다. 그렇다고 해서 과학자들이 제시하는 초인적 상상력이 가치 없다고는 절대 말할 수 없다. 왜냐하면 일반인에게는 황당해 보이기만 하는 많은 가설들이 실제로는 과학의 발전에 큰 기여를 했기 때문이다. 우주의 신비는 상상력을 초월한 가설을 증명하면서 하나 둘 그 실체와 진리가 밝혀지고 있다.

　1632년 갈릴레오 갈릴레이가 출판한 저서 《두 개의 주요한 우주 체계에 관한 대화(Dialogue concerning the Two Chief World Systems)》로 인하여 로마는 논쟁에 휩싸이게 되었다. 이 책에서 갈릴레오가 아리스토텔레스의 천동설(Geocentricism)은 그 이론 자체에 모순이 있다고 주장했기 때문이다. 이 책은 로마 교황청으로부터 금서로 지정되고 갈릴레오는 가택에 연금되었다. 1633년 갈릴레오가 지동설(Heliocetricism)을 주장한다는 이유로 벌어진 재판은 로베르토 벨라르미노(Roberto Bellamino) 추기경이 살아있었다면 그 결과는 달라졌을 것이다. 1616년 코페르니쿠스 체계가 오류임을 공표하면서 로마 추기경 로베르토 벨라르미노는 다음과 같이 판시하였다.

　"나는 만약 태양이 우주의 중심에 있으며 태양이 지구의 주위를 도는 것이 아니라 지구가 태양의 주위를 돌고 있다는 참된 증거가 있다면, 그러한 과학적 증명에 모순되는 성경을 설명할 때 조심해야 할 것이다. 우리는 어느 것이 거짓이라고 말하는 것보다는 차라리 그것을 모른다고 말해야 할 것이다. 그러나 나는 그런 증명이 있다고 생각하지도 않는데, 이는 아무도 나에게 그런 증명을 제시하지 않았기 때문이다. 태양이 중심에 있고 지구가 천체들 중에 하나라고 가정함으로써 눈에 보이는 현상을 구제할 수 있음을 주장하는 것과, 실제로 태양이 중심에 있으며 지구가 천체들 가운데 있다는 사실을 과학적으로 논증하는 것은 서로 다른 일이다."

　이 글에서 로베르토 벨라르미노는 두 가지 본질적인 문제를 구분하였다. 하나는 코페르니쿠스 체계가 실제적이고 입증할 수 있는 증거로 뒷받침되고 있는가 하는 것이고, 또 하나는 코페르니쿠스 체계가 성경과 상반되는가 하는 것이다. 만약 코페르니쿠스 체계가 정확하다고 증명된다면, 성경에 근거하여 코페르니쿠스 체계가 틀렸다고 단언해서는 안 되며 성경을 신중히 재해석하는 방향으로 나아가야 하고 그것도 어려우면 차라리 모른다고 말해야 한다는 것이다.

블랙홀은 거대한 질량을 가진 별이 폭발을 일으킨 후에 생성된다. 거대 질량별의 중심부는 점점 수축해 들어가 마지막에는 초신성 폭발을 일으킨다. 대폭발로 별의 표층면이 날아가고 결국 고속으로 자전하는 중성자의 핵만 남게 된다. 그러나 별의 중력이 상상을 초월할만큼 크므로 수축은 계속되어 마침내 밀도가 무한대인 블랙홀이 된다. 그러나 별의 중력 붕괴는 관측이 불가능하다. 1976년 스티븐 호킹(Stephen William Hawking)이 과학 잡지 〈네이처(Nature)〉에 짧은 논문을 발표하였다. 블랙홀이 증발하고 마침내 소멸한다는 내용이었다. 그것은 당시의 물리학자들에게는 내단한 놀라움이었다. 하지만 지금에 와서는 그 이론이 물리학자만이 아니라 많은 천문학자 사이에서도 인정되고 있다. 블랙홀 이론은 기본 물리학을 바탕으로 그 진실성을 증명하고 있다.

과학은 수많은 가설을 세우고 또 그 가설을 입증하려는 과학자들의 노력을 통해서 우주의 신비를 벗겨 왔다. 가설이란 과학자들의 상상력을 기반으로 세워지는 이론이다. 이러한 가설이 '참'인지를 밝혀내는 것도 과학자들의 몫이다. 새로운 가설은 우주의 신비를 밝히고자 노력하는 사람들에게 과학 연구에 대한 흥미를 준다. 가설이 종교적 가치관에 위배된다고 해서 과학자들을 감옥에 가두는 일은 없어야 할 것이다. 로베르토 벨라르미노 추기경의 해석처럼 가설을 주장하는 것 그 자체를 오류라고 말해서는 안 된다. 가설은 이 세상을 지식의 탐구라는 촛불로 밝혀 주기 때문이다. 오히려 이 촛불이 꺼진다면 우리 모두 새로운 방향을 제시할 수 없는 깜깜한 암흑 속에 휩싸이게 될 것이다. 과학은 데이터를 가지고 가설을 확인시켜 주는 학문이다. 그리고 그 이전에 가설을 확립함으로 새로운 아이디어를 제시하는 학문이기도 하다.

38

진정한 노력과 용기는 최대한 일을 간단하게 만드는 것인가?

"진정한 노력과 용기는 최대한 일을 간단하게 만드는 것이다." 이 말은 20세기의 유명한 물리학자 아인슈타인이 남긴 것이다. 이런 말을 한 이유는 'E=MC^2'이라는 질량과 에너지의 등가 원리를 발견한 그가 선택한 연구 방법이었기 때문이 아니었을까? 아인슈타인은 과학자들에게 일을 크고 복잡하게 생각하지 말고, 복잡한 현상을 간단하게 설명할 방법을 고민하라고 충고한다. 사람들이 수학이라는 학문에 열광하는 것은 수학이 수와 기호를 사용해서 가장 간단하게 원리를 기술하는 학문이기 때문이다. 빌 게이츠는 개개인이 간단하게 사용할 수 있는 PC(Personal Computer) 운영 체계인 윈도우(Window)를 만드는 데 성공하여 세계 최고의 부자가 되었다. 그리고 지금도 부단히 마이크로 소프트사는 어떻게 하면 좀 더 간단한 PC 운영 체계를 만들까 고심하고 있다. 사상가든 학자든 모두 진리를 찾아다니는데, 그들이 찾은 진리는 매우 간단하고 명료한 원리 속에 존재한다.

언어학의 패러다임을 바꿔 놓았다는 평판을 받는 촘스키는 20세기 후반 문장의 최소 단위가 형태소나 품사로 나뉘는 단어가 아니라, 전체적인 생각을 제공하는 문장에 있다고 주장했다. 그렇기 때문에 언어를 지나치게 작은 단위로 쪼개서 이해하지 말 것과 언어는 범우주적으로 동일한 원리를 가지고 있음을 주장했다. 예를 들어 보자. 'Flying airplane can be dangerous.' 이 문장은 두 가지 의미가 있다. 하나는 날아가고 있는 비행기가 위험하다는 것, 다른 하나는 비행이라는 행위 자체가 위험하다는 것이다. 그는 이 두 가지 의미의 문장 겉모양은 다르지 않다는 점에서 통사(Syntax) 속에 말하는 사람의 의도나 의미가 있다는 간단한 진리를 발견하였다.

그런데 '일을 크고 복잡하게 생각하지 말고, 복잡한 현상을 간단하게 설명하라'는 아인슈타인의 조언은 학문 뿐만 아니라 정부나 사법부의 일에도 그대로 적용될 수 있다. 워터게이트 사건을 들여다보면, 거짓말에 거짓말을 더해서 자신의 잘못을 가리려고 전전긍긍하던 사람의 모습을 상기할 수 있다. 그는 결국 스스로 대통령 자리를 포기할 수밖에 없었다. 사람들을 동원해서 워터게이트 호텔에 있는 민주당 당사에서 일어나는 일을 도청하는 정치적 술수를 써가며 일을 복잡하게 만들지 않고, 자신의 의무만 충실하게 수행하였다면 닉슨은 유능한 대통령으로 역사에 기록되었을 것이다. 그리고 만약에 심문 과정에서 처음부터 솔직하게 잘못을 인정하였다면 적어도 역사는 그의 진술한 모습을 달리 평가했을 것이다. 거짓말은 일을 복잡하고 크게 만드는 주범이다. 그래서 사법 제도에서는 범인이 범죄를 솔직하게 자백할 때에는 형량을 감해 준다. 한 죄수가 만들어 내는 끝없는 거짓말은 수사를 미궁에 몰아넣을 뿐 아니라, 과다한 수사 비용과 시간을 허비하게 하기 때문이다.

한 사회의 평화, 안정과 번영을 위해서 국가마다 헌법이 있고 그 아래 형법, 민법, 상법, 국제법 등과 일반 사람들은 기억할 수도 없는 수많은 사회 규약들이 있다. 만약에 모든 사람들이 '서로를 사랑하라.'는 간단한 삶의 법칙을 그들의 삶에서 실천한다면 그렇게 복잡하고 자세하게 법을 만드는 힘든 작업이 굳이 필요하지 않았을 것이다. 서로 나누고 사랑하는 사회는 개인 사이의 분쟁과 억울함을 판단하거나 중재할 일이 없기 때문이다. 국제적 분쟁 또한 예외는 아닐 것이다. 전쟁 이후에 아직도 휴전 상태를 유지하고 있는 한반도는 국제 사회에서 시한 폭탄과 같다. 하지만 남북이 서로 화해하고 적대 관계가 아닌 이웃사촌 같은 관계로 발전한다면 더 이상 미국을 위시한 다른 나라들이 모여서 6자 회담을 하는 등 한반도의 운명을 결정하는 다국적 노력은 필요하지 않을 것이다. 북한 정부가 인민의 경제적 안정과 복지를 우선 순위로 하는 순리적인 정치를 한다면, 군사적으로 감시하고 경제적으로 무역과 금융을 규제하며 북한을 위협하는 국제적 노력은 좀 더 긍정적인 국제 사회 발전을 위해서 사용될 것이다.

    인간은 평등하다. 하지만 이러한 진리를 무시하고 정치적 야심으로 온 세상을 전쟁터로 만든 독재자가 있다. 이 평범한 진리를 사람들이 잘 지켰다면 600만 명이라는 어마어마한 숫자의 유대인을 무자비하게 학살한 히틀러도 역사에 기록되지 않았을 것이고, 세계 강대국이 모두 참전했던 제2차 세계대전은 일어나지도 않았을 것이다. 오늘날 독일인들은 처참했던 아우슈비츠 포로 수용소의 모습을 관광객들에게 보여 주고 있다. 왜일까? 그들은 자국민에게 그리고 나아가서 외국인들에게 이 같은 잘못을 저지르지 말라고 외치고 있는 것이다. 부끄러운 역사의 현장을 보존하고 보여 주는 독일인의 용기 또한 역사를 통해서 교훈을 배우라는 메시지를 전하고 있다. 독일인이 과거의 역사를 왜곡하거나 600만 유대인 학살을 정당화하려고 했다면 유럽은 아직도 분쟁의 땅이 되었을지도 모른다. 이와 달리 일본 정치인들은 제국주의적 망상에 사로잡혀 자국 역사를 합리화하는 데 급급한 나머지 여전히 불필요한 갈등을 증폭시키고 있다. 세계 경제 강국 2위의 나라가 된 지금, 일본은 진정한 용기로 조상들의 과거 만행을 사죄하고, 평화로운 국제 사회를 이루는 일에 기여해야만 할 것이다. 용기 있는 자는 정직하다는 간단한 이론은 세상을 아름답게 만드는 지름길이다.

39

결정적 발견이나 발명은 우연히 이루어지는가?

'천재란 98%의 노력과 2%의 영감으로 탄생한다.'는 말은 무려 1,093개의 발명 특허를 소유한 발명왕 토머스 에디슨(Thomas Edison)이 남긴 명언이다. 그가 백열 전구를 발명하기까지는 무려 2,000여 번의 실패가 있었다. 한 젊은 기자가 그토록 수없이 실패했을 때 기분이 어떠했는가를 물었을 때 그는 이렇게 말했다. "실패라니요? 나는 그저 2,000번의 단계를 거쳐서 전구를 발명했을 뿐인데요." 이처럼 세상을 바꾸어 놓은 위대한 발명가는 어떤 일에 골몰할 수 있는 자신만의 영감을 가지고 굳건한 의지와 신념 속에서 인내심을 가지고 연구에 정진 또 정진할 수 있어야 한다. 하지만 우리는 더러 매우 운좋은 발명가들의 재미있는 에피소드를 듣게 된다. 이런 운수대통한 발명가들은 많은 사람들의 부러움과 선망의 대상이 되기도 한다. 그러나 그들의 이야기를 면밀히 들여다보면 에디슨과 같이 수천 번의 단계를 거치지 않았을 뿐, 하늘에서 감 떨어지듯이 거져 얻은 발명품은 없다.

그럼에도 불구하고 우연한 발명으로 명예와 부를 함께 가지게 된 행운아들도 있다. 미국의 대표적 시리얼 회사의 창업주 켈로그(W. Kellogg)는 25년간 병원에서 잡역부로 일하면서 이스트를 넣은 빵을 먹은 뒤 소화가 안 된다는 환자들의 불평을 해결하기 위해서 홀로 이스트를 사용하지 않는 빵을 만들기 위해서 여러 가지 방법을 생각하였다. 그러던 중 그는 밀을 삶아 놓은 것을 깜빡 잊어버리고 심부름으로 집을 며칠간 비우게 되었다. 집에 돌아온 후 곰팡이가 핀 밀을 발견하고 버릴까하다가 연습삼아 롤러에 넣어 지금의 시리얼처럼 작고 얇은 조각들을 만들게 되었다. 그리고 이 얇은 조각을 오븐에 넣고 살짝 구우면 소화도 잘 되고 감칠맛이 난다는 것을 발견하고 그는 미국 최초의 시리얼 공장을 설립하였다.

켈로그라는 시리얼 회사의 성공을 능가하는 타이어 회사 굿이어의 사장이 자동차 타이어를 발명한 일화 또한 흥미롭다. 화학자였던 그는 불에 녹지 않고 추위에도 부서지지 않는 합성고무를 발명하기 위해서 20년간 실패를 거듭한 나머지 파산 상태가 되었다. 그러던 어느 날 실험하다가 실수로 생고무 위에 황을 엎지른 사고를 저지르고 만다. 망친 실험 재료를 치우려는 순간 그는 놀라운 경험을 하게 되었다. 가열된 황이 천연 고무와 화학 반응을 시작한 것이다. 그는 이 우연한 실수로 탄력성과 내열성이 높은 타이어를 만들게 되었다.

남성 발기 부전 환자들이 널리 사용하는 비아그라(Viagra)는 미국의 제약업체가 개발한 치료제이다. 98년 3월에 미식품 의약국(FDA)의 승인을 받은 이 약은 약물을 주사하거나 보형물을 삽입하는 외과적 처지가 필요 없이 단지 알약을 복용함으로써 성기능을 회복할 수 있다. 이러한 비아그라는 원래 90년 초 협심증 치료제로 개발됐으나, 사용자들이 남성 발기에 탁월한 효능이 있음을 보고함에 따라 그 용도가 바뀌게 되었다고 한다. 개발 단계에서 개발자도 예견하지 못했던 성능을 사용 단계에서 발견하여 또 다른 좋은 결과를 가져온 것이다.

과학의 발전을 가져온 우연한 발명을 자신의 부의 축적과는 무관하게 인류의 발전을 위해서만 사용해 달라고 유언한 뢴트겐과 같은 과학자도 있다. 새로운 광선, X-ray는 우연하게 발견되었다. 1895년 어느 날 뢴트겐은 실험을 하기 위해 스위치를 넣었다. 이때 실험실 안은 캄캄했는데도 몇 미터 떨어진 책상 위에 있는 형광 스크린 하나가 밝게 빛나고 있었다고 한다. 그는 이 현상을 이상하게 생각했다. 크룩스관은 검은 종이로 싸여져서 음극선이 새어 나갈 리가 없었기 때문이다. 그런데 알 수 없는 선이 관으로부터 스크린 쪽으로 전진해 나가는 것이 포착됐다. 처음에는 뢴트겐이 이 광선을 알 수 없다는 뜻에서 'X선'이라고 이름을 붙였다. 그리고 여러 가지 실험을 통해 이 빛의 성질을 알아내고, 자신의 부인 베르타를 설득해 그녀의 손을 찍은 뒤 현상해 보니 뼈의 형태가 그대로 나타났고, 뼈 둘레 근육의 모습까지 희미하게 볼 수 있었다. 과학계의 반응은 참으로 대단했다. 하지만 그가 더욱 빛나는 것은 특허 신청으로 떼돈을 버는 일도 굳이 사양하고 자신의 이름을 따서 명명하는 것조차 철저히 거부하였기 때문이다.

미생물학 분야에서 우연한 발견으로 유명해진 사람은 단연 플레밍(Alexander Fleming)이다. 어느 날 그는 부스럼에서 채취한 세균을 실험하다가 놀라운 발견을 하였다. 젤리에 곰팡이가 붙어 세균이 접시 가득히 번식하다가 어느날 유독 곰팡이 주위에만 아무것도 없는, 즉 무균 상태의 공간이 생긴 것이다. 전에는 잘 자라던 세균의 보금자리가 이번에는 이전의 자기 자신의 엷은 그림자로 변해버린 것이다. 그래서 플레밍은 이 곰팡이가 특별한 물질을 만들어 내고, 그것이 주위로 스며서 세균의 성장을 저지한 것이 아닌가 생각하고 그것을 확인하기로 했다. 그 특별한 물질이 페니실린이다. 플레밍에 의한 페니실린의 우연한 발견은 헨리 데일(Henry Dale)에 의해 검증되었다. 그는 페트리 접시의 뚜껑을 열었을 때 새로운 세균의 배양기에 곰팡이의 포자가 떨어져 자라는 것을 발견하였다. 다만 이 경우에 세 가지 특별한 행운이 있었다. 첫째로 젤리 위에 떨어진 포자는 페니실륨 노다툼이라는 곰팡이의 포자였다는 것이다. 만일 페니실륨 이외의 다른 종류의 곰팡이, 즉 몇천 종이나 되는 다른 곰팡이 중 어느 한 가지 포자가 배양기에 떨어졌다면 아무

발견도 하지 못했을 것이다. 둘째로 페니실린이 모든 종류의 세균에 주로 작용하는 것은 아닌데 플레밍이 실험을 위해서 배양한 세균이 페니실린의 작용에 반응할 만한 종류였다는 사실이다. 셋째로 이 분야를 연구한 사람이 알렉산더 플레밍 교수였다는 사실이다. 우연한 발견을 한 행운아들의 일생을 돌이켜 보면, 하늘은 스스로 돕는 자를 돕는다는 말이 상기된다. 우연한 발명은 복권에 당첨된 사람들처럼 그냥 운이 좋은 것만은 아니다. 그들의 커다란 공통점은 모두 창의적인 삶을 살고자 노력했다는 것이다. 그것은 수없는 실패를 거듭한 토머스 에디슨의 경우와도 별반 다르지 않다. 우연한 발명은 희망을 가지고 계속적으로 노력하는 사람에게만 찾아오는 행운인 것이다.

40

연구 결과가 논쟁의 여지가 있더라도 연구비 지원은 정당한가?

과학자들이 우리 미래의 모든 문제를 해결할 수 있는 전문가들이기 때문에 어떠한 경우에도 연구비를 지원해야만 할까? 정부가 과학자들의 연구를 적극적으로 지원하는 것을 반대하는 사람들은 없을 것이다. 그러나 연구 결과가 인성을 파괴하는 정도까지 발전하였다면, 당연히 연구는 윤리 규제를 받아야 한다. 생명 윤리를 경시하거나 파괴하는 연구는 그 목적이 무엇이든지 지원되어서는 안 된다. 프랑켄슈타인과 같은 괴물을 창조함으로 권력이나 명예를 가지려는 연구자들이 있음을 의심해야 한다. 그러므로 정부는 지원비를 지불하기 전에 연구 결과가 사회에 미치는 영향이 긍정적인지를 판단해야만 한다. 연구 결과뿐만이 아니라 연구 과정도 결코 도덕성에서 벗어나지 않아야 한다.

최근 줄기 세포 연구가 세계적으로 각광을 받고 있지만 줄기 세포 연구의 성패가 곧 국위 선양이라는 생각은 잘못이다. 마치 줄기 세포가 모든 질병을 고치는 만병통치약인 것처럼 열광하는 여론과 국민들의 도덕 불감증 때문에 황우석 스캔들이 일어난 것이다. 설사 줄기 세포 연구가 성공해서 불치병을 고친다고 해도, 연구 과정에서 도덕적인 기준 없이 난자 수천 개를 마구 사용했음을 우리는 반성해야 한다. 난자는 배설물이 아닌 인간 생명체라는 점을 간과한다면 실험을 위해서 인간의 존엄성을 해치는 범죄에 대해서 사람들은 더욱더 무감각해질 것이다. 낙태에 대한 도덕적 양심이 무너진 나머지 죄의식조차 갖지 않는 망가진 양심을 소유한 현대인들이 많다. 낙태 반대주의자들은 "태아도 당신의 소중한 아이이니 낙태만은 하지 말아 달라."고 호소한다. 하지만 이미 무너진 도덕성과 양심을 가진 의사나 산모는 별로 심각하게 받아들이지 않는다.

대량 인간 복제는 분명 위험하고 파괴적인 실험이다. 아무리 육체를 똑같이 조작하여 복제 인간을 만든다고 해도 영혼까지 똑같을 수 있을까? 그렇지 않다. 일란성 쌍둥이들도 다 각각의 고유한 영혼을 가진 사람인 것처럼 복제 인간도 각자의 고유한 영혼의 소유자일 것이다. 또한 교육 환경과 사람들과의 관계 속에서 그들은 각기 다른 영혼을 가지게 되고 종국에는 복제 인간이 아닌 유일한 한 사람이 될 것이다. 또 장기 이식이 점점 활성화되는 지금 더욱더 수술은 매매나 복제가 아니라 순수한 기증에 의해서만 이루어져야 한다는 사회 교육이 이루어져야 한다. 돈으로 장기를 사고파는 사람은 자신이 살자고 타인을 해치는 파렴치한이다. 생명 존엄성의 중요성을 모르는 사회는 도덕적인 규범이 무너져 부패되고 결국에는 멸망으로 이어질 것이다.

빅토르 위고의 소설《프랑켄슈타인》의 줄거리를 보면 삶의 비밀을 벗겨 자신의 야심을 채우려고 했던 의사 빅토르는 결국 프랑켄슈타인을 죽이고 자신도 파멸한다. 소설《프랑켄슈타인》에서 우리는 돈과 시간을 위험한 연구에 투자하는 연구자의 야망이 종국에는 자신과 연구 대상 모두를 파멸에 몰아넣고 만다는 사실을 배울 수 있다. 인간의 윤리적 한계를 벗어나는 실험을 꿈꾸는 연구가는 도덕적 자질에 문제가 있다고 본다.

비단 생명 공학이 아니더라도 위험한 연구는 도처에 도사리고 있다. 세계 여러 나라들은 경쟁적으로 핵무기 개발에 열을 올리고 있고 강대국들은 이 가운데 어떤 복병이 나타나 핵무기로 세계를 위협할까 고심하고 있다. 20세기에 이미 세계 제1, 2차 세계대전이 발생하였다. 제3차 세계대전이 일어난다면 아마 성경이 예언하는 인류의 종말이 올지도 모른다. 국제 사회는 비핵화를 이루기 위해서 새로운 핵무기 개발을 엄격하게 규제하고 있다. 하지만 약소국 가운데 특히 서방 세계에 반감을 가지고 있는 국가들은 경쟁적으로 핵무기를 개발하고 실제로 보유국으로 인정받기를 희망한다. 체르노빌에서 발생한 핵 연료 누출 사건은 수많은 사람들을 희생시켰다. 이처럼 위험한 연구가 전문성과 안전성을 가지고 진행될 수 있도록 정부는 늘 시설과 인력을 지원하고 감독하고 규제해야만 한다. 인간의 탐구심은 때로는 매우 위험한 결과를 부르기도 한다. 기술이 급진하는 시대에 살고 있는 우리는 도덕적 한계를 넘는 연구를 연구진 그들이나 인류를 위해서 모두 규제해야만 한다. 더욱이 지식인으로서 연구자의 행동 양식이 공공의 이익과 배치되어서는 안 된다.

영화 〈이퀄리브리엄(Equilibrium)〉에서는 프리지움이라는 약물을 사람들에게 투여해서 사랑, 슬픔, 증오가 없는 로봇 같은 인간을 만들어 세상 정복의 야망을 이루려는 독재자의 이야기를 그리고 있다. 이 영화는 과학 기술을 이용해 감정이 통제된 인간을 생성하는 사회가 얼마나 잔인하고 무서운가를 보여 주고 있다. 만약에 정부가 어떤 의도에서 약물을 만들고 실험 복용하는 것을 규제하지 않는다면, 어떤 정신 나간 과학자가 사악하고 이기적인 의도로 이러한 약품을 만들고 사용할 수도 있고, 세상은 파멸에 이를 것이다. 과학이 발전한 나라는 위대한 나라로 인정되기 때문에 국가들은 경쟁적으로 과학자 양성에 많은 자금을 지원하고 있다. 하지만 무조건적인 과학 연구 지원을 정부 차원에서 철저히 규제하지 않는다면 〈이퀄리브리엄〉이 경고하는 독재자, 또 다른 히틀러가 21세기에 나타날 것이고 지구는 끔찍하게 변해버릴 것이다. 정부는 미래에 사회적 불안을 가져올 수 있는 연구는 반드시 규제해야 한다. 과학과 기술의 발전은 우리들의 삶을 풍요롭게 만들 수 있을 때 그 의미가 있기 때문이다.

41

사실은 완고한 것일까?

 '사실은 완고한 것이다.' 이 유명한 말은 미국의 정치인 아담 스미스(Adem Smith)가 보스톤 티파티 사건으로 재판을 받는 과정에서 영국의 재판정이 미국인들의 독립 운동을 영국에 유리하게 조작하여 판결하자 항변한 말이다. 이처럼 역사 기록에 있어서도 사실은 완고하다. 일본은 역사적 사실을 조작하여 여성들이 자진해서 일본군 위안부가 되었다고 주장하고 있다. 21세기 민주주의 사회에서도 이처럼 과거를 조작하는 일을 자행하는 일본인 사회의 교양과 양심이 의심되는 대목이다. 한 개인이나 정치 세력이 아무리 사실을 조작하여 자신들에게 유리하게 일을 꾸민다고 할지라도 인간의 본성은 늘 '참'을 갈구한다.

아무리 오랜 시간이 걸려도 사실이 사실로 명백하게 밝혀지는 것은 과학에 있어서도 마찬가지다. 코페르니쿠스가 지동설을 주장하자 그 당시 과학계의 거성이었던 프톨레미 학파들은 자신들이 믿고 있던 천동설이 사실을 잘못 해석한 오류였다는 점을 인정하지 않고 로마 카톨릭과 합세하여 코페르니쿠스 책의 출판을 금지하였을 뿐 아니라, 그의 책을 금서로 낙인 찍고 연구하는 것을 막았다. 당시에 많은 사람들은 하나님의 형상대로 만들어진 인간이 우주의 중심이어야 한다고 맹신하고 있었다. 이처럼 우리는 한 번 믿은 것들이 오류라는 것을 인정하는 데에 너무 많은 시간과 에너지를 낭비한다.

사실 갈릴레오나 코페르니쿠스 이전에는 과학이란 학문의 개념이 없었다. 과학은 증거 자료에 근거하여 이론과 원리를 발견한다는 점에서 다른 학문과 확연히 구분된다. 증명하는 과정을 거쳐야만 어떤 이론도 설득력과 타당성을 얻을 수 있다. 예를 들면 '늑대는 교활한 동물이다.'는 보편 타당하지 않은 의견이며 반드시 사실이라고 말할 수도 없다. 왜냐하면 모든 늑대가 교활하지는 않기 때문이다. 그래서 이러한 주장을 계속한다면 무모한 일반화의 오류를 범하는 것이다. 그러나 '늑대는 군집 동물이다.'라고 한다면 그것은 분명한 사실이다. 이는 누가 관찰을 한다고 하더라도 항상 참이기 때문이다. 그리고 모든 늑대가 군집으로 살아간다는 것은 누가 보아도 달라지지 않는 사실이다. 이처럼 사실은 불변하며, 누가 관측하여도 예외 없이 그 결과가 동일해야 한다. 사실은 완고한 것이기 때문이다.

이러한 사실의 완고성에도 불구하고 많은 사람들은 호시탐탐 사실을 왜곡하거나 부정하려 든다. 사람들은 종종 사실을 즉시하기보다 자신에게 유리하거나 자신이 갈망하는 방향으로 믿는 경향이 있다. 이러한 현상을 심리학자들은 심리학적 방어 현상이라고 한다. 다시 말해서 과학적인 증거 없이 전통적으로 믿어 왔던 선민 사상이 사실이라고 믿고 싶은 것은 민족적 우월성의 표출이다. 그러나 자기 민족이 선민이라고 증명할 수 있는 보편 타당한 증거는 어디에서도 찾을 수 없다.

생명 공학 기술이 날로 발전하는 세계적 추세 속에서 한국도 강대국처럼 생명 공학 신기술을 찾아낼 과학자를 갈망하고 있었다. 그리고 그때 황우석 교수가 〈사이언스(Science)〉에 줄기 세포 논문을 발표하였고 한반도는 들끓었다. 하지만 한 방송 프로그램의 보도로 그의 논문이 조작되었음이 밝혀졌다. 해당 논문에서 조작으로 의심되는 수많은 오류가 발견되었고, 황우석 교수도 기자 회견에서 조작을 시인하고 논문을 철회하였다. 황우석 교수 및 공동 저자들은 논문 조작으로 한국 과학 기술계의 신뢰를 추락시켰으며 후학들에게 커다란 악영향을 끼쳤다. 황우석 교수를 비롯한 모든 공동 저자들에게 소속 기관과 정부가 합당한 처벌을 내리는 것은 정당한 일이다. 과학은 사실에 근거해야 한다는 원칙을 저버린 사기극의 주인공이기 때문이다. 역사는 이를 사실의 완고성을 망각한 한 시대의 과학자가 저지른 오점으로 기록할 것이다.

자신의 부와 명예를 위해서 사실을 조작하고자 하는 비양심적인 사람들의 열망을 능가하는 양심적인 사람들의 진실 탐구에 대한 열정은 시간과 공간을 초월하여 영원히 변하지 않을 것이라는 사실이 이 세상에 희망의 불이 꺼지지 않도록 지켜 주고 있다.

42

현실적으로 객관적인 관측은 존재하는가?

　객관적인 관측이 없다면 과학은 존재하지 않는다. 관측하는 사람들의 기대나 열망이 담긴 주관적 관측은 보편 타당성이 없는 이론을 도출하는 결과를 가져오기 때문이다. 과학적 증거를 채택할 때 우리는 '이 연필은 짧다.'라고 한다든지 '이 방에는 사람이 아주 많다.'라는 주관적 사실을 증거로 삼을 수는 없다. 그러나 만약에 '이 연필은 10cm이다.'라든가, '이 방에 40명이 있다.'라고 한다면 이것은 객관적인 관측이라고 할 수 있다. 과학적 발견이나 발명을 위해서 우선 명확한 근거를 확보해야 한다. 이러한 이유로 대학에서 화학이나 생물학을 전공하는 학생에게 실험 과목은 필수 졸업 조건이다. 숫자의 매력은 이러한 모든 객관적 사고를 담을 수 있는 정확하고 명료한 언어의 특성에서 온다. 고대 그리스 철학자는 인간의 사고를 논리적인 수학적 개념으로 이해하였다. '이다'는 '0'으로, '아니다'는 '1'로 표현한 것이다. '이다, 아니다'라는 논리를 수학적으로 말한다면 다음과 같이 말해야 한다. '전체 정량= $\forall xP(x)$. 모든 x에 대하여 P(x)가 참이다. 존재 정량= $\exists xP(x)$. 어떤 x에 대하여 P(x)가 참이며 P(x)가 참인 x가 적어도 하나 존재한다.'라고 정의할 때 자연 언어는 좀 더 객관적이며 보편 타당한 가치를 가지게 된다. 수학의 위대성은 논리학적 엄밀성에 있다. 수학은 개념을 형식화 또는 추상화한다. 수학은 최소한 잘 알려진, 누구에게나 명확하다고 여겨지는 숫자로 추상화하는 것이다. 수학은 완전한 논리적 형식적 체계를 세우는 데, 다시 말해서 원리를 구축하는 데 고심한다. 그래서 수학적으로 개념을 형식화하기 위해서는 특정한 절차에 따라 항상 보편 타당한 결론을 유추하는 과정을 거쳐야만 한다.

사회 정의를 실현하는 데 있어서도 숫자가 객관적 설득력을 준다는 사실은 예외가 아니다. 상급 직원이 하급 직원을 평가하거나 교장이 교사를 평가할 때 설득력 있는 평가 기준이 있다면 승진이나 퇴출 등의 처리가 순조로울 것이다. 일을 잘한다 혹은 못한다든지의 주관적이고 서술적인 평가로 한 직원을 면직시키는 것보다 정당한 평가 기준을 수학적으로 제시하는 것이 더 효과적이다. 좀 더 객관적인 자료 즉 지각이나 결근이 몇 번이라든지, 기간 내에 작업량을 완수하지 못하였다거나 동료 직원과 공공 장소에서 주위 사람들에게 불편을 줄 정도로 언성을 높여 싸웠다든지 하는 근거 자료를 가지고 인사 관리를 하는 조직의 분위기가 형성될 때만 면직을 당하는 사람이나 파면을 시키는 사람이나 반감을 갖지 않고 일을 처리할 수 있다. 이러한 객관적 기준과 면책 이유를 밝히는 근거 자료 없이 파면한다면 그러한 사회는 불신과 뇌물의 고리를 끊기 어려울 것이다. 이렇게 객관적 언어인 숫자는 인간의 공명정대한 행위를 측정하는 데도 사용되고 있다.

대학 입시나 사법 고시 등의 논술 시험 평가에 있어서도 평가 기준표인 루부릭(Rubrics)의 객관적 기준은 글을 쓰는 이나 평가하는 이나 모두에게 도움이 된다. ETS가 주관하는 에세이 시험에서 평가 기준은 커다랗게 다섯 가지이다. 첫째는 작가가 논제에 대하여 자신의 의견을 보편 타당하게 피력하였는가를 평가하며, 작가의 의견을 받쳐 주는 논거가 타당한지 평가한다. 둘째는 설득력 있는 예증으로 주제문에 대한 보편 타당한 근거를 제시하였는지 평가한다. 셋째는 문장과 문장을 연결하는 연결사를 적절하게 사용하여 글을 논리적으로 구성하였는가를 평가한다. 넷째는 다양한 문장 구사력과 표현을 평가한다. 이때는 직설법과 가정법이 적절히 사용되었는가, 또는 의문문과 인용구를 사용하여 단조로운 글의 흐름을 피해 독자의 주의를 환기시키고 있는가를 확인한다. 마지막으로 문법적 오류와 잘못된 구두점을 편집하는 관례에 따라서 수정하였는가를 확인한다. 물론 각 항목의 만점을 1이라 하고 총점을 5로 평가하는 등 수학적 도움을 받는다면 좀 더 객관적인 평가를 할 수 있을 것이다.

경찰관이 음주 운전을 단속할 경우도 얼굴색이 붉은 사람을 체포하는 것이 아니라 혈중 알코올 농도를 재는 기계에 입김을 불어넣고 그 농도가 0.5 이상일 경우에만 법적인 제제를 가한다. 과속으로 달리는 차량도 속도를 측정하는 기계의 기록이 증거로 제시될 때에만 벌금이나 면허 정지를 결정하는 것이다.

반대로 주관적인 기대나 열망만을 가지고 사물을 관측하는 사람들은 그들의 보편 타당성을 인정받기 어렵다. 조사 결과는 연구자 개인의 믿음, 지각, 성향, 가치관 또는 감정에 의해 왜곡되어서는 결코 안 된다. 왜냐하면 자명한 결과가 나왔을 때에만 이론이 타당하다고 간주할 수 있기 때문이다. 연구 결과의 객관성을 증명하기 위해서 실험은 반드시 다시 재연할 수 있어야 한다. 혼자 시행한 연구는 어떤 것도 증명하기 어렵다. 따라서 그 결과가 타당하다고 말하기 위해서는 한 연구자의 연구 과정과 결과는 반드시 다른 연구자에 의해 재연될 수 있어야 한다.

과학의 시대를 살아가는 우리는 과학이 아닌 미신이나 직관에 의존해서 도출된 결론을 더 이상 인정하지 않는다. 두 가지 서로 상반된 이론 사이에서 진리를 가려내기 위한 필수적인 요건은 과학적 방법을 사용하여 증명할 수 있는 이론이 참이라는 것이다. 이러한 방법을 통해서만 과학적 진리가 아주 터무니없는 가설과 구별되는 것이다. 이러한 과학적 증명 과정이 힘들고 지루하다고 해서 또 의문점에 대한 답변을 신속하게 구하기 위해서 신비주의에 빠지는 일은 없어야 할 것이다. 주관적인 풀이가 단순하고 명쾌하다고 생각해서 신비주의에 빠지는 사회는 혼돈 속에서 퇴보하게 되는 불행한 경우를 맞이하게 될 것이다.

43

진정한 문명은 과학적 성과에 반영되는가,
예술적 창조에 반영되는가?

    역사책은 고대부터 현재까지 문명을 이루고 살았던 여러 민족과 국가들의 이야기를 담고 있어 매우 흥미롭다. 역사책에 담긴 과거 이집트와 바빌론 문명 등이 남긴 과학적 기술과 아름다운 유적들의 사진을 들여다보면, 분명 과학적 성과는 예술적 창작에 반영된다는 것을 쉽게 이해할 수 있다. 과학과 예술이 극치를 이룬 고대인들의 작품으로는 동굴 벽화를 들 수 있다. 약 3만 년 전 구석기 시대에 그린 것으로 추정되는 프랑스의 라스코(Lascaux) 동굴 벽화는 다양한 색깔의 염료나 채색 도구를 만들 수 있는 구석기인의 기술이 있었기에 가능했다. 이렇게 예술 작품을 통해서 우리는 과거 문명이 어느 정도 발달했었는가를 짐작할 수 있다. 어떤 문명보다 로마 문명은 과학적 진보와 예술적 창조가 극치를 이룬 문화 유산이다.

상수도와 하수도 그리고 도로, 경기장, 아름다운 성당과 성화, 다채롭고 화려한 건축 양식은 발전된 과학적 기술과 예술이 불가분의 관계임을 말하고 있다.

14세기부터 17세기까지 유럽이 이루었던 르네상스는 예술적, 과학적, 정치·사회적, 경제적 진보를 이룬 역동적 시기였다. 르네상스 시대는 혼란기였지만 그와 함께 많은 천재적인 예술가와 과학자들이 등장한 시기이기도 하다. 르네상스 시대의 레오나르도 다 빈치는 인간 신체의 해부학적 구조와 자연에 대한 과학적 접근을 통해 그의 천재성을 보여 주었다. 인체의 신비함을 조각으로 표현한 미켈란젤로, 중세 시대를 풍자했던 《데카메론》의 보카치오, 르네상스의 고전 예술을 완성했다는 〈성모상〉의 라파엘로, 영국을 넘어 전 세계의 극작가가 된 《햄릿》의 셰익스피어, 기사와 종교의 타락을 풍자한 《돈키호테》의 세르반데스, 이상적인 세계관을 통해 현실을 비판하였던 《유토피아》의 토머스 모어 등 수많은 예술가와 과학자가 르네상스 시기에 탄생하였다.

그런데 왜, 어떻게 르네상스라는 문화 예술의 부흥기가 출몰하게 되었는가의 배경을 헤아려 보면 거기에는 과학의 발달이 있었음을 알아야 한다. 15세기 요하네스 구텐베르크(Johannes Gutenberg)가 금속 활자를 발명하고 상용화함으로 유럽에 많은 책이 출판되었다. 기계화된 출판 기술은 작가들의 창작물이 사회에 미치는 영향력을 증진시켰고 일반 시민의 지적 사고를 계몽하게 되었다. 또 산업 혁명 시기인 1799년에는 수력 방적기와 제니 방적기를 조화시킨 뮬(Mule) 방적기가 발명되었고, 카트라이트(Edmund Cartwright)는 증기 동력을 응용한 역직기를 발명하였다. 한편 1765년 와트(James Watt)는 증기 기관을 발명하였다. 그것은 거대한 사건이었다. 18세기 초 탄광의 배수 작업에 사용되던 증기 기관이 와트에 의해 개량되었던 것이다. 와트는 종전의 상하로 이동하던 증기 기관의 동력을 회전하는 동력으로 탈바꿈시킴으로써 훨씬 싼 경비로 훨씬 강한 동력을 공급할 수 있는 증기 기관을 만들었다. 와트의 증기 기관은 점차 다른 공업 분야에도 확산되어 석탄 산업, 제철 공업은 비약적으로 발전하였고, 기차나 기선 등 교통 기관에도 응용되어 전 세계의 모습을 뒤바꾸어 놓았다. 그런데 재미있는 사실은 이러한 산업 기술의 발달이 상인이나 기업주와 같은 자본가를 등장시켰고, 부자가 된 신흥 귀족들은 좀 더 심미적 가치가 높은 화려하고 고귀한 생활을 즐기기 위하여 예술 활동을 적극 지원하였다는 것이다.

20세기 예술과 과학이 만나 만들어진 새로운 예술 장르인 영화는 대중을 사로잡았다. 영화는 과학과 예술이 혼합된 현대 문명이 낳은 최고의 걸작품이다. 상상조차 할 수 없는 에너지를 지닌 현대 영화 예술은 20세기 문명을 대표하는 특수 기술의 쾌거라고 말할 수 있다. 더욱이 컴퓨터 그래픽 기술의 발전을 통해 〈ET〉나 〈쥬라기 공원〉, 〈스타워즈〉와 같은 공상 과학 영화는 크게 흥행하였다. 어떤 이들은 기술을 바탕으로 제작되는 영화는 더러 문학이나 미술품보다는 그 가치가 덜하다고 비평한다. 하지만 영화가 가장 많은 대중과 호응하는 예술이라는 점을 부인할 사람은 없다.

    자동차와 같은 기계가 디자이너의 감각적인 미적 표현 없이 실리적인 이유로만 생산되었다고 하면 자동차 산업은 지금과 같이 성장하지 못하였을 것이다. 이처럼 기술 또한 인간의 예술적인 욕구로 인해서 발달된다. 우리가 매일 사용하는 휴대 전화나 가전 제품 등을 구매할 때 제일 먼저 고려하는 것은 기능이 아니라 색상이나 디자인이라고 한다. 문명은 사람들이 살아가고 있는 세상을 담은 틀 또는 한 시대의 경향이다. 문화, 지식, 종교, 관습과 언어, 또는 정치적, 사회적 변화가 기술을 발전시키고, 발전한 기술은 새로운 예술의 세계를 열어가고, 다시 새롭게 변화한 예술은 한 걸음 더 전진하는 과학 기술을 만든다. 이것은 과학과 예술, 예술과 과학이라는 사회적 변화를 창조하는 리듬과 같다. 즉 어떠한 경우에도 문명이 과학이나 예술 그 두 가지 중 어느 하나의 소산이라는 말은 그릇되었다. 예술과 기술은 상호 보완적인 관계를 가지고 인류 문명을 발전시켜 왔다.

44

영원히 존재하는 것은 문학, 음악, 미술과 같은 예술인가, 비평인가?

'우리 사회에 영원한 가치를 주는 것이 예술인가 아니면 그 예술을 평가하는 비평인가?' 라는 질문에 답하기 전에 우리는 왜 비평은 예술 장르가 아닌가를 생각해 보아야 한다. 비평은 창작품의 허와 실 그리고 그 영향력에 대해서 논평한 것이기 때문에 그 자체를 창작품으로 보기는 어렵다. 반면에 예술은 시대를 앞서가는 새로운 생각으로 평범한 사람들을 계몽하고 이끌어 가는 영원 불변한 진리를 세상에 보여 주는 힘을 가지고 있다. 많은 사람들은 흔히 예술의 가치를 결정하는 사람이 평론가들이라고 믿고 있다. 평론이 좋다면 그 작품은 위대하다고 속단한다. 하지만 시대를 앞서가는 천재적인 예술가들이 동시대 사람들에게는 인정받지 못했다는 사실을 돌이켜 볼 때, 영원성을 창조하는 사람은 예술가이지 평론가가 아님을 알 수 있다. 그리스 인들이 남긴 《일리아드》와 《오디세이》와 같은 작품이 약 2,500년의 세월을 뛰어넘어 오늘날에도 널리 읽혀지는 현실을 보면 예술은 시간과 공간을 초월하여 많은 사람들에게 공감과 영감을 주는 창의적 대상임을 알 수 있다.

그럼에도 불구하고 평론은 예술의 발전에 실질적인 기여를 하고 있다. 문학이나 그 문학이 나오게 된 역사적인 배경에 대한 전문적인 지식을 갖춘 평론가는 독자가 예술 작품을 제대로 이해할 수 있도록 도와준다. 또한 작품성이나 표현력 또는 그 영향력에 대해 평함으로써 작가들의 작품 활동을 고무하기도 한다. 또 상업적인 목적으로 논평하는 이의 글은 출판 시장에서 독자들이 읽고자 하는 흥미를 자극하여 선전 효과를 극대화하는 실리적인 효과를 주기도 한다. 이러한 이유로 〈뉴욕 타임즈(NewYork Times)〉가 선정한 베스트 셀러에 오른 작품들은 그 판매 부수의 기록을 연일 갱신하고 있다. 이렇게 영향력 있는 비평가의 논평은 작품의 영구성과는 전혀 무관할 뿐 아니라 동시대 천재 예술가들의 참신한 생각과 기법을 알아보지 못하는 절대절명의 실수를 저지르기도 한다. 왜냐하면 보통의 평론가들은 새로운 관점으로 세상을 바라보는 예술가들의 생각을 이해하지 못하고 기존 사고의 틀로 만들어진 평가의 잣대를 사용하기 때문이다.

빈센트 반 고흐는 일반적으로 서양 미술사 사상 가장 위대한 화가 중 한 사람으로 여겨진다. 그는 900여 점의 그림들과 1,100여 점의 습작들을 조울증을 앓았던, 자살을 감행하기 전 10년 동안에 그려냈다. 그러나 불행한 천재 고흐는 살아서는 미술 수집가나 평론가들에게 아무런 인정을 받지 못했다. 죽은 지 11년 후, 파리에서 71점의 그림을 전시한 이후에 그의 명성은 급속도로 높아졌다. 그제서야 평론가들은 인상파, 야수파, 초기 추상화에 미친 고흐의 영향이 막대하다고 했다. 그리고 지금 고흐가 그린 몇몇 그림들은 세상에서 가장 비싸게 팔리고 있다.

청각 장애로 자살까지 결심했던 베토벤도 고흐처럼 인생의 가장 힘든 시기에 새로운 구조와 형식으로 자신만의 음악을 작곡하였다. 이 시기에 교향곡 3번 〈영웅〉이나 5번 〈운명〉, 6번 〈전원〉과 바이올린 협주곡이 작곡되었으며, 피아노 협주곡 5번 〈황제〉도 작곡되었다. 베토벤은 자신의 음악을 고전적 형식으로부터 탈피시키려 하였으며, 더욱 자유로운 주제를 음악의 테마로 선택하였다. 그리고 선율이나 화성에 있어서도 새로운 시도를 보여 주고, 관현악법에 있어서의 변화도 추구하였다. 특히 1819년 청각을 완전히 상실한 후 그는 자신의 영감에만 의존하여 음악을 창작하였는데, 이상적인 인간상과 섬세한 구조를 담은 새로운 음악이었다. 하지만 그와 동시대를 살았던 비평가는 그의 어린 시절 피아노 연주가 모차르트에 비해 형편없다고 비판하거나, 바흐의 음악에 비해 난해하고 시끄럽기만 하다고 혹평하였다는 일화는 새로운 시대를 앞서가는 천재성은 쉽게 이해되는 것이 아님을 보여 준다.

빈세트 반 고흐는 독특한 화법으로 자신과 세상을 표현하였다. 강렬한 색깔, 대담하다 못해 거친 붓 터치, 때로는 찍어 바른 것 같은 나무 잎사귀들이 동적으로 움직이는 듯한 마법의 화법으로 세상 사람들에게 정열과 절규를 담은 걸작품을 남기고 외롭게 생을 마감했다. 또한 베토벤은 음악의 역사에 창조자로서 커다란 발자취를 남겼고, 위대한 업적을 우리 인류 문화에 남겨 주었다. 오늘날 인류가 고흐와 베토벤의 이름을 기억하고 그들의 작품을 사랑하는 것은 단지 아름답기 때문만은 아니다. 보다 차원 높은 우리 인류의 공통된 철학 세계를 추구하고 숭고한 인간 정신의 진리를 내포하고 있기 때문이다. 하지만 그들과 함께 살았던 동시대의 비평가들은 자신의 사고의 틀 속에 갇혀 위대한 작가들을 알아보지 못했다. 때문에 고흐와 베토벤의 동상은 세워졌으나 평론가들의 동상은 어디에도 없는 것이다.

45

정부는 모든 사람들이 즐길 수 있도록 예술가들을 지원해야 하는가?

    화려한 복장을 하고 값비싼 보석으로 아름답게 치장을 한 귀부인들이 남편의 팔짱을 끼고 우아한 걸음걸이로 웅장한 오페라 하우스에 들어서는 영화의 장면은 왠지 보통 사람들과는 동떨어져 보인다. 아마 일생 동안 이렇게 아름답고 고급스러운 분위기를 접하지 못하는 사람들도 많을 것이다. 18세기까지만 해도 음악이나 미술은 왕실과 귀족들의 전유물이었다. 음악 신동 모차르트가 처음 연주한 장소도 궁정이었다. 하루하루 중노동에 시달리던 평민 계층에게 음악이나 그림은 부유층들이나 즐길 수 있는 고급 문화였을 것이다. 그러나 영화나 텔레비전과 같은 영상 기술의 발달은 점점 더 많은 사람들에게 예술품을 즐길 수 있는 기회를 제공하였다. 귀족들만 소장하던 값비싼 미술 작품들이 정부 기금으로 도시의 박물관과 전시장에 진열되어 누구나 관람할 수 있게 되었으며, 영혼을 사로잡는 위대한 음악들도 누구나 즐길 수 있는 좀 더 평등한 사회로 발전하게 되었다. 이처럼 정부는 소수 귀족이나 부자들만의 전유물이었던 예술이 보통 사람들에게 좀 더 가까이 가도록 예술가들을 계속해서 지원해야 한다.

공산주의 사회는 예술가 또한 부르조아 계급과 상부상조하는 파렴치한 계급으로 간주했다. 이러한 이유로 공산당은 문화 혁명이라는 미명 아래 문화 말살 정책을 펴 왔을 뿐 아니라, 공산주의를 추앙하는 내용이 아닌 모든 예술 작품은 검열 대상으로 여겼다. 공산주의 정부를 비판하는 예술가들과 작가들은 모두 체포되거나 살해되었다. 지금 민주화된 헝가리에서 한 예술가는 붉은 물을 땅에 흘리면서 침대에 누워 있는 얼굴 없는 미라를 전시하고 있다. 이 작품은 공산주의 정권에 반대했던 사람들이 겪어야 했던 참혹한 고통을 상징한다. 우리 사회가 휴머니즘의 방향에서 역행할 때 경고할 수 있는 용기와 영향력을 지닌 사람들은 정치가가 아니라 바로 예술가인 것이다.

그러나 1830년대에 프랑스의 작가 테오필 고티에(Theophile Gautier)는 '예술을 위한 예술'이라고 주장하며, '인생을 위한 예술'과는 상대적인 입장에 섰다. 심미적인 예술관을 가진 시대의 철학자 빅토르 쿠쟁(Victor Cousin)은 예술의 유일한 목적은 미(美)에 있으며, 도덕적·사회적 또는 그밖의 모든 효용성을 배제해야 한다는 믿음으로 예술의 자율성과 비상업성을 강조하였다. 고티에는 소설《모팽양(Mademoiselle de Maupin)》의 서문에서 "무용한 것만이 아름답고 유용한 것은 모두 추악하다."고 극언하였다. 그런데 이런 자율성과 독립적인 예술 활동도 경제 활동의 틀에서 벗어날 수 없다. 예술적 성취와 경제적 추구가 서로 상반되는 것이 아니라, 마치 한 지붕 두 가족처럼 서로에게 지대한 영향을 끼친다는 현실을 즉시하고 정부가 많은 예술가들의 활동을 지원할 때, 인본주의 사회를 건설할 수 있다.

미국에서의 문화 예술 활동은 정부의 정책에 의해서가 아니라 국민들의 민주적 선택에 의해서 자연스럽게 발전하고 있다. 문화 예술 분야에 대한 연방 정부의 지원은 국립 예술 기금(NEA), 국립 인문 기금(NEH), 스미소니언 연구소(Smithonian Institute) 등에 예산을 배정해 주는 정도에 그친다. 연방 정부에서 이러한 기관을 통해 문화 분야에 지원하는 재정 규모는 연간 약 2조 원에 달한다. 하지만 이보다 많은 액수가 개인이나 기업, 문화 단체와 주 정부 등으로부터 지원되어 전체 규모는 약 6조 원에 이른다. 이렇게 개인과 기업이 재정 지원에 적극성을 보이는 이유 가운데 하나는 세제 혜택을 받기 때문이다.

1826년 영국인 제임스 스미슨(James Smithon)이 세상을 떠나면서 막대한 재산을 인류의 지식 증진과 확산을 위한 기구를 설립할 것을 조건으로 미국 정부에 기증하였다. 그 기구가 '스미소니언 연구소'이다. 이 연구소는 미국 내에서 유일하게 연방 정부가 전체 예산의 절반을 넘게 지원하는 기관이며 모두 12개의 미술관과 연구소로 구성되어 있다. 연간 약 15회 정도의 다양한 전시회를 기획하여 미국 전역을 돌면서 1,100만 명 이상의 관람객들이 워싱턴까지 오지 않고도 감상할 수 있는 문화적·예술적 혜택을 주고 있다.

미국의 경우 제2차 세계대전 이후 대표적인 문화 활동의 하나로서 미술관, 박물관이 중요한 역할을 해 왔다. 1950년대에 전국적으로 약 100개 정도로 파악되었던 미술관의 숫자가 1990년대에는 그 5배가 넘는 540여 개로 늘어났다. 그러나 레이건 정부가 들어선 1980년대 초반부터 미술관을 포함한 문화 예술 분야에 대한 연방 정부의 지원은 점차 감소하는 추세를 보이고 있다. 이에 따라 미술관들은 스스로 조직을 정비하고 불필요한 인원을 감축하여 지출을 줄이는 한편 전문가들을 영입하여 수입 증대를 꾀하고 있다. 또한 기금 확대를 전담하는 직원을 별도로 두어 기업과 재단 등 후원 기관의 다변화를 꾀하는가 하면 정부를 상대로 지원 규모의 확대를 요구하고 있다. 더 많은 예술가들이 생계 걱정보다는 그들이 타고난 재주를 개발하고 표현할 수 있도록 우리 사회는 적극적으로 지원해야 할 것이다.

46

문화 보존을 위해서 대도시에 더 많은 재정 지원을 해야 할까?

　인류 문명은 대도시를 중심으로 발전되었다. 그러한 이유로 역사는 동서고금(東西古今)을 막론하고 대도시에서 일어난 이야기들을 적고 있다. 헬레니즘의 중심지이며 최고의 도서관이 세워졌다는 알렉산드리아의 이야기는 흥미진진하다. 또한 비잔틴 제국의 수도인 콘스탄티노플의 화려했던 문화와 예술에 대한 기록은 우리를 감탄하게 만든다. 산업 혁명이 일어났던 런던에 제임스 와트(James Watt)가 처음 발명한 기차가 운행되었다는 이야기도 있다. 거대한 건축물 록펠러 센터, 그리고 프랑스가 미국에 선물했다는 자유의 여신상 등을 구경하려는 관광객이 뉴욕으로 몰려온다. 과거의 대도시 로마의 문화 유산을 구경하고자 로마를 찾는 관광객들은 정교하고 아름다운 건축물이나 예술품들을 감상하며 감탄과 찬사를 아끼지 않는다. 뉴욕 예술가들이 모여드는 메디슨 스퀘어는 현대 미술가나 음악가가 구름처럼 모여 들어 그들만의 예술 세계를 전시하고 공연한다. 정부는 당연히 고대나 지금이나 많은 인구가 모여서 다양한 문화 활동을 벌이는 대도시의 문화 공간에 시골보다 더 많은 재정 지원을 해 왔다.

우리 나라에 '말은 제주도로 보내고 사람은 서울로 보내라.'는 속담이 있다. 이것은 무엇보다 학문과 예술, 경제가 발달한 서울에서 활동해야 더 성공할 수 있기 때문이다. 농촌 사람들은 시골보다 대도시에 더 많은 재정을 지원하는 것을 불공평하다고 생각할지도 모른다. 하지만 학문의 중심인 유명 대학들이 대도시에 몰려 있고 특정 분야 지식과 기술 역시 대도시에 몰려 있다는 점에 유의해야 한다. 또한 대도시의 문화 공간들은 후세들에게 선조들이 남긴 지적 유산을 전승 발전시키기 위하여 최선을 다한다. 하버드 대학에서는 예술 작품을 학문적으로 연구하고 보존할 뿐 아니라, 위대한 예술적 표현과 예술 역사를 보존 기록하여 새로운 미술사를 열어갈 지식인을 양성한다. 예를 들면 뉴욕에서 일 년간 벌어지는 문화, 예술 창작의 규모와 수는 다른 도시를 훨씬 능가한다. 뮤지컬 공연이 정기적으로 열리는 브로드웨이는 타임스 스퀘어를 중심으로 수많은 극장이 있으며, 미국 제일의 연예계 시연장으로 군림해 왔다. 젊은 예술인들이 연주하기를 열망하는 카네기 홀은 미국 음악인들의 정신적인 고향으로 개관 후 헤아릴 수 없이 많은 음악가들이 공연을 펼쳤고 이를 명예로 여기고 있다. 최고의 문화 행사가 매년 열리는 뉴욕에 미국 정부가 더 많은 예산을 지원해야 하는 것은 말할 나위가 없다.

또 다른 대도시 로스엔젤레스도 문화 보존을 위해 캘리포니아 주 정부의 지원을 받고 있다. 윌셔가 중심부에 가면 거대한 문화 공간인 LA 카운티 미술관(Los Angeles Country Museum of Art)이 있고, 말리부 해안가에 있는 폴 게티 박물관(Paul Getty Museum)에서도 연일 많은 관광객들이 현대 미술가의 창의적 미술 작품을 즐긴다. 박물관은 문화 보존을 위한 그리고 대중들의 예술에 대한 이해와 감상의 폭을 넓히기 위한 문화 예술 공간이다. 선진 문화를 가진 나라의 도시에는 유명 박물관들이 있다. 박물관에는 현대 미술가들이 만든 예술품 이외에도, 빈센트 반 고흐(Vincent van Gogh)나 폴 고갱(Paul Gauguin) 또는 클로드 모네(Claude Monet)와 같이 유럽에서 활동한 인상파 작가들 그림이 진열되어 있다. 박물관이나 미술관은 쳇바퀴 도는 것과 같은 지루한 일상 생활을 하는 현대 도시인에게 신선한 활력을 제공해 준다. 도심 속의 진정한 휴식처요 문화 공간인 박물관을 운영하는 전문가들이 많은 도시일수록 세계적인 문화 도시로 인정 받을 수 있다.

또한 대도시 박물관들은 역사적 유물을 보존하는 중요한 역할을 한다. 파리의 루브르 박물관을 보자. 루브르 궁전을 미술관 건물로 사용하고 있다는 사실은 역사의 현장에서 좀 더 생동감 있게 과거의 아름다움을 감상하려는 의도일 것이다. 소장된 미술품의 규모도 세계 최대이다. 원래 루브르 궁에는 역대 프랑스 국왕들, 특히 프랑수아 1세, 루이 13세, 루이 14세 등이 수집해 놓은 방대한 양의 미술품이 소장되어 있었다. 그런데 프랑스 혁명 후 1793년 국민의회가 그것을 공개하기로 결정함으로써 미술관으로 정식 발족하고 그 뒤로도 미술품 수집이 계속되어 오늘날에 이른 것이다. 개관 이래 프랑스 미술 구심점 역할을 하면서 전 세계의 미술가나 미술 연구가 및 애호가들이 수없이 찾는 명소가 되었다. 특히 젊은 화가나 조각가에게 거장들의 작품을 직접 접할 수 있는 기회를 제공함으로써 미술 발전에 기여하는 의의는 매우 크다. 수집된 미술품도 고대에서 19세기까지의 오리엔트 및 유럽 미술의 모든 분야를 망라하고 있으며, 등록이 완료된 것만 해도 총 20만 점이 넘는다고 한다. 이러한 역사적 문화 유산을 원래의 모습 그대로 보존하기 위해서 정부는 충분한 인력과 자금을 지원하고 있다.

소중한 문화 유산을 원래의 모습대로 보존하고, 동시에 더 많은 사람들이 이러한 예술품을 감상할 수 있는 기회를 제공하기 위하여, 대학은 예술의 심미적인 가치를 평가하고 지식과 감성을 갖춘 새로운 신예를 발굴하기 위한 교육에 힘을 기울여야 할 것이다. 풍부한 예술 감상을 통해서 생겨나는 무한한 에너지는 이 시대에도 그리고 후대에도 영원한 가치를 남길 불후의 명작을 창조할 수 있는 지름길이다. 지금 이 시간에도 대도시 예술의 거리에서는 수많은 예술가들이 자신의 상상력과 아이디어를 담은 작품 구상에 골몰하고 있다. 이처럼 대도시는 예술 활동을 할 수 있는 커다란 무대와도 같은 곳이다. 때문에 대도시의 문화 보존과 예술 활동은 정부뿐 아니라, 재력 있는 개인이나 비영리 단체들도 적극 지원해야 한다.

47

전통과 현대는 공존할 수 없는가?

　1620년 수많은 흑인 노예들이 버지니아 주 제임스 타운에 도착했다. 자신들의 고향 아프리카에서 자연과 더불어 살아가던 이들이 영문도 모른 채 노예 상인들에게 잡혀 강제로 끌려온 것이다. 노예들이 다시 부모 형제를 찾아 아프리카에 가거나 보내졌다는 기록은 없다. 이후 남북 전쟁에서 북군(Union Army)의 승리로 흑인들은 자유인이 되었으며 점차 미국을 움직이는 거대한 힘을 만들기 시작했다. 흑인들은 약 400여 년이 지난 지금에도 백인 문화와는 구분되는 그들만의 문학, 음악 그리고 생활 습관과 음식을 가지고 있다. 고향을 등지고 어쩔 수 없이 낯선 땅에서 고달픈 타향살이를 운명으로 받아들여야만 했던 흑인의 음악은 어쩔 수 없이 슬프다. 저 넓은 초원의 자유로운 삶을 떠나 서구 문명의 땅에 발붙이고 살아야만 하는 현실이 그들을 힘들게 했을 것이다. 그래서 그들은 한(恨)을 노래한다. 아프리카에 한번도 가 보지 않았더라도 전통은 그들의 피를 타고 전달된다. 흑인 여인들이 만들었던 조각 이불의 색깔과 디자인은 유럽 사람들의 이불과는 아주 다른 화려함과 강렬함이 있다. 조각 이불을 만들면서 기억할 수조차 없던 그들 부족들과의 행복한 시간이 공예품으로 다시 탄생한 것이다.

현재의 모든 대중 음악들은 흑인들이 만들었다고 할 수 있다. 팝, 록, 리듬 앤 블루스, 재즈, 테크노 등 수많은 음악 장르가 존재하지만 그 뿌리에는 흑인 음악이 있다. 그 기원은 흑인 영가에서 찾을 수 있다. 가스펠이라고 하는 이 흑인 영가는 흑인들이 노예 시대에 부르기 시작한 종교 음악인데 백인들이 교회에서 부르는 찬송가와는 그 멜로디나 리듬, 가사도 다르다. 아프리카에서 건너온 흑인 노예들이 집단 농장에서 힘들게 목화를 따면서 내세에서의 행복과 해방의 희망을 담아 불렀던 노래들은 이전의 서양 음악에서 찾아볼 수 없는 것이었다. 흑인 특유의 리듬감과 영혼을 울리는 소울(Soul) 창법은 백인들에게 어필하기 시작했으며 결국에는 현대 미국 음악의 뿌리가 되었다.

흔히들 흑인 음악하면 리듬 앤 블루스나 힙합, 소울, 펑키 등을 떠올리는데 흑인 음악은 단순히 몇 가지 장르에 국한되지 않고 많은 대중 음악에 영향을 끼쳐왔다. 미국 뉴올리언스의 흑인 브라스 밴드에서 생겨난 재즈는 1970년대까지 가장 큰 인기를 끌었던 장르다. 이들은 미국 사회의 부를 축적해 준 노동자이기도 했지만 다양한 분야의 기술자였으며 예술가이기도 했다. 그들의 믿음이나 미적 감각, 타고난 음악성들은 백인이 주도하는 미국 현대 문화에도 지대한 영향을 끼쳤다.

흑인들 문학의 역사 또한 상당히 길다. 식민지 시대부터 글자를 배운 흑인 노예들은 시와 소설을 쓰기 시작하였다. 노예 제도 밑에서 전개된 흑인들의 문필 활동은 주로 노예 제도의 부당성에 항거하여 자유를 쟁취하기 위한 에세이로 발표되었다. 그 가운데에서도 특히 프레드릭 더글라스(Fredrick Douglas)의 작품은 문학적으로도 손색이 없다고 평가받고 있다. 대체로 1890년을 경계로 흑인 작가들의 소설은 노예 제도에서 신분 차별로 그 주제가 변화하고 백인이 그들의 잘못을 정당화하는 것을 비판하는 소설이 유행하였다. 1920년대에 접어들자, 제1차 세계대전을 계기로 남부 지방의 흑인들이 북부의 도시로 대거 이동하면서 흑인들 사이에 의식 변혁이 일어났고, 할렘을 중심으로 심미적인 예술 운동인 할렘 르네상스 경향이 나타나 뛰어난 흑인 작가들이 등장하였다. 이 시기를 대표하는 시인 랭스턴 휴즈(Langston Hughes)는 흑인의 대중적인 노래 '블루스'를 시의 경지로 승화시킨 《슬픈 블루스(The Weary Blues)》를 발표, 미국 흑인들의 애환을 노래하였다.

이와는 달리 리처드 라이트(Richard Wright)는 백인 주류의 미국 사회에서 흑인의 주장을 격렬한 항의의 형태로 드러냈다. 그의 대표작인 《토박이(Native Son)》는 흑인 문학의 걸작일 뿐만 아니라 미국 문학에서도 대표적인 작품으로 꼽힌다. 그리고 알렉스 헤일리(Alex Haley)는 장편 《뿌리(Roots)》로 퓰리처상을 수상했고, 여류작가 토니 모리슨(Toni Morrison)은 《가장 푸른 눈(The Bluest Eye)》, 《솔로몬의 노래(Song of Solomon)》 등으로 노벨문학상의 명예를 안았다. 이들은 미국 문학을 창조한 거장으로서 미국 흑인들의 고난을 인간 존재의 근원적인 문제와 상통하는 상징적인 상황으로 파악했다. 그리고 흑인 생활을 사실적으로 보여 주면서 평등한 인권을 찾고자 하는 목소리를 내고 있다.

현대 문명에서 흑인의 전통이 사라진 것이 아니라 현대 문명 속에 흑인의 전통이 뿌리를 내리고 꽃을 피우게 된 것이다. 다민족 다문화가 어우러져서 발전해 가고 있는 미국이라는 거대한 현대 기술의 문명국에서도 인디언의 전통 음악과 전통 음식이 널리 알려져 있다. 인디언의 민간 치료 요법은 암이나 류머티즘을 앓고 있는 백인들에게도 그 인기가 대단하다. 인디언들의 숫자가 점점 줄어들고 있지만 인디언 문화 또한 현대 미국의 한 부분으로 살아 숨쉬고 있다. 현대화한다는 것은 전통을 버리자는 이야기는 아니다. 인류 문명은 어떻게든 발전하게 되어 있지 않은가! 사람들은 새로운 변화를 모색함으로 더 나은 인류 사회를 건설하고자 오랫동안 노력을 쏟아 왔다. 그리고 흑인 문화에서 보듯이 아무리 서구화된다고 하더라도 자신들의 뿌리는 결코 잊을 수도 지울 수도 없는 것이 전통문화의 원초적인 힘이다. 첨단의 기기를 다루는 기술자들의 마음 속에는 조상 대대로 물려 받은 전통이라는 과거의 그림자가 현대라는 화려한 빛에 가려서 보이지 않을 뿐이다. 전통은 사라지는 것이 아니라 새로운 예술로 또는 새로운 기술로 다시 태어나는 것이다.

48

기존 관습과 사고방식에 젖어 사는 사람이 진정한 성공을 쟁취할 수 있을까?

1920년대까지 미국의 모든 자동차는 검정색이었다. 이때 제너럴 모터스(General Motors)는 검정색이 아닌 다양한 색의 자동차를 출시하였다. 이것은 당시에는 충격이었다. 이러한 혁신적 아이디어는 소비자들로부터 폭발적인 인기를 얻었고, 제네럴 모터스는 자동차 대량 생산 시대를 열었다. 또한 색색의 자동차들은 소비자들의 관념과 시장의 구조를 바꾸어 놓았다. 자동차는 더 이상 부자들의 전유물이 아닌 일반인들의 생활용품으로 전환되었다. 바로 제너럴 모터스는 이런 혁신적인 아이디어로 자동차 시장에서 포드(Ford)와 같은 경쟁사들을 제치고 큰 성공을 거두었다.

한 개인의 성공은 사회 발전에 기여했을 때 진정한 성공이라고 평가 받을 수 있다. 과학적 발견이나 기술적 발명으로 인하여 단순히 개인의 사회적 신분 상승이나 부의 축적을 이룬 것이 아니라, 그로 인해 사회 정의가 실현되었거나 사회 전체가 혜택을 볼 수 있게 되었을 때 우리는 이것을 진정한 성공이라고 말한다. 이런 의미에서 역사를 살펴볼 때, 세상을 진보시킨 사람들은 기존 관습과 사고 방식에 새로운 아이디어로 도전한 이들이었음을 알 수 있다.

1514년 코페르니쿠스(Copernicus)가 지동설을 주장하며 우주관을 바꾸었을 때도 기존의 프톨레미(Ptolemy) 학파들은 신성한 신권에 도전한다며 그의 태도를 무자비하게 꾸짖었다. 하나님의 형상대로 창조된 인간이 사는 지구가 당연히 우주의 중심이 되어야 한다는 전통적 사고의 틀에 얽매인 프톨레미 학파의 과학자들은 우주의 진실을 제대로 관측할 수 없었다. 다시 말해, 코페르니쿠스는 관습적 사고로부터 자유로웠기 때문에 '지구는 태양의 주위를 돌고 있다.'는 우주의 비밀을 알아낸 것이다.

또 다른 예를 보자. PC 개발을 위하여 IBM의 중역진은 하버드 대학을 중퇴한 20대의 청년 빌 게이츠(Bill Gates)를 만났다. 이 자리에서 빌 게이츠는 디지털 방식을 사용한 DOS 운영 체제를 권고하였지만 IBM은 이 제안을 받아들이지 않았다. 기존 시장 점유율에 만족한 교만 때문이었을까? IBM 연구 기관은 세상의 패러다임을 바꾸어 놓을 천재가 제안한 DOS 체제의 위대성을 알아보지 못하였다. 이들은 장차 자신들의 최대 경쟁업체의 주역이 될 뿐만 아니라, 세계 최고의 부(富)를 이룰 빌 게이츠의 아이디어를 깊이 이해할 수 없는 기존의 사고 틀에 얽매여 있었기 때문이다.

관습과 사고 방식에 젖어 변화를 거부하는 개인이나 사회는 발전을 저해하는 훼방꾼이다. 이 세상에서 바뀌지 않는 것은 아무것도 없다. '흐르는 물만이 썩지 않는다.'는 이치를 깨닫는 사람만이 개인적·사회적 성취를 이룰 것이다. 영원한 챔피언은 없다. 도전자를 당당하게 받아들이는 사회야말로 진보와 번영을 희망하는 진정한 민주 사회가 아닐까?

과학이나 기술의 발전이 아닌 사회적 관념의 변화와 발전을 이끌기 위하여 목숨을 걸고 투쟁하는 이들이 있어서 이 세상은 보다 나은 삶의 터전이 되었다. 백인과 흑인이 함께하는 인본주의적 사회를 건설하고 있는 지금의 남아프리카 공화국은 불합리한 관습을 타파하기 위하여 27년의 세월을 감방에서 보낸 넬슨 만델라(Nelson Mandela)의 투쟁의 열매일 것이다. 소수 백인에 의한 극단적 인종 차별 또는 인종 격리 정책인 아파르트헤이트(Apartheid)에 반기를 들었던 그는 AFC(African National Congress)를 결성하여 백인 정부에 항거하였다. 물론 체포되어 오랜 세월을 감옥에 갇혀 보내면서도 인종 차별이 없는 민주 정부를 세워야 한다는 그의 신념을 결코 포기하지 않았다.

기존 지식을 받아들이는 과정에서 더욱 중요한 것은 우리들의 바른 생각과 상상력이다. 새로운 생각은 과거의 기억에 매달려 있을 때는 결코 나올 수 없다. 상상력 안에 존재하는 미래 세계는 새로운 발전을 향하여 힘차게 도약할 때 실현된다. 사람의 잠재력은 무한하다. 자연의 신비 또한 그 한계가 어디인지 알 수 없다. 다만 단순하게 관습적인 사고를 반복하거나 계속하는 이들에게서는 혁신적인 아이디어가 나올 수 없으며 끊임없이 변화하는 사회에서는 창조적인 아이디어를 위하여 상상의 나래를 펴는 사람들만이 성공을 쟁취할 수 있다는 사실은 분명하다.

49

세상이 변하는 것일까, 세상을 바라보는 눈이 달라지는 것일까?

학문에 정진할 수 있어 행복한 것은 지식을 통해서 세상을 바라보는 관점이 달라지기 때문이다. 인류의 역사 발전에 중대한 역할을 해 온 사람들은 세상을 이해하는 방법이 달랐다. 대단한 지식이 아니더라도 기본적인 교육을 받은 사람들과 전혀 교육을 받지 못한 사람들과는 세상을 이해하는 관점이 다를 것이다. 원시림에서 사는 사람들이 이해하는 세상과 문명의 이기를 활용하며 살아가는 현대 도시인이 말하는 '세상'은 그 실체에서 대단한 차이가 있다. 또한 우주를 연구하는 과학자들이 보는 세상은 지구에만 초점을 맞추고 사는 사람들과는 다르다. 사람은 빵으로만 살 수 없는 무한한 학문 탐구욕을 타고 났으며, 이러한 본능을 충족시키는 과정에서 인간의 사고는 진화하였다. 당연히 어떤 사람이 학문을 닦은 후에 세상을 보는 눈이 달라졌다면 그것은 지식 덕분일 것이다. 하지만 일반적으로 세상을 보는 눈은 지식을 탐구하는 것보다 영혼의 깨달음을 통해 달라진다. 그러니까 학문이 세상을 이해하는 방법을 바꾸는 것이 아니라 자신의 마음 가운데 내재해 있는 혜안(慧眼)을 발견해야 세상을 깊이 이해할 수 있다. 도(道)를 터득해야 한다는 주장이다. 그러나 이러한 도를 깨닫는 경지도 '무지'라는 상태에서는 불가능하기 때문에 학문은 우리가 세상을 이해하는 방법을 바꾸는 데에 결정적 역할을 한다고 할 수 있다.

원시인들은 비가 오고 천둥 번개가 치면 하늘이 노한 것이라고 여겨 하늘에 제사를 지냈다. 그리고 누군가가 벼락을 맞아 죽었다면 천벌을 받은 것이 분명하다고 두려움에 떨었다. 하지만 지금은 그 누구도 비가 오고 벼락치는 현상을 과거의 사람처럼 이해하지 않는다. 비가 오고 천둥 번개가 치는 현상을 과학적인 사고로 이해하고 벼락을 예방하기 위하여 피뢰침을 발명하기도 하였다. 이러한 자연의 이치를 이해하는 일 이외에도 코페르니쿠스는 세상을 바라보는 관점을 지구에서 우주 밖으로 옮겨 놓았다. 지동설이 세상을 설득시키는 데 200여 년이 걸리기는 했어도 종국에는 세상을 뒤바꾸어 놓았다. 신을 위해서 무조건적으로 개인의 희생을 요구했던 중세의 신본주의에서 인본주의로 관점을 바꾸는 데 지동설은 크게 기여했다.

과학 훨씬 이전에 수학도 인간의 사고의 방향이 논리적으로 정립

될 수 있는 기본적인 바탕을 이룩하였다. 미국에서는 논리학과 수학이 아니더라도 언어학, 사회 과학 등 다양한 부분에서 학자들이 수학적인 모델링과 기호로 자신의 생각을 기록하고 발표하는 것은 너무나 친숙한 일이다. 수학은 인간의 사고를 보다 설득력 있고 객관적으로 정리할 수 있는 길을 제시한다. 자연 언어로 말을 할 때에는 모호하던 생각이 수학적인 기호와 숫자로 설명하면 개념 이해가 매우 명료하게 된다. 예를 들면 '이 방 안에 사람들이 대단히 많다.' 라고 말하는 것보다 '이 방 안에는 사람들이 30명 있다.' 라고 말을 할 때 누가 언제 봐도 객관적이며 확실하게 의사소통을 할 수 있기 때문이다. 언어학의 예도 그러하다. 문법을 다루는 이 학문도 문장의 구성 요소들 간의 관계를 구축하는 틀을 설명하기 위해서 기호를 사용한 수형도를 그린다. 이러한 수학적 방법을 사용하여 촘스키는 언어의 공통적 특성을 명백하게 제시하는 통사론적 언어학의 토대를 확고하게 하였다. 촘스키의 '생성 문법론'을 읽고 나면 전통 문법이 제시한 문법 이론과는 달리 언어를 분석적일 뿐 아니라 거시적, 즉 통합적으로 볼 수 있는 안목이 생긴다는 이야기이다. 전통 문법에서 '언어의 기본 단위는 품사이다.' 라고 본 것과는 달리 촘스키는 '언어의 기본 단위는 하나의 문장이다.' 라는 사실을 발견했다. 그는 한 문장이 두 가지 의미를 갖는다는 사실에 착안해서 두 문장 안에 깔려 있는 내부의 문법적 구조가 다르다는 것을 밝혀냈다. 외국인으로서 영어를 자유롭게 구사하고 싶은 사람들은 반드시 생성 문법론을 공부하길 권한다. 이 새로운 지식의 도구를 통해서 더 많은 영어 문장을 문법적으로 생성할 수 있는 능력을 배울 수 있기 때문이다.

외국어의 중요성은 대학 졸업 자격을 보면 쉽게 알 수 있다. 외국어 하나쯤 통달해서 자격 시험을 보는 것은 이제 세계 어느 나라에서도 자연스럽다. 외국어를 공부한다는 것은 수학과 과학적 지식을 습득하는 것보다 사회 생활에서 자신과 문화나 관습, 사고가 다른 사회를 더욱 실리적으로 이해할 수 있는 길을 열어 준다. 이중 언어를 구사하는 사람들의 눈에는 한 가지 언어와 한 가지 문화의 국수적인 사고에만 젖어 있는 사람들이 안타깝게 보이기도 한다. 이것은 한 가지 언어를 구사하는 사람들은 한 가지 렌즈로만 세상을 바라보기 때문이다. 그리고 두 가지 언어를 사용하는 사람들은 세상을 적어도 두 가지 렌즈로 볼 수 있는 까닭에 조금 더 세상을 이해하는 폭이 넓어진다. 자신의 것과 다른 것을 이해한다는 것이 진정 학문을 하는 이유인지도 모른다.

대학에는 수많은 단과 대학과 전공 과목들이 있다. 굳이 여러 학문을 열거하지 않더라도 어떤 분야이든 학문은 우리가 세상을 이해하는 방법을 가르쳐 준다. 일반 상식을 배운다면 무식함을 면할 수 있으며, 상식을 능가하는 지식을 배운다면 우리는 보다 창의적으로 살아갈 수 있다. 나아가서 세상을 바라보는 눈이 달라진 사람들이 새로운 세상을 만드는 혁신적인 일을 하기도 한다. 아인슈타인처럼 상대성 이론을 발표해 세상과 우주를 바라보는 시각을 바꾼 위대한 인물이 아니더라도 사람들이 여행을 떠나고 외국어를 배우는 데 열심인 이유는 세상을 다른 눈으로 볼 수 있는 시야를 넓히기 위해서이다.

50

자신의 아이디어나 의견을 피력하려는 열망에 들끓는 사람들이 큰 목소리를 내는가?

　미국의 흑인 해방 운동가인 마틴 루터 킹은 1954년 앨라배마 주 몽고메리의 침례 교회 목사로 재직하고 있었다. 그 때 피곤해서 빈 백인 자리에 앉은 흑인 여성 메리 로사 파크(Mary Rosa Park)를 버스에서 끌어내려 경찰에 연행한 사건이 일어났다. 그는 이를 계기로 5만의 흑인 시민과 함께 차별 대우에 반대하는 시위를 이끌었다. 마틴 루터 킹은 부당한 흑인을 대우했던 미국 사회를 혁신한 것이다. 그의 연설은 지금도 많은 미국인들의 가슴에 깊게 새겨져 있다.

　"우리는 지금 비록 역경에 시달리고 있지만, 나에게는 꿈이 있습니다.
　나의 꿈은 미국에 깊이 뿌리내리고 있습니다.

나에게는 꿈이 있습니다. 조지아 주 붉은 언덕에서 노예의 후손들과 주인의 후손들이 형제처럼 손을 맞잡고 나란히 앉게 되는 꿈입니다. ·

나에게는 꿈이 있습니다. 이글거리는 불의와 억압이 존재하는 미시시피 주가 자유와 정의의 오아시스가 되는 꿈입니다.

나에게는 꿈이 있습니다. 내 아이들이 피부색을 기준으로 사람을 평가하지 않고 인격을 기준으로 사람을 평가하는 나라에서 살게 되는 꿈입니다.

지금 나에게는 꿈이 있습니다!

나에게는 꿈이 있습니다. 지금은 지독한 인종 차별주의자들과 주지사가 간섭이니 무효니 하는 말을 떠벌리고 있는 앨라배마 주에서, 흑인 어린이와 백인 어린이가 형제자매처럼 손을 마주잡고 살아갈 수 있는 날이 올 것이라는 꿈입니다

지금 나에게는 꿈이 있습니다!"

마틴 루터 킹은 흑인들 사이에 널리 퍼져 있던 자기 비하와 증오를 싸잡아 비판했다. 오랫동안 억압받아 왔기에 자존심과 인간적 존엄을 상실한 일부 흑인들은 인종 차별에 순응하고 있었다. 그는 이들이 새로운 역사를 만들어 갈 수 없다고 생각하였다. 반면에 차별을 없애기 위해 폭력을 주장하는 무리는 백인을 악마라 규정하면서, 흑인만의 국가를 세우자고 주장하였다. 하지만 킹 목사가 역설한 것은 인종 차별이라는 인식의 장벽을 넘어서 흑인과 백인이 함께 긍정적이며 건설적으로 이루는 진정한 민주주의와 휴머니즘이

었다. 그리고 그는 교육을 통해서 사람들의 태도와 내면에 깔려 있는 흑인의 증오와 백인의 편견을 변화시킬 수 있다고 믿었다. 그는 진정한 평화주의란 사악한 힘에 굴복하는 비현실적인 태도를 의미하는 것이 아니라 인간 본성에 대한 피상적인 낙관주의와 이상주의에서 벗어나 집단적인 악이 구현되는 실체를 타파해야 한다고 주장하였다.

과학 분야에서도 혁신적인 목소리를 낸 사람들은 다수의 기득권 지식인들이 아니었다. 우리는 흔히 어떤 사태나 국면이 극적으로 변하는 것을 '코페르니쿠스적 전환'이라고 한다. 16세기 폴란드의 과학자 코페르니쿠스는 천체를 충실히 관측한 결과 한 가지 결론에 도달했다. 즉 지구도 천체의 하나로 태양 주위를 회전한다는 소위 지동설이다. 원래 지동설은 희랍의 철학자나 과학자에 의해서도 추정되어 왔지만 세력이 확고한 교회는 이를 이단시하고 지구가 우주의 중심이라는 천동설을 권위적으로 주장해 왔다. 코페르니쿠스의 저서 《우주의 두 가지 시스템》이 200년 동안 로마 교황청의 금서로 정해져 어둠에 묻혀 있었다는 사실을 볼 때 사람들의 맹신이 인류의 발전을 저해했음을 알 수 있다. 하지만 이런 억압에도 불구하고 코페르니쿠스의 진실은 밝혀졌다.

새로운 화법과 표현 기법으로 미술 경매 시장에서 최고의 가격에 팔리는 고흐의 천재성을 당시 사람들은 알지 못했다. 고독을 이겨내거나 병이 나을 수 있다는 희망을 포기하고 스스로 자살한 고흐의 일생은 코페르니쿠스보다 더 처절하였다. 하지만 그의 그림은 불멸의 가치를 가지고 있다. 그가 죽은 뒤 200여 년이 지난 지금에도 그의 그림에서는 모든 것들은 살아서 꿈틀거리는 것처럼 보인다. 그러나 당시 사람들은 그의 그림의 가치를 알아보지 못했다. 생전에 한 번도 전시회를 열지 못했던 그는 1891년 파리와 브뤼셀에서 전시회를 열었으며 개인전은 1892년에 열렸다. 20세기 초 작가들은 그의 그림에는 삶에 대한 어쩌할 수 없는 진한 애착과 혼을 꿰뚫는 투명한 관조가 넘쳐난다고 극찬을 아끼지 않는다.

이전의 대가들과 동시대의 미술 양식을 답습하면서 자신의 그림 세계를 발전시켰다는 점에서 그는 분명 뛰어난 예술적 소질을 가진 화가였다. 비록 그가 극단적인 방법으로 삶을 마감하기는 하였지만 극심한 정신적 고통을 예술적으로 승화시키는 과정은 위대했다. 참을 수 없는 고독과 자신의 작품에 대한 무관심을 견뎌내기는 힘들었을 것이다. 또한 말년에 닥친 정신 발작의 상태에서도 멈추지 않고 작품 활동을 하였고 끝내 자신만의 독특한 화풍을 이루어 내었다는 데에 숙연함마저 든다. 사회의 무관심 속에서도 자신의 작품에 대한 확신을 화폭에 담았다는 것은 세상을 향하여 그가 말하고자 하였던 열띤 정열이 있었기에 가능했다.

이렇게 정치가이든지 과학자이든지 또는 예술가이든지 다수의 사람들을 주도하는 혁신적인 목소리를 낸 사람들은 그 다수가 볼 수 없는 새로운 세상을 만들어 낸 업적을 가지고 있는 위대한 사람들이라는 것을 역사는 우리에게 가르쳐 주고 있다.

V 정치와 법

Politics & Law

51 혼자 일하는 것보다 팀으로 일할 때 생산력은 증가할까? **52** 진정한 리더십은 협동 정신에서 비롯하는가? **53** 성공하기 위해서는 이상보다 실용을 선택해야 하는가? **54** 정부는 현안과 장기 계획 중 어떤 것을 우선해야 하는가? **55** 어떠한 조직이든 새로운 인재 영입은 꼭 필요한가? **56** 위대한 국가의 척도는 사회 복지인가, 그 나라의 정치가, 예술인, 과학자 들인가? **57** 정치 지도자는 정보를 누설하지 않는 것이 바람직한가? **58** 자국민의 도전을 받아들일 수 있어야 진정한 강대국인가? **59** 민주 정치를 위해서는 어떤 방식으로 여론을 취합해야 하는가? **60** 공정한 법을 따라야 할까, 아니면 불공정한 법에 항거해야 할까? **61** 법은 환경, 시간, 장소에 따라서 유동적이어야 할까, 고정적이어야 할까? **62** 사회 문제는 모두 법으로 해결할 수 있는가? **63** 국제 사회 문제를 해결하기 위하여 국제화 대학 설립과 발전을 지지해야 하는가? **64** 한 국가의 복지와 경제 발전은 다른 국가의 복지와 경제 발전에 영향을 미치는가?

정부는 국민들이 자유롭게 경제·사회 활동을 할 수 있는 안정된 사회 환경을 제공해야 한다. 또한 국익이라는 커다란 목적을 성취하기 위하여 단기적인 안목의 정치가 아니라 장기적인 계획으로 국민들의 경제적·사회적·문화적 번영을 이끌어 가야 할 책임과 의무가 있다. 서로 다른 이익이 충돌하는 현실에서 평화로운 사회를 구축하기 위해서는 법을 기준으로 국민을 규제할 수밖에 없다. 그러나 진정 불법적인 인간의 행위를 제재할 수 있는 것은 숭고한 양심이라는 점을 잊어서는 안 될 것이다. 모든 사회 문제를 법으로 해결할 수는 없다. 법이 고정 불변하는 사회는 진정한 강대국이라고 말할 수도 없다. 국민들의 적극적인 정치 참여, 즉 자국민의 도전을 수용할 수 있는 국가가 바로 지향해야 할 정부의 모델이다.

인간은 사회적 동물이다

'인간은 사회적 동물이다.' 란 말은 개인과 사회가 불가분의 관계를 이루고 있다는 뜻이다. 무엇을 먹을 것인가에서부터 무슨 직업을 가질 것인가까지 한 개인의 수많은 선택 중에서 중대한 의사 결정은 절대적으로 한 개인의 자유 의지에 달린 것이라고 믿는 사람들이 많다. 과연 그러한가? 우리가 어떤 의사를 결정하는 과정을 들여다보면 개인적 선택이라는 말, 이것은 분명 허구라는 사실을 쉽게 알 수 있다. 모태에서 독립된 개체로 세상에 태어나면서부터 한 개인은 결코 타인으로부터 독립적인 삶을 살아갈 수 없다. 신생아들이 사물을 알아보면서부터 누군가와 말 또는 몸짓으로, 의사소통을 하며 어린 아이들은 세상이라는 사회와 교통하는 방법을 배우기 시작한다. 놀랍게도 비행기 추락 사고로 정글에 떨어져 늑대의 도움으로 생존하고 있던 소년이 구출된 사건이 있었다. 하지만 그 소년을 문명 사회에서 살아가게 교육하는 일은 불가능했다고 한다. 그는 자신이 보고 자란 동물들에게 배운 습관을 버리지 못하고 어느 날 다시 정글로 숨어 버렸다. 이와 같은 예를 통해 우리는 공동체적인 사회 안에서 생활을 해 나갈 때에만 진정한 사람으로 가치 있음을 알 수 있다. 사람과 사람이 모여서 공동체적인 삶을 이루고 살 때에야 개인은 자신의 삶을 영위해 나갈 수 있는 것이다.

진정 자유로운 선택은 본인의 자유 의지

사회적 환경은 개인의 활동도 규제하며, 개인의 어떤 계획도 사회 구조 안에서 이루어지기를 원한다. 심지어 자기 자신의 전공을 선택하거나 배우자를 선택하는 등 극히 개인적인 일도 사회적 환경이나 배경에 의해서 결정되고는 한다. 직업을 선택하는 데 있어 중요한 전공을 결정하는 경우에도 자신의 취미나 재능보다는 사회적 지위가 높거나 많은 월급을 기준으로 삼는 것이 일반적인 추세이다. 동성애자들의 결혼은 법적 보호를 받지 못하며, 설사 윤리적으로 아무런 문제가 되지 않는 타인종과의 결혼도 사회 관습으로부터 결코 자유로울 수 없다. 즉 흑인 남성과 백인 여성 부부들은 때로는 따가운 사회적 편견을 이겨내야만 그들의 사랑을 지켜나갈 수 있다. 진정 자유로운 선택은 사회적 환경이나 관습에서 벗어나 순수한 본인의 자유 의지에 따라서 결정하는 것이다.

개인의 선택을 구속하는 사회적 의무

인류 사회는 고대부터 군락을 이루고 집단으로 생존하면서 이웃과 영토 다툼을 벌였고 개인은 전쟁이라는 권력자들의 다툼에 선택을 강요당하여 왔다. 이처럼 하나의 국가라는 거대한 시스템 안에서 살아가는 사람들에게는 개인이 원하지 않아도 반드시 지켜야만 하는 국민의 의무가 있고 그 중의 하나가 군 복무이다. 개인이 원하든 원하지 않든 모든 남자는 군에 가야 한다는 병역법은 한 개인의 자유로운 삶의 선택을 방해하는 최대의 장애물이다. 자국의 평화를 지켜야 한다는 사회의 가치 때문에 전쟁의 명분을 믿지 않는 시민들도 반드시 군인이 되어야 한다. 징병제를 실시하는 우리나라와 달리 미국은 모병제를 실시하고 있기에 군에 가고 싶지 않은 사람들은 군 복무를 하지 않아도 된다. 다만 전쟁에 참여해서 많은 군인이 필요할 때에는 징병을 한다. 이렇게 한 사회의 구성원으로서 갖는 사회적 의무는 개인의 자유를 구속한다. 하지만 국가가 제공하는 안정과 평화 속에서 일상 생활을 보장받기 위해서 사회 구성원은 원하지 않은 의무도 갖기 마련이다.

타인의 인격을 존중하는 태도

다양한 문화와 전통을 가진 이민자들이 들어와 터를 잡은 미국의 사회적 가치관은 개인주의라고 말할 수 있다. 개인주의는 이기주의와는 그 의미가 다르다. 미국인은 자신의 인격을 존중받기 위해서는 타인의 인격을 먼저 존중할 것을 어릴 때부터 철저히 교육받는다. 자신의 집이 불결해서 이웃까지 쥐나 벌레가 들끓게 되었다면 법적으로 강제 청소를 당하게 되며 청소 비용과 벌금도 함께 물어야 한다. 미국인의 개인주의적 사고는 책임 있는 행동이 바탕을 이루고 있다. '남의 몸을 건드리지 말라.'는 표현을 영어로는 'Keep your hands to yourself.'라고 말한다. 말 그대로 번역하자면 '네 손은 네가 지켜라.'이다. 남을 귀찮게 하는 모든 행위는 네 몸과 네 손에 달린 것이지 타인에게 그 책임을 전가해서는 안 된다는 뜻이다. 미국 사회에서 개인주의는 나만의 성공을 위한 것이 아니라 타인을 존중하는 범위에서 이루어지는 것이다. 나를 중심으로 생각하는 것이 아니라 내가 중요한 만큼 남을 배려할 때 거꾸로 자신의 권익이 사회 안에서 지켜진다는 것을 의미한다.

사회 전체의 번영은 개인의 숭고한 희생을 바탕으로 이루어지기 때문에 미국인들은 이타적인 인간상을 교육하는 데 열과 성을 다한다. 아무리 뛰어난 영재라도 그의 능력과 재능이 종국에는 사회에 기여하는 것이어야만 한다. 인류 역사를 다시 쓸 정도의 놀라운 능력이 있더라도 과학자 자신이 세상을 정복하기 위해서 프랑켄슈타인과 같은 괴물을 탄생시켜서는 안 된다는 것이다. 교육이거나 과학이거나 모든 지적 발전을 위한 행위는 공익에 기여할 수 있는 것이어야만 한다.

경쟁과 협동이 어우러지는 진정한 복지 국가

개인의 성취를 인정하고 개인의 업적에 대해서 사회가 그 공로를 인정하고, 더 많은 경제적 보상을 제공하여 개인에게 일하고자 하는 동기를 부여하는 사회를 자본주의 국가라고 한다. 동등한 보상만이 사회가 추구해야 하는 공통의 과업이라고 자본주의를 비난했던 공산주의 사회 체제에서도 뒤늦게 협동의 반대가 경쟁이 아니라는 것을 알게 되었다. 개인의 능력과 동기를 인정하지 않던 공산주의 사회의 생산력이 급격히 떨어졌기 때문이다. 지난 세기 인간 사회의 정체성을 부여했던 가치관은 수익을 모두에게 동일하게 분배하느냐 아니면 개인의 능력에 따라서 차등적으로 분배하느냐를 두고 공산주의와 자본주의 세계로 이 세상은 양분화되었다.

협동이라는 가치관만을 지나치게 강조하는 공산주의는 모든 국민이 동일하게 혜택을 받을 수 있는 사회를 꿈꿔 왔다. 공산주의 사회에서는 의료 혜택도 무료이며 대학 교육도 무상을 원칙으로 하고 있다. 개인 사이의 경쟁을 부추겨 동기를 부여하거나 생산력을 증강시킬 수 있는 경쟁을 마치 숙청 대상으로 여겼다. 하지만 공산주의 체제는 종국에는 자신들이 증오하던 자본주의 경제 체제를 받아들일 수밖에 없었다. 독재자 성향의 지도자였던 스탈린이나 김일성과 같은 한 개인을 추앙한 공산주의 체제를 프랑스 철학자 사르트르는 혐오했다. 한 개인의 절대적인 권력을 위해 모든 국민의 평등을 보장하는 척했던 공산 사회는 사회 복지 제도의 퇴행을 초래했다. 한 국가의 사회 복지 증진도 개인이 성취한 업적을 바탕으로 이루어진다는 것을 생각해 볼 때, 지나치게 공평한 처우와 협동만을 추구하는 사회는 결코 번영할 수 없다. 경쟁과 협동이라는 단어는 서로 반의어가 아니다. 승자와 패자가 엄연히 존재하는 스포츠 경기에서 팀워크를 바탕으로 서로 협동하지 않는다면 결코 승리할 수 없다. 이렇게 협동을 이룰 때 경쟁에서의 승리는 더욱더 가치가 있는 것이다. 또한 상대방과의 경쟁 관계에서도 서로 경기 규칙을 준수해야 한다는 사실은 원활한 경기 진행을 위해서 적절한 협동 정신은 필수적인 요건임을 말하고 있다. 경쟁과 협동이 규칙에 따라서 적절히 이루어지는 사회만이 진정한 복지 국가를 향해 나아갈 수 있다.

개개인의 성취를 통한 평등하고 합리적인 사회

평등하고 합리적인 사회는 공산주의라는 사회적 지배 구조에 의해서 만들어지기보다는 국민 개개인의 성취를 통해 이루어진다. 과학자나 예술가 등의 개개인의 노력의 결실들이 보다 나은 사회를 만든다는 것이다. 일반적으로 과학과 사회는 분리되어 있는 두 가지 분야로 생각되지만 과학 기술로 민주화 사회가 실현되고 발전되었다. 전산화된 정보망은 우리 사회에서 부정과 부패를 몰아냈고, 기자와 작가들은 사회의 부조리를 고발했다. 현금 거래를 하던 과거와 달리 과학의 힘으로 모든 것을 온라인으로 결제하는 오늘날에는 뇌물 수수와 같은 것은 더욱 힘들어졌고, 설사 그러한 일이 벌어졌다고 해도 계좌 추적 등을 통해 언제 어디서나 밝혀 낼 수 있다. 이런 과정들을 본다면 공명정대한 세상을 만드는 데 실제로 기여한 사람은 정치가보다 과학자라고 할 수 있다. 또한 사회의 부조리나 세상 사람들의 잘못된 가치관을 일깨워 주는 작가들은 우리 사회가 인본주의적인 가치관을 추구할 수 있도록 무지하거나 나태한 많은 사람들의 양심에 호소하고 있다. 그리고 이를 통해 약자를 보호하고, 권력에 눈이 멀어 부정한 일을 서슴지 않는 정치가들을 고소하여 종국에는 한 사회의 복지를 증진시키는 일에 지대한 영향력을 끼쳐 왔다.

공동체 의식의 발달

결론적으로 사회로부터 자유로운 개인은 존재하지 않으며, 또한 한 개인의 재능으로 인해서 혜택받지 않는 사회는 없다. 개인은 사회적 환경을 바탕으로 흥미와 재능을 발휘하여 자신의 꿈을 이루어야 하고, 사회는 개개인의 업적으로부터 공동의 혜택을 받는다. 그런데 서로 지역적으로 떨어져 있는 호수에 서로 특성이 다른 물고기들이 서식하는 것처럼 인간 사회도 서로 떨어져 있는 지역적 · 환경적 · 문화적 차이를 극복하여 그 혜택이 한 나라에 국한되지 않고 세계인 모두에게 돌아가게 해야 한다. 이러한 이유로 하나의 국가

보다는 하나의 지구촌이라는 공동체 의식이 발달하게 되었다. 지난 세기 눈부시게 발전한 교통과 통신 기술은 국가라는 단위가 아니라 국제적인 지구촌 사회에서 한 개인이 어떻게 발전해 나아갈 것인가에 고심하고 그 해결 방안을 모색하길 기대하고 있다.

51

혼자 일하는 것보다 팀으로 일할 때 생산력은 증가할까?

따뜻한 봄 기운이 감돌고 얼었던 땅들이 새싹을 티울 준비를 할 때면 들판에서 온 동네 사람들이 함께 보리밭을 밟으며 '어야디야, 어야디야……' 노래를 부르며 한 해 농사를 준비한다. 모내기, 김매기, 추수하기 등 힘든 농사일에서 협동 없이 생산력을 늘린다는 것은 불가능하다. 비단 식탁에 오를 풍성한 곡식, 야채 등을 재배하고 거두는 농사 일이 아니더라도, 산업 현장에서도 협동 없이 생산력을 올릴 수는 없다. 대형 공장에서 각양각색의 제품을 생산해서 판매하는 일련의 과정에도 협동은 생산력 향상에 절대적인 역할을 한다. 정부 청사나 박물관과 같은 대형 건축물을 짓는 데 있어서도 팀워크(Team work)는 일의 효율성과 직접적인 연관이 있다. 협동 없이 커다란 규모의 과제를 단독으로 해결하려 했다면 인류 문명은 지금과 같은 속도로 결코 발전하지 못했을 것이다.

특히 요즈음처럼 각각의 전공 분야가 세분화된 최첨단 과학의 시대에 협동이 없이는 아무 일도 할 수 없다. 인공 위성을 띄워 우주를 탐사하고 연구하기 위해서도 과학자, 수학자, 기술자, 심지어 디자이너까지 수많은 직종의 전문가들이 함께 NASA라는 커다란 조직 안에서 서로의 지식과 기술을 협력하고 있다. 협동은 서로가 지치지 않고 일할 수 있는 동기를 부여한다. 또 혼자 일할 때 느끼는 지루함을 덜 느끼고 서로가 서로를 의지하고 독려해 생산력을 늘릴 수 있는 장점이 있다. 분명히 홀로 할 수 없는 여러 가지 복잡한 일들을 여럿이 함께 한다면 효과적이다. 그래서 한국 사람들은 '백지장도 맞들면 낫다.'고 하고, 미국 사람들은 '두 머리가 하나보다 낫다(Two heads are better than one).'라고 말하는 것이다.

그렇다고 해서 무조건적 협동의 강요로는 생산력이 증대되지 않는다. 협동만을 강요하는 공산주의 사회의 집단 농장의 생산력이 자본주의 사회에 미치지 못한다는 것을 보아 협동도 자발적으로 이루어질 때 효과적임을 알 수 있다. 볼셰비키 혁명 이후에 소련 공산당들은 모든 사람들이 함께 일하고 함께 나누는 집단 농장 체제만이 철저한 공동 의식을 바탕으로 한 가장 이상적인 협동 체제라고 믿었으며, 이러한 집단 농장 체제에서 절대 가난과 빈곤은 사라질 것이라고 믿었다. 하지만 결국 공산주의 사회는 집단 농장을 포기하고 경제 발전을 위하여 사유 재산권을 인정하고 말았다. 소유하고 싶은 인간의 기본적인 욕구, 즉 남보다 더 갖고 싶다는 경쟁적 욕구가 재화 생산에 절대적인 동기를 부여한다는 사실을 간과한 실수를 인정한 것이다. 협동이 생산력을 높인다는 것은 그 누구도 부인할 수 없다. 다만 강요된 협동이 아니고 자발적이어야 하며 수익 또한 일한 만큼 분배될 때, 즉 더 많은 수익을 위해서 개인의 창의성을 바탕으로 열심히 일하고자 하는 경쟁적인 심리를 자극할 때 생산력은 극대화된다.

산업 혁명 이후 기계가 사람을 대신해서 대량으로 옷감을 만들게 되면서 많은 사람들이 대도시로 모여들었고, 결과적으로 새로운 사회적 계급인 도시 노동자 계층이 양산되었다. 대도시로 모여든 이 노동자들은 길게 늘어서서, 컨베이어 벨트가 자신 앞으로 가져다주는 일감을 완성하는 분업적 작업에만 매달리는 방법으로 공급량이 급진적으로 증강하였다. 또한 20세기 후반 컴퓨터가 산업 분야에도 널리 쓰이기 시작하자 노동으로 먹고 살던 사람들은 불안해지기 시작하였다. 컴퓨터가 노동 시장을 점령할 것이고 자신들은 일자리를 빼앗기고 길거리에 나앉게 될 것이라고 예측하였다. 하지만 그런 예상은 지나친 기우였다. 세계화 시대가 열렸기 때문이다. 국적을 넘어 다국적 회사들이 양산되고 국적이 다른 사람들끼리도 서로 협동과 신뢰를 바탕으로 더 많은 재화를 생산하기 시작했다.

농업이나 산업 부분과 달라 보이는 마케팅 분야에서도 협동을 통해서 보다 적극적이고 공략적으로 나설 수 있다. 예를 들어 거리에서 휴대 전화를 판매하는 일을 한다고 하자. 세 명의 판매원을 각각 한 명씩 서로 다른 장소에 배치하고 판매하게 하는 경우와 세 명이 함께 같은 장소에서 판매하는 전략을 쓴 경우를 비교해 보자. 나 홀로 휴대 전화를 판매하게 할 때에는 주위의 시선을 부담스럽게 여겨 선뜻 판매에 나서지 못한다. 하지만 삼삼오오 모여서 판매를 할 때에는 용기를 내서 판매에 적극 나서게 된다. 왜냐하면 혼자 판매를 할 때는 심리적으로 위축이 되지만 여러 명이 힘을 합쳐서 판매 전략을 편다면, 용기 백배할 뿐 아니라 즐거운 마음을 가질 수 있기 때문이다. 가두 홍보를 하는 회사들이 여러 명을 고용하는 것은 이러한 판매 전략에 따른 것이다.

이 세상을 돌아가게 하는 원초적인 힘은 협동이다. 대부분의 일에 있어서 우리는 본능적으로 서로를 의지하게 된다. 독자적으로 무엇이든지 혼자 할 수 있다는 생각은 현실성 없는 망상이다. 이러한 일들은 별로 일어나지 않기 때문이다. 물론 그렇다고 해서 무조건 남에게 의존하라는 것은 아니다. 서로의 독립성을 존중하고 전체의 한 부분으로서 스스로 해야 할 몫을 해 나간다면 우리 사회는 최소의 자원으로 최대의 생산을 하는 최상의 작업 환경을 창출해 낼 것이다. 직접적인 생산과는 무관해 보이는 생명 공학 분야에서 DNA를 발견한 것은 한 사람 한 사람의 연구원이 아니라, 프란시스 크릭(Francis Crick), 제임스 왓슨(James Watson), 모리스 윌킨스(Maurice Wilkins)와 로자린드 프랭클린(Rosalind Franklin)이 이룬 공동 연구의 쾌거인 것이다. 콜럼버스가 아메리카 대륙을 발견할 수 있었던 것은 그를 도와서 위험한 항해를 한 다수의 이름 없는 선원들의 도움이 있었기 때문이다. 이처럼 우리는 지금도 누군가와 함께 일하는 덕에 더 많을 이익을 얻고 있다는 사실을 간과해서는 안 된다. 협동과 타협을 할 줄 모르는 사람은 결코 성공과 행복을 맛보지 못할 것이다.

52

진정한 리더십은 협동 정신에서 비롯하는가?

대부분의 사람들은 경쟁과 협동을 반의어로 알고 있다. 그래서 게임에서 이기는 것은 상대를 패배하게 만들어야만 가능하다고 생각한다. 하지만 이렇게 지나친 개인주의적 성향으로 이해하기에는 우리 사회는 매우 다양하고 복잡하다. 좀 더 많은 사람들이 공통적인 목적을 가지고 힘을 합쳐 또 다른 커다란 그룹의 사람들과 경쟁하는 것이 팀이다. 개개인이 서로 경쟁하는 것보다 팀으로 경쟁할 때 분명 효과적일 것이다. 왜냐하면 서로 부족한 지식이나 노하우를 가르쳐 줄 수 있을 뿐 아니라, 혼자서는 오래 걸리고 지루한 일들도 공동으로 할 때는 좀 더 빠른 시간에 즐겁게 마칠 수 있기 때문이다. 이렇게 사람들은 더 큰 성공을 거두기 위해서 협동을 한다. 스포츠나 농사, 건축물을 짓는 것과 같이 거대한 과제들은 결코 한 개인이 할 수 없고 여러 사람들의 공동 작업을 통해서만 가능하다. 이때 여러 사람의 협동을 효율적으로 통솔할 수 있는 리더의 존재는 중요하다.

보스와 리더의 의미는 다르다. 보스는 절대적인 힘을 앞세워 사람들이 자신을 추종하게 만드는 반면, 리더는 이타적인 서비스 정신을 갖추고 있다. 어떤 강압적인 금권을 동원하여 맹목적인 충성심을 요구하는 것은 리더가 할 일이 아니다. 대통령 선거철에 민주당과 공화당의 대통령 후보들은 각각의 공약을 걸고 있는 힘을 다하여 정치 캠페인 경쟁을 벌인다. 하지만 이렇게 극심한 경쟁 속에서 당의 절대적 도움으로 당선되었더라도 대통령이 되었다면 당의 이익보다는 국익을 위해서 여당과 야당이 협동적인 관계를 형성하도록 지도력을 발휘해야 할 것이다.

기업에서의 협동은 어느 분야보다 더욱 중요하다. 이는 협동이 바로 기업의 생명력인 생산력과 직결되기 때문이다. 보통 기업에서는 효율적인 인력 관리를 위해서 동일한 업무를 하는 종업원들을 그룹으로 묶고 이들을 지도할 수 있는 조장이나 반장과 같은 상위 관리 체제를 두고 있다. 리더십은 다른 사람들에게 영향을 미쳐서 목표를 달성할 수 있게 하는 능력이다. 리더십을 이야기할 때 자주 등장하는 것이 리더와 매니저의 차이이다. 일상적인 업무를 효율적으로 해낼 수 있도록 조정하며 조율하는 사람을 매니저라고는 하지만 리더라고 하지는 않는다. 리더는 단순히 조직을 관리하고 일상적 의사 결정을 하는 사람이 아니라 목표를 향해 조직을 이끌어 갈 수 있는 사람, 조직의 목표를 확실히 해 주며 구체적인 동기 유발을 이끌어 낼 수 있는 사람, 미래의 비전을 향해 방향을 잡아 줄 수 있는 사람이다. 진정한 리더는 명령적 리더가 아니라 팀원이 이루어야 할 구체적인 목표를 명확하게 설정하고, 그 목표를 성취하기 위하여 업무 내용 파악과 업무 분담을 효율적으로 지시할 수 있는 사람일 것이다. 또한 리더의 자세는 조직 구성원 개개인에게 관심을 쏟으며 이들의 욕구를 충족시키는 데 집중해야 하며, 의사 결정 과정에서 조직 구성원들의 의견을 현명하고 적극적으로 반영해야 한다. 즉 도전적인 목표를 위해 팀원들이 최대값의 능력을 발휘할 수 있도록 협동을 격려할 수 있는 리더가 생산력을 증강시킬 수 있는 것이다.

월드컵은 많은 사람들이 열광하는 국제적인 축구 경기이다. 축구는 선수 각자의 개인기를 바탕으로 모두가 완벽한 협동 정신으로 임할 때 승리할 수 있는 스포츠이다. 2002년 월드컵에서 한국이 4강에 진출하는 신화적 기록을 만든 히딩크 감독은 선수들의 팀워크를 확실히 이끌어 내기 때문에 세계적인 축구 선수들도 그의 리더십을 존경하고 있다. 물론 스포츠에서의 승리는 이기는 것이다. 하지만 이런 승리의 시간이 오기까지는 수많은 동료 경쟁자들의 협동 정신이 그 바탕이 되어야 한다.

미국과의 FTA 체결로 인해 세계화는 가속화되고 있다. 혹자는

FTA가 나라 사이의 경쟁을 더욱 격화시키고, 기업과 개인에게도 한층 강도 높은 경쟁을 요구할 것이라고 염려한다. 그런데 이러한 국제적 경쟁 위에는 지구상의 재화를 효율적으로 사용하고, 국가 경제와 더불어 세계 경제를 발전시키고자 하는 협동 정신이 깃들어 있다. 바람직한 경쟁이란 개인이나 기업 등 경쟁 참여자에게 같은 조건과 원칙, 균등한 기회 그리고 자유로운 경쟁이 보장되어야 한다. 오직 상대를 이기기 위한 경쟁이 아니라 서로 배려하고 발전하는 경쟁을 해야 한다는 말이다. 그럼에도 개인이나 기업은 불공정한 수단을 통해서라도 경쟁에서 이기고 싶은 유혹에 빠진다. 하지만 속임수나 담합 등을 동원한 불공정 경쟁은 세계 경제를 무너뜨릴 것이다. 과열 경쟁에서 오는 피해를 줄이고 적정한 수준의 경쟁이 유지될 수 있는 기준을 마련하고 감독할 수 있는 능력 있는 지도자를 우리 사회는 필요로 한다.

53

성공하기 위해서는 이상보다 실용을 선택해야 하는가?

　영국의 정치가이며 인문주의자인 토머스 모어(Thomas More)는 정치적 공상 소설 《유토피아(Utopia)》를 1516년에 썼다. 히스로디라는 선원으로부터 이상의 나라 '유토피아'의 제도·풍속 등을 들은 것을 기록하는 형식으로 이상 사회를 묘사하였는데, 이 나라에서는 모든 시민이 교대로 농경에 종사하고 노동 시간은 6시간이며, 교양 시간은 지식을 탐구하는 데 사용하며, 필요한 물품은 시장의 창고에서 누구든지 자유롭게 꺼내 쓸 수 있다. 유토피아에는 화폐가 없기 때문에 더러운 범죄도 없다. 사기, 도둑질, 강탈, 싸움, 살인, 배신 등은 돈이 없어지면 동시에 사라질 것이고, 두려움과 슬픔도 마찬가지라고 토머스 모어는 말하고 있다. 이 책에서 그는 사유 재산의 부정, 계획적인 생산과 소비, 인구 배분의 합리화, 사회적 노동의 계획화, 노동 조건의 개선, 소비의 사회화가 실현되기를 염원하고 있다.

재산의 사유화가 빚어내는 도덕성의 부패를 비난하고 공유 재산제를 바탕으로 보다 합리적이고 정의로운 사회 공동체를 일구려는 공산주의의 이상은 19세기와 20세기 초반 서구를 지배하는 선풍적인 이념이었다. 정치적·사회적 문제를 해결할 수 있는 방법은 공산주의뿐이라고 믿었다. 그러나 사실 소비에트 연방이 몰락하고 중국이 자유 경제 체제를 받아들이기로 한 것은 공산주의의 이상이 현실적으로는 이루어질 수 없는 것임을 확인할 수 있는 기회였다. 또한 이상주의보다는 실용주의 노선을 선택하였던 미국이 세계적 지도자 위치에 서 있음을 볼 때, 실리보다는 이상을 중시하는 사회는 오히려 국민들에게 실망을 가져다 주었음을 알 수 있다.

문화의 전통이 오래된 국가에서는 미국을 상놈의 나라라고 격하(格下)한다. 왜냐하면 전통적인 가치관을 가진 사람들이라면 지켜야 할 분명한 격식이나 예절을 미국인들은 거추장스럽다고 무시해 버리기 때문이다. 미국인들이 청바지에 티셔츠 차림으로 햄버거를 먹으며 거리를 활보하는 것은 흔히 볼 수 있는 모습이다. 또 그들은 연령의 차이를 불문하고 존칭의 의미를 지닌 성(姓)을 부르는 것이 아니라, 아이들을 부르듯 그냥 이름을 부르기도 한다. 오히려 이름을 부르는 것이 더 친근감을 준다고 생각한다. 또 처음 보는 사람들에게도 자신의 이혼 경력이나 경제적 형편 같은 지극히 개인적인 이야기들을 아무렇지도 않게 말한다. 그리고 싫고 좋은 감정을 숨김없이 솔직하게 말해 다른 사람들을 당황하게 하기도 한다. 이와 같이 생각을 직접적으로 표현해도 실례가 아니라고 여기는 미국적 사고방식은 실용적 가치를 더 중요하게 여기는 태도에서 비롯된 것이라 할 수 있다. 그러나 미국인이 실용주의적이라고 해서 인간의 존엄성보다 이윤을 먼저 따지는 것은 아니다. 미국은 현재 세계에서 가장 문명화된 국가로 여겨진다. 최고의 경제력과 군사력도 뛰어나지만 그보다는 인권에 대한 법적 보호가 어느 나라보다 확실하기 때문이다. 이 점에서 보면 미국은 '양반'은 아닐지라도 돈만 있고 정신과 문화가 없는 천박한 '상놈'은 아닌 듯하다. 분명 실용적 가치를 중요하게 생각하지만 이에 못지않게 인간 존엄의 가치와 인류애를 근본으로 하는 도덕성이 그들의 문화 속에 뿌리 깊이 자라고 있다. 즉 미국의 인본주의의 발달은 실용주의 덕이라고 볼 수도 있다. 다시 말해 일상 생활에서 실제적으로 유용할 때 그 가치가 빛난다는 실질적인 유용성 덕에 미국의 정치, 학문, 경제가 발전하게 된 것이다.

실용주의 풍토는 미국을 경제 강국으로 만들었다. 공직자들의 높은 도덕성과 권위보다는 실용성을 중시하는 정치 풍토가 경제를 강하게 만드는 데 큰 기여를 한 것이다. 1980년대에 들어서면서 미국을 비롯한 서구 제국에서는 이른바 작은 정부를 지향한다. 이런 정치적 흐름 속에서 공기업의 민영화 추세가 활발해졌고, 이에 편승하여 실용주의적인 미국의 주도로 교정 제도에도 효율성 제고를 위한 민영화 움직임이 시작되었다. 갈수록 급격히 늘어나는 범법자를 수용하기 위해 많은 교도소가 필요하게 되자 미국 정부는 사설 교도소 신설을 허가하였다. 미국의 사설 교정업체 가운데 가장 먼저 설립된 회사는 1983년에 테네시 주에서 발족된 미국 교정 회사(CCA)이다. 이 회사는 사설 교정 사업을 개시한 후 불과 3년 만에 증권 시장에 주식을 상장하였고 당시 5,000만 달러에 불과하였던 회사의 총자산은 12년 만에 무려 35억 달러에 이르는 거대한 규모로 성장하였다. 이 회사는 뉴욕 증권 거래소가 지난 3년 동안 급성장한 회사 중 하나로 뽑을 정도로 불황을 모르고 현재까지 급성장하고 있다. 이처럼 사설 교도소가 사회의 교도 행정으로 자리 잡게 된 배경은 실용주의적 사고가 있었기에 가능한 발상이었다.

현재 미국은 실용주의에 입각해 상호 무역 및 산업 협력 증진을 위해 여러 나라와 FTA 협정을 맺으면서 글로벌 마케팅 시대를 준비하고 있다. 미국 경제의 성공은 실용주의 노선을 철저하게 지켰기 때문에 가능한 것이었다. 미국의 경제 정책의 대부분은 1976년 노벨 경제학상을 받은 시카고학파인 프리드먼의 이론을 채택하고 있다. 1971년 미국이 고정 환율제를 폐지하고 변동 환율제를 도입한 것은 바로 자유 시장에 입각한 신자유주의 경제학, 즉 정부의 역할 축소와 자유 시장 확대의 중요성에 근거하고 있다. 또한 미국이 1973년 징병제를 모병제로 바꾼 것도 실용주의의 가치가 국방 정책에까지 영향을 미쳤기 때문이다. 유럽은 자신들의 조용한 경제 정책이 미국의 적극적인 실용주의 정책에 뒤지게 되자 서둘러 유럽 공동체(EU)를 결성하고 미국과의 경쟁 체제를 모색하고 있다.

　미국 과학의 특징도 실용주의로 대변된다. 20세기 과학을 주도했던 미국은 19세기 말과 20세기 초 유럽의 모습을 자신들의 실용주의적 조건에 맞도록 바꾸어 놓았다. 그로 인해 유럽에서 만들어진 물리 화학은 미국에서 오히려 더욱 번성했으며, 고전 양자론, 양자역학 등은 미국적 토양 속에서 실용적인 성격을 지닌 분자 물리학, 양자화학, 고체 물리학 등과 같이 실험 과학과 밀접하게 연관된 학문들로 발전했다. 그 덕분에 전기와 전화의 발명에 이어 비행기, 자동차, 컴퓨터와 각종 전자 제품과 같은 20세기 과학의 실용주의는 미국에서 이처럼 꽃을 피우게 된 것이다.

　1989년 동구권의 변화와 1991년 소비에트 연방의 해체를 두고, 매체들은 '사회주의에 대한 자본주의의 승리'라고 해석했고, 많은 사람들이 이에 쉽게 동의했다. 현재 러시아는 '신자유주의'라고 불리는 일련의 경제 정책들, 즉 규제의 완화, 공기업 민영화, 노동의 유연화 등의 자본주의 경제 이론을 따르며 경제 성장을 꿈꾸고 있다. 이처럼 집단 농장 등 이상주의를 표명했던 사회주의는 몰락하고 말았다. 그렇다고 해서 사회주의 체제의 그 모든 것을 부인하거나 비판해서는 안 된다. 왜냐하면 사회주의 제도가 자본주의 국가의 사회 복지 제도에 끼친 영향력도 대단하기 때문이다. 자본주의 국가의 대표격인 미국은 세금 제도나 사회 복지 정책에 철저히 빈곤층과 약자 보호라는 사회주의자들의 목소리를 반영하고 있다. 경제 정책에서 실용주의를 표방하는 미국이 사회 복지 제도나 조세 제도에서는 재산 재분배 원칙이나, 교육 기회의 균등화 등 사회주의 체제를 적극 도입하고 있는 것처럼 말이다.

54

정부는 현안과 장기 계획 중 어떤 것을 우선해야 하는가?

　대부분 사람들은 정부가 현재의 긴급한 문제들을 먼저 해결해야 한다고 생각한다. 자연 재해, 빈곤, 질병, 폭력과 범죄가 들끓고 있는 오늘 당면한 이 시급한 사회 문제들을 정부는 우선적으로 해결해야만 한다는 것이다. 이러한 문제들을 자세히 살펴보면 정부가 과거에 해결하고자 좀 더 철저하게 계획하고, 계획을 실행하였다면 그 피해를 훨씬 줄일 수 있었던 것들이다. 정부는 행정 조직과 예산을 바탕으로 정치, 경제, 문화, 연구 등 모든 분야에서 국민의 생존을 위협하는 커다란 재난을 효과적으로 대비해야만 한다. 이러한 이유로 미국 정부는 지진이나 홍수 또는 폭동 등 재난이 일어났을 경우 즉시 파괴된 지역을 복구하고, 피해자들이 안전하게 거처할 수 있는 수용 시설과 필요한 식량과 의약품을 조달한다. 전체적인 피해 상황의 파악뿐만 아니라 개개인의 경제적 피해 상황을 일일이 조사해서 그들이 다시 자립할 수 있도록 지원하는 일을 전담하는 FEMA(Federal Emergency Management Agency)라는 연방 기구를 설치, 운영하고 있다.

미국 정부는 영토 내에 어디든지 재난이 발생하는 지역에 FEMA를 급파하여 긴급하고 위험한 사태를 수습한다. 1992년 로스앤젤레스에서는 백인 경찰관이 흑인 범법자 로드니 킹(Rodney King)을 체포하는 과정에서 구타와 폭력을 휘두르는 장면이 한 시민에 의해 찍혀 미디어에 폭로되자, 성난 흑인들은 폭동을 일으키고 말았다. 이 때 연방 정부는 주 방위군을 투입해서 폭도들을 진압한 뒤 FEMA를 급파하여 피해 지역 주민들의 안녕과 복지를 위해 산재한 문제들을 해결하였다. 또한 지난해 허리케인 카트리나가 플로리다 주를 강타하여 수십만 명의 주민들이 집과 재산을 잃어버렸을 때에도 이들을 안전 지역으로 대비시키기 위하여 수십 마일 고속도로 구간에 대형 수송 정책을 펴기도 하였다. 이처럼 정부는 긴급한 문제를 해결하기 위하여 FEMA와 같은 정부 기구를 두고 미래에 닥칠지 모르는 피해와 위험 부담을 최소화함으로써 자국민을 보호해야만 할 것이다.

옛말에 '호미로 막을 것을 가래로 막는다.'고 했다. 이는 정부가 미리 예견되는 문제나 재난을 대비하지 않았을 경우, 나중에 더 큰 대가를 치르게 될 것임을 비유하는 가장 적절한 표현이다. 생명 공학 분야는 줄기 세포 연구로 늘 떠들썩하게 국민적 관심을 받는 미래의 첨단 연구 분야이다. 이러한 최첨단 연구 분야의 지원을 위해서 정부는 자금을 책정해야 할 뿐 아니라, 연구 과정에 비윤리적인 일들이 일어나지 않도록 법적 제도도 마련해야만 한다. 만약 정부가 이러한 문제들에 대비하지 못한다면 조지 오웰의 소설《1984년》에서처럼 복제 인간들이 세상을 정복하려고 할지도 모른다. 생명 공학이나 장기 이식 수술과 같은 새로운 기술이 개발됨에 따라서 생길 수 있는 윤리 문제에 적절한 법적 규제도 정부가 미리 계획하고 준비해야만 할 부분이다. 정부가 이러한 문제를 미리 해결하지 못한다면 무방비 상태의 태아 복제는 종국에는 결혼 제도를 파괴하고, 가족 제도를 붕괴시키고 말 것이다. 건전한 사회의 가족 제도를 파괴하는 무절제한 생명 공학 기술로 발전하지 않도록 정부는 세심하게 주의해야 한다.

정부의 궁극적 목적은 국민 복지를 향상시키는 것이다. 국민 복지를 증진하기 위해서 부단히 노력하는 정부만이 미래의 재난을 미리 방지할 수 있다. 그래서 정부는 20년 혹은 30년 이후에 있을 인구 구조의 변화, 즉 노인 인구 증가로 고갈되어 가는 국민 연금을 확보하기 위한 계획을 미리 세우기도 한다. 미국 정부는 현재 만 65세부터 신청할 수 있는 국민 연금을 1955년 이후의 출생자들에게는 67세부터 적용한다고 연금법을 변경하였다. 미래에 발생할 자금 고갈에 대한 국민들의 실망과 분노를 막기 위해서 정부는 적어도 20년 앞을 내다보고 시행령을 만든 것이다. 지구상의 문제도 산

재해 있는 지금 왜 굳이 NASA 프로젝트에 천문학적인 기금을 쏟아 붓느냐는 의견이 없는 것은 아니다. 하지만 NASA가 거금을 들여서 쏘아 놓은 우주 정거장에서 수집한 정보나 우주 여행 기술과 경험이 수백 년 뒤에는 이 지구상에서 해결할 수 없는 심각한 자원 고갈이라는 재난을 막아 줄지도 모른다.

지난 세대들이 현 세대들의 문제를 해결하기 위해서 노력해 왔던 것과 같이, 현 정부도 미래의 문제 해결을 위해서 미리 계획하고 준비해야 할 것이다. 특히 기술이 점점 발달해 가는 지금 정부가 조금만 더 철저히 준비한다면 엄청난 숫자의 예산 낭비를 막을 수 있다. 정부는 미래의 긴급한 문제인 인구 감소나 에너지의 고갈 등으로 국민들의 복지 생활을 해치지 않기 위하여 지금도 부단히 계획하고 준비해야 할 것이다. 언젠가는 지진이나 홍수를 미리 알 수 있는 기술도 개발하여 인명이나 재산 피해를 최소화할 수 있도록 꾸준한 노력을 기울여야 한다. 미래를 대비하지 못하고 현재 일어나는 재난이나 문제들만 해결하고자 전전긍긍하는 정부가 있다면 그 국민들의 미래는 불안할 것이다.

55

어떠한 조직이든 새로운 인재 영입은 꼭 필요한가?

　한 사람의 지도자가 평생을 권좌에 앉아 있는 정치 형태를 가진 사회를 우리는 독재주의 국가라고 한다. 그리고 이러한 사회는 인류가 평등이나 자유와 같은 이성적 가치관에 대해서 무지하던 시대에나 있을 법한 정치 형태이다. 현대 민주주의 국가의 국민들은 일인 독재나 우상화를 단호히 거부한다. 아무리 유능한 지도자라도 권좌에 앉아 있는 임기가 길어진다면 종국에는 한 사회의 변혁과 발전을 저해하고, 경제적으로도 쇠퇴할 수밖에 없기 때문이다. 민주주의 정부 체제처럼 새로운 리더를 4년이든 5년이든 일정 기간마다 새로 선출하는 것이 과연 사회 발전을 위해 필수적인가를 묻기도 한다. 어떤 사회든지 새로운 인재들을 영입하여 정부를 이끌어가고자 하는 갈망은 매우 자연스러운 일이다.

유럽을 이끄는 독일·프랑스·영국의 지도자가 차례로 교체되었다. 공히 10년 안팎의 기간 동안 집권해 온 지도자들이 물러나고, 그 자리에 노선과 정책 성향에서 전임자들과 확연히 차별되는 새로운 지도자들이 등장했다. 새로운 지도자들은 공통적으로 실용 개혁주의를 표방하고 있다. 이전 지도자들이 대체로 유창한 언변과 낙천적이고 포용적 이미지를 연출한 반면, 이들은 실용주의적이며 강한 의지와 추진력을 가진 깐깐한 지도자라는 공통점을 갖고 있다. 스코틀랜드 출신의 고든 브라운(James Gordon Brown) 영국 총리 내정자는 외골수 일벌레로 정평이 나 있다. 그에게 호의적인 이들은 '진지하고 꾸밈없다.'고 하지만 그렇지 않은 이들은 '고집 불통, 지루하기 짝이 없는 정치인'으로 혹평한다. 이렇게 새로운 리더를 선출하면서 국민들이 정치인 개개인에 대해 자유롭게 품평을 하면서 과연 어떤 지도자가 그들의 리더가 되어야 하는가에 대해서 고민한다.

정치에 있어서 새로운 대통령과 국회의원을 선출하는 것은 한 사회에 젊은 활기를 불어넣어 줄 수 있는 새로운 힘의 원천이 된다. 정치 지도자의 임기를 5년으로 하느냐 4년으로 하느냐는 한 사회의 구성원들이 약속한 대로, 즉 법이 제정한 대로 하면 될 것이다. 새로운 지도자를 영입하지 않는 사회는 정치적으로 퇴보할 뿐만 아니라 경제적으로도 고통받는 사회가 되고 만다는 것은 북한을 보면 잘 알 수 있다. 장기 집권을 고집하다가 최고 권력자에서 사형수로 신세가 돌변한 후세인의 경우도 그러하다. 일본에서는 고이즈미가

수상으로 당선되었을 때 열광하였다. 하지만 지금은 그의 오랜 집권이 일본의 발전을 오히려 방해했다고 평가하고 있다. 자유 민주당이 대대로 집권하는 일본 사회는 변화를 부인하는 정체된 사회이다. 미국은 양대 정당 정치가 잘 발달한 민주주의 국가이다. 그리고 미국인들은 어느 나라 국민들보다도 이 양대 정당의 정권 교체를 당연시하고 있다. 한 정당이 오래 집권을 하면 그것이 곧 부패와 나태로 연결된다는 것을 알고 있기 때문이다.

1978년 크라이슬러는 1억 6,000만 달러의 빚을 지고 파산하게 되었을 때, 아이어코카(Iacocca)를 사장으로 영입하였다. 경제 대통령이라는 별명처럼 아이어코카는 회사를 경영하는 데 비상한 재주가 있었다. 아이어코카는 32년 동안 포드 자동차 회사에서 일하면서 최고 경영자의 자리에까지 오른 사람으로, 포드의 유명한 스포츠 카 머스탱, 소형차 피에스타를 만들어 자동차 업계에서 포드의 자리를 굳게 다진 사람이다. 하지만 32년이란 오랜 세월을 포드 사장으로 군림하면서 이런저런 경영진과 실무자들의 미움을 사기 시작했으며, 그 결과 파면을 당하게 되었다. 실업자가 된 아이어코카에게 뉴욕 대학교 경영 대학원장, 르노 자동차의 경영 고문, 항공사 사장 등 여기저기에서 스카우트 제의가 쏟아져 들어왔다. 그러나 아이어코카가 선택한 것은 다 쓰러져 가는 크라이슬러였다. 크라이슬러 자동차를 보란 듯이 일으켜 포드에게 복수하고 싶은 이유였을까? 아니면 그의 진정한 리더십을 과시하고 싶었던 것일까? 포드에서 36만 달러의 연봉을 받던 아이어코카는 크라이슬러에서는 단돈 1달러를 연봉으로 요구했다. 혼신의 힘을 다해 크라이슬러를 일으켜 세우기로 결심한 아이어코카는 우선 35명의 부사장 중 33명을 갈아치우고 폭스바겐과 제너럴 모터스에서 뛰어난 기술자들을 스카우트해 왔다. 또 종업원을 줄이고 적자를 내는 공장은 팔았다.

아이어코카의 지도력과 크라이슬러 직원들의 피땀 어린 노력이 헛되지 않아, 3년이 지난 1981년부터 크라이슬러는 차츰 제자리를 찾아갔다. 그 무렵 아이어코카가 3년 동안 수십억 달러를 투자해 개발한 야심작 K카가 나왔다. 소형차 K카는 나오자마자 크게 성공했다. 1갤런의 기름으로도 거뜬히 25Km를 갈 수 있는 K카야말로 미국 사람들이 오래도록 바라던, 미국인 손으로 만든 소형차였기 때문이다. 아이어코카는 K카를 한 대라도 더 많이 팔기 위해 노력했다. 그는 '5년 5만 마일 정책'을 폈다. '5년 5만 마일 정책'이란 K카를 산 지 5년이 되기 전이나, 5만 마일을 달릴 때까지 크라이슬러에서 자동차 수리를 공짜로 해 준다는 것이다. 또 만약 차를 구입한 지 30일 안에 고장이 나면 새 차로 바꾸어 주겠다고 고객들에게 약속했다. 아담한 모양에 실용성과 파격적인 애프터 서비스 때문에 K카는 그야말로 날개돋친 듯이 팔렸고, 크라이슬러는 5년이 못 되어 불사조처럼 다시 일어섰다. 만약에 아이어코카가 계속 포드에 있었다면 어떤 일이 발생했을까? 포드에서 파직된 그가 크라이슬러에서 새로운 리더십을 발휘한 기적에서 우리는 중요한 사실을 배울 수 있다. 아무리 완벽하고 능력 있는 리더라 할지라도 같은 자리에 너무 오래 앉아 있다면 그것은 회사의 손실일 뿐 아니라, 본인 또한 자신의 무한한 능력을 개발하지 못한다는 점이다. 아이어코카 자신도 포드의 해고가 아니었다면 결코 인생의 절망에서 크라이슬러의 기사 회생이라는 기적을 이루어 내지 못했을 것이다.

교육계에도 새로운 리더십은 절실하다. 공교육이 신뢰를 회복하기 위해서도 교육 정책을 바로 세울 수 있는 교육 지도자를 선출해야 할 것이다. 민주주의 교육에 앞장서야 할 교육계에 구태의연한 자세를 가진 교육자들이 지속적으로 군림해서는 그 나라가 결코 발전할 수 없다. 세계화, 글로벌 인재 양성, 창조적 리더십 개발이라는 비전을 가지고 보다 진취적이며 인도적인 지도자를 교육하기 위해서는 다양한 경험과 지식을 갖추고 미래를 내다보는 능력과 창조적 리더십을 겸비한 인격자를 선출해야 할 것이다. 교육을 통해 학생과 학부모는 물론 국민 모두에게 희망과 만족을 줄 수 있는 교육 지도자를 양산할 수 있는 사회의 미래가 밝은 것이다. 그런데 우리나라의 현 교육감 제도는 임기 4년에 3번까지 중임을 허락하고 있다. 새로운 지도자가 선출되어야 새로운 에너지로 일할 수 있다는 점을 명심할 필요가 있다.

56

위대한 국가의 척도는 사회 복지인가, 그 나라의 정치가, 예술인, 과학자 들인가?

흔히 위대한 국가는 모든 국민의 건강과 안녕을 위해서 제공되는 완벽한 복지 제도를 갖춘 나라라고 말한다. 그래서 많은 사람들은 정부가 세금의 대부분을 과학자, 예술인이나 정치가와 같은 개인에게 투자하는 것보다는 전체 국민이 혜택을 받을 수 있는 사회 보장 제도를 구축하고 '요람에서 무덤까지' 편안한 생활을 영위할 수 있는 제도를 마련하는 데 최선을 다해야 한다고 주장한다. 과연 빈민 문제 해결에 많은 예산과 노력을 기울이는 나라가 위대한 국가인가? 그렇다면 스웨덴과 같은 복지 국가를 우리는 위대한 국가라고 말할 수 있다. 그리고 무상으로 탁아소와 학교를 운영하는 공산주의 국가도 위대하다고 할 수 있을 것이다. 그러나 모든 국민의 행복한 평등을 그들의 이상으로 삼았던 공산주의의 몰락은 아이러니하게도 동일한 복지 체제가 한 국가를 경제적·정치적으로 퇴행하게 만들었음을 보여 준다. 공산주의 국가가 경제적인 안정을 국민에게 보장해 주지 못한 것은 한 사회에 휴머니스트 가치관을 심어 주는 위대한 예술가의 힘을 과소 평가했기 때문이다.

미국의 작가 싱클레어(Upton Sinclair)의 작품 《정글(Jungle)》은 1900대 초기 리투아니아에서 온 이민자들의 고되고 힘든 삶을 묘사하고 있다. 싱클레어는 육류 가공 공장에서 벌어지는 이민자에 대한 착취와 만행을 거침없이 폭로하였다. 고용주의 비도덕적 행위와 불공정한 처우 아래서 고통으로 희망 없는 나날을 살아가는 노동자들의 모습을 적나라하게 그린 것이다. 부유한 자본가들이 이민자들에게 저임금이나 성추행의 만행을 저지르고 그것도 부족한 나머지 썩은 소고기를 속여 군납하는 비양심적인 행위에 대한 미국 사회의 묵인을 비판하였다. 그는 《정글》을 출판하는 것에 그치지 않고 루스벨트 대통령에게 썩은 육류를 가공해서 군납하는 육류 가공 공장주의 비위생적인 행위가 얼마나 국민 보건을 해치는 비양심적인 행위인가에 대한 자신의 의견을 편지로 항변하였다. 결국 싱클레어의 편지는 정치인들이 국민 보건을 위한 법적인 규제를 만들게 하였다. 이처럼 한 작가의 용기 있는 행위는 사회 복지를 증진하는 데 기여하기도 한다. 그러므로 사회 복지를 발전시키는 힘은 하나의 제도가 아니라 그 사회가 나아가야 할 향방을 제시하고 일깨우는 문학가의 역할일 수도 있다.

화려한 예술가들의 삶은 언뜻 보면 사회 소외 계층인 빈민들의 생활과는 동떨어져 보인다. 마이클 잭슨이 자선 쇼를 열어 생긴 수입으로 빈곤층을 위한 사회 복지 사업에 기여하고 있다는 신문 기사는 독자들에게 신선한 충격을 던져 준다. 살기 좋은 사회는 빈곤과 질병을 퇴치하기 위한 복지 제도를 갖추는 것만을 뜻하지 않는다. 그보다는 각각의 사회 구성원이 자신의 능력과 자질을 발휘하여 서로 함께 아름다운 세상을 열어가고자 하는 공동체적 의식을 구현하는 사회가 살기 좋은 사회이다. 영국 런던의 웨스트미니스트 성당의 건축물을 보고 어떤 이들은 '너무 과도하게 사치스러운 것 아니야?'라고 비판할지도 모른다. 평범한 사람들에게는 내부를 금색과 은색으로 화려하게 장식하고, 각종 대리석과 그림들로 가득 채운 사치스러운 건물로만 보이기 때문일 것이다. 하지만 이 성당의 아름다움이 아니라면 주위 환경은 더욱 황량했을 것이고, 그처럼 무미건조한 환경에서 살아가는 사람들은 남을 돕고 싶다는 순수한 마음을 불러일으키지도 못했을 것이다. 이런 이유로 정부는 일정 예산을 예술가들의 자유로운 활동을 위해서 지불해야만 한다. 사회 복지 혜택이 직접적으로 실용적인 도움을 국민에게 준다면, 예술가들은 그들의 잠재 의식 속에 갇혀 있는 이타적인 정신, 나아가서는 숭고한 열정을 불러일으키기 때문이다.

언뜻 생각하기에 자선 사업과는 거리가 있게 느껴지는 과학자들의 창의적인 아이디어가 공명 정대한 세상을 건설하는 데에 원초적인 도움이 되기도 하였다. 20세기 최대의 발명품인 컴퓨터와 세계를 하나로 잇는 인터넷 시스템의 구축은 전보다 더 손쉽게 부정부패와 비리를 조사할 수 있는 환경을 만들었다. 세금을 내지 않으려는 이기적인 상인들이나 부자들을 효과적으로 저지할 수 있는 플라스틱 머니, 즉 신용카드 사용을 일상화할 수 있게 된 것도 컴퓨터 공학의 발전 덕분이다. 또한 전산 시스템 구축으로 개인이나 회사 간에 서로 주고받는 자금의 추적이 가능한 사회에서는 보다 명확하게 불법적인 돈 거래를 감시할 수 있게 되었다. 컴퓨터 또한 사회 복지 증진에 단단히 한 몫을 하고 있는 것이다. 10년 전만 하더라도 기초 사회 보장 수급 수표를 받기 위해서 온종일 사회 복지국 의자에 앉아서 기다려야만 했다. 하지만 이제는 전산화된 수표가 신속하게 개개인의 집으로 전달되어 가난한 수급자들의 지루한 기다림도 없어졌다.

앞에서 본 바와 같이 작가, 정치인, 예술가, 과학자 모두 우리 사회 발전을 위해서 기여해 왔다는 사실을 볼 때 우리는 위대한 나라의 척도를 그 나라의 완벽한 사회 복지 시설이라고만 말할 수는 없다. 살기 좋은 국가를 만들기 위해서는 보다 나은 사회 환경을 제공하기 위해 노력을 기울이는 더 많은 정치인과 예술가, 과학자 들의 탄생을 기원해야 한다. 위대한 그들의 도움 없이 복지 제도의 증진은 불가능하기 때문이다. 정치인은 여론에 귀를 기울이고, 예술가들은 나태하거나 타성에 젖을 수 있는 대중에게 신선한 충동을 불러일으키고, 과학 기술 또한 우리 사회 안에 존재하는 소외 계층들의 고생을 덜어 주는 것은 물론, 나아가서 인류가 사는 이 지구를 보다 나은 삶의 터전으로 가꾸는 일에 앞장 서야 한다.

57

정치 지도자는 정보를 누설하지 않는 것이 바람직한가?

미디어는 정부의 일거수 일투족을 긴밀하게 조사하여 정치인들의 비밀을 캐내어 국민들에게 폭로하는 것이 자신들이 해야 할 중대한 의무라고 생각한다. 하지만 정부 기관의 일은 특히 국방이나 외교 등의 문제는 대중에게 알린다는 것이 결코 한 국가의 번영과 안녕을 위해서는 바람직하지 않을 수도 있다. 특히 정부에서 흘러나온 정보로 인해 대중들이 필요 이상으로 흥분하여 일상적인 경제 활동에 집중할 수 없을 정도로 사회 분위기가 어수선해진다면 정치 지도자들이 그들의 본분을 다했다고 말할 수는 없다. 이러한 이유로 예리한 관찰력과 명석한 결단력을 갖춘 지도자를 선정해야 사회는 번영할 수 있는 것이다. 정치적으로 안정되지 않는 국가는 경제적으로도 발전할 수 없다는 것은 너무도 자명한 사실이다. 미디어 또한 특종을 위해서 국가 안보까지 위협받을 만한 일급 국가 기밀을 파헤치는 것은 자제해야 한다.

　민주주의 사회에서 국민들의 알 권리에 대한 논쟁은 그 어느 것보다 사회를 들끓게 만든다. 최근 미국 사회에서는 아이오와 주 정부에 대한 공문서 공개와 공개 회의의 당위성을 주장하는 시민 운동이 전개되고 있다. 아이오와 주 정부는 공무원 임금의 과다한 지출과 공문서 처리의 비효율성을 들어서 이러한 소수 시민의 의견을 거부하고 있다. 이 논쟁은 많은 사람들에게 어느 쪽 의견이 합리적인가 하는 의문을 남겼다. 이 문서 공개 운동을 지지하는 변호사 기우디세시(Michael Giudissessi)는 정부가 공무를 공개적으로 집행하지 않을 경우 더 많은 문제를 일으키게 될 것이며, 이로 인하여 더 많은 과실이 발생하고 또한 이러한 과실을 덮기 위한 불법적인 행정 절차가 시민들의 권리를 축소시킬 것이라고 주장한다. 이 문제에 대한 답변을 위해서 우리는 대중이 과연 누구인가 하는 질문을 던져야만 할 것이다.

　미국의 케네디 대통령이 쿠바에 미사일 기지를 만들고자 하는 소련의 의지를 외교적 타협으로 해결한 역사적인 순간을 돌이켜 볼 때, 국가 원수의 지혜로운 판단력과 외교 능력은 사회를 안정으로 이끄는 데 기여했음을 알 수 있다. 만약에 케네디 정부가 혹시 일어날지도 모르는 전쟁의 위협을 걱정해서 국민들을 공포 상태에 몰아넣었다면 증시 폭락은 물론 미국 경제까지 마비되거나 퇴행했을지도 모른다. 이러한 이유로 각각의 국가들은 첩보 기관을 두고 있으며 수집되는 정보 중 사회가 동요될 만한 것들에 대해서는 철저히 함구한다. 어느 나라나 국가에 큰 문제가 발생하면 주무 부서와 관련된 국가 요원들이 모여서 논의하고 결정한다. 쿠바 미사일 기지 설치는 공산주의 국가인 소련이 미국의 코앞에 미사일 기지를 만들고자 했던 중대한 국가 비상 사태였다. 그 당시 한국도 미국의 비상 사태를 맞아 전투 태세를 갖추고 미국의 고위급 회의를 지켜보고 있었다고 한다. 전 세계를 공포에 몰아넣을 수 있었던 이 사건을 평화적으로 해결한 케네디 대통령의 업적은 반 세기가 지난 지금에도 미국 역사 속에서 빛나고 있다.

제3문명이라고 일컬어지는 사이버 네트워크 시대를 이끌어 갈 양심 있는 지도자와 시민들은 정보의 유출이 국가 안보를 위협할 수도 있기 때문에 사이버 해킹 금지법을 제정하고 정보 자산이나 국가 기밀을 누설하는 것을 범죄로 규정하고 있다. 국가 보안이란 모든 국민이 안정된 경제 활동을 할 수 있도록 안정된 사회를 제공하는 절대적인 요소이기 때문이다. 국가 정보원이나 국방부에서 하는 모든 일을 국민에게 알리고 상의한다면 한 국가의 운영은 분명 혼돈의 상태로 빠지게 될 것이다. 정부는 어느 정도 국민의 알 권리를 침해하지 않는 한 정보를 규제하고 미디어는 국민의 안녕을 위협할 수 있는 정보는 누출하지 말아야 한다. 그런 정보를 국민에게 흘림으로써 사회를 혼란에 빠트리는 일은 없어야 할 것이다. 독재 정권이 정치적 권력을 유지하기 위한 수단으로 북한의 남침 위협을 악용한 것을 대한민국 국민은 잘 알고 있다. 또한 5·18 민주화 운동 같은 역사적인 시민 운동을 은폐했던 전두환 정권의 정치 행각도 있었다. 이 같은 일이 다시 일어나지 않기 위해서 미디어는 귀를 기울이고 감시의 눈을 게을리해서는 안 될 것이다.

클린턴 미국 대통령이 백악관 인턴 직원인 르윈스키와 1년 반에 걸쳐 부적절한 관계를 지속했다는 사실이 발각되자 클린턴은 탄핵안이 의회에 제출되는 등 정치적 위기에 처하게 되었다. 그러나 민주당이 공화당 의석보다 많은 상원에서는 탄핵안을 모두 부결시켰다. 이로써 클린턴은 성추문으로 초래된 정치적 위기에서 벗어났다. 이 탄핵안이 부결된 이후에 미국인들은 대통령의 성추문 사건과 같은 개인적인 사생활과 대통령의 정책 수행 능력은 별개의 것으로 판시하였다. 그리고 국가의 권익과 거리가 먼 사적인 스캔들을 파헤치는 데에 불필요한 국고를 낭비하고 장기간 의회가 부정적인 일에 매달리는 것은 국민에게 손해를 입히는 일인 만큼, 대통령에 관한 불필요한 정보를 파헤쳐 사회를 혼돈에 빠트리는 일은 자제되어야 한다는 여론을 확인한 것이다.

58

자국민의 도전을 받아들일 수 있어야 진정한 강대국인가?

흔히 강대국은 역사적으로 정치력이 강하고, 문화와 경제의 영향력이 전 세계에 퍼져 나가는 나라를 말한다. 국제 기구인 유엔이 인정하는 상임 이사국은 미국, 영국, 러시아, 중국, 프랑스이다. 상임 이사국은 실질적인 유엔의 결정권을 가지고 있는데, 절대적인 성격마저 띠고 있다. 만약 한 국가라도 의결하는 것을 반대하면 그 안건이 상정되지 못한다. 상임 이사국의 임기는 영구적이기 때문에 국제 사회에서 그들의 영향력은 진정 막강하다.

진정 어떤 국가가 강대국인가 하는 질문에 답하기는 어렵다. 제2차 세계대전 이후 1970년대까지 대만은 국제 사회가 인정하는 강대국이었다. 본토를 포함하여 중국을 대표하였기에 대만이 유엔의 상임 이사국이었으며, 현재의 중화 인민 공화국은 당시에는 서방 강대국들에게는 국가로도 인정받지 못하는 '불법 괴뢰 집단'이었다. 그러나 현재는 어떠한가? 거꾸로 당시의 '불법 괴뢰 집단'이 중국을 대표하는 국가가 되었고 대만은 국가가 아닌 중국 본토 중화인민 공화국에 속한 한 개의 자치구 정도가 되었다. 이처럼 국제 정세에 따라서 강대국은 수시로 변할 수 있다는 사실을 역사는 말하고 있다. 그렇다면 현재의 중국은 진정 강대국인가 하는 질문을 스스로 하게 된다.

20세기 초 세계 열강은 서로 앞다투어 한반도를 식민지화하려고 전쟁도 불사했다. 그리고 현재도 일본, 중국, 러시아와 미국은 한반도의 안녕과 평화 질서에 절대적인 역할을 하고 있다. 한반도의 운명을 결정 짓는 일에 이 네 국가의 입김은 대단하다. 하지만 이런 국제적인 영향력보다 자국민의 도전을 겸허하게 받아들일 수 있는 국가를 강대국이라고 지칭하는 것이 더 설득력이 있다. 이런 관점에서 본다면 중국이 아무리 상임 이사국으로 국제적 인정을 받는다고 하더라도 강대국이라고 말할 수는 없다. 1989년 공산당들의 부정부패에 항거한 급진 개혁주의자 학생들이 그들이 추앙하던 후야오방(胡耀邦)의 장례식 때 후야오방을 찬양하고 보수파를 비난한 '톈안먼(天安門) 사건'이 일어났다. 물론 당시 공산당 정부는 항거하는 젊은이들을 무력으로 무자비하게 짓밟았다. 자국민의 도전을 받아들일 준비가 되어 있지 않은 이런 나라를 정치 · 경제적 영향력이 커졌다고 해서 강대국 대열에 넣기에는 무리가 있어 보인다. 소련의 경우에도 별반 다르지 않다. 물론 미하일 고르바초프의 결단으로 자유 경쟁주의적 시장 경제를 공산 정부가 받아들였다는 사실은 용기 있는 역사적인 사건으로 해석할 수 있을 것이다. 하지만 지금의 러시아가 진정한 강대국으로 거듭나기 위해서는 자국민들이 스스로 민주 정부를 수립해야 할 것이다.

국제 관계 또한 철저하게 힘의 원리에 근거해서 작용되고 있다. 미국의 주간지 〈퍼레이드(Parade)〉는 전 세계 인구의 5%도 안 되는 미국이 경제, 군사력에서 최강국으로 자리 잡고 있다는 사실을 자타가 인정하고 있다고 보도하였다. 그리고 여기에 덧붙여 미국이 강대국이라는 증거는 노벨상을 받은 사람들이 가장 많고, 10억 달러 이상의 재산가가 무려 400명을 육박하며, 4년마다 열리는 올림픽에서 가장 많은 금메달을 획득하고, 인터넷의 허브이고, 도로, 공항, 철도 시설이 어느 나라보다 거대하기 때문이라고 설명하고 있다. 이외에 군사력에서도 보면 해외 144개국에 46만 명이 넘는 병력을 보내고 있고, 가장 많은 핵탄두를 보유하고 있으며, 국내 총생산(GDP)이 13조 3,000억 달러에 이르고 1,580억 달러에 달하는 금을 보유하고 있다. 물론 이러한 세계 최고나 최다의 기록 때문에 미국이 강대국이라고 말하는 것은 아닐 것이다.

강대국도 사회 문제에 많은 취약점을 가지고 있다. GDP에서 의료비가 차지하는 비중이 15%나 되고, 의료진 숫자나 병상 수, 유아 사망률, 평균 연령 등은 세계 40위 수준이며, 교도소 수감 비율은 세계 1위이다. 그러나 정치적·경제적·학문적 분야의 우수성을 떠나 미국이 진정한 강대국인 이유는 자국민의 도전을 받아들이는 민주주의적 정치 제도 때문이다. 땅덩어리가 커서 그리고 천연 자원이 많기 때문에 쉽게 국제적으로 영향력이 있는 나라가 된 것은 아니다. 미국의 민주주의가 세계 많은 나라에 영향력을 끼치고 있기 때문이며, 미국이 최초로 국민을 위한, 국민에 의한, 국민의 정부를 수립한 역사를 가지고 있기 때문이다.

이러한 국민의 도전을 자세히 볼 수 있는 것은 미국 헌법 수정안이다. 시민의 기본권을 명시한 헌법의 첫 수정안 말고도 미국은 흑인 노예를 해방하고 투표권을 부여한 수정안, 또한 여성에게 투표권을 부여한 수정안, 흑인에게 동등한 교육의 기회와 사회 진출의 기회를 제공한 수정안과 같이 자국민의 도전을 적극적으로 받아들여 헌법을 수정하였다. 이 때문에 현재와 같은 강력한 미국이 탄생했음을 이해해야 한다.

59

민주 정치를 위해서는 어떤 방식으로 여론을 취합해야 하는가?

　플라톤은 저서 《국가(Politeia)》에서 이상 국가의 실현을 위해서는 진정한 학문이며 인생의 지침, 인간 형성의 힘으로서 철학이 존재해야 한다고 주장하였다. 그러나 이와 같은 플라톤의 이상 국가의 실현 방법은 선의 이데아의 인식과 올바른 인간의 개념을 말하고는 있으나, 지배자에게 있어서의 '지배의 논리'로만 설명된 '이상 정치'였다. 아테네의 민주제, 스파르타의 귀족제, 이집트와 바빌로니아 그리고 페르시아의 군주제와 로마의 공화정과 같은 다양한 형태의 정치 제도가 있었으나 민주제와 공화제를 제외하고는 일반 대중의 자유로운 정치 활동이 거의 불가능하였다. 중세 봉건 국가에서는 소수의 귀족이 모든 정치 권력을 장악하고 지배 체제를 유지하기 위하여 신의 이름을 사용하였다. 권력을 소유한 소수가 강요하는 기독교적 가치관에 근거하여 농노들의 군사, 재판, 일반 행정을 주관했던 것이다. 그러나 산업의 발달로 인한 상품의 생산과 교환으로 성장한 시민 계급이 사회의 유력한 세력으로 등장하고 농노들의 반항도 치열해지면서 봉건 국가는 동요하고 말았다. 영주나 귀족의 패권 다툼으로 인한 대중의 희생과 불만은 점점 커졌으며, 이들 신흥 시민 계급의 경제적·사회적 영향력은 점점 커져 대중이 요구하는 사항들을 정치에 반영할 수밖에 없는 혁명적인 과업을 성취하게 되었다.

그럼에도 불구하고 보편적인 근거를 들어 합리적 의견을 취합하는 민주주의 사회를 구축하는 길은 험난하고 멀다. 봉건 영주의 권력을 제압하고 중앙 집권적인 통일 국가를 세우기 위해서 강력한 절대 군주제를 주장하는 마키아벨리의 《군주론》이나 홉스의 《사회계약론》과 같은 정치 사상이 등장하였다. 그러나 시민 계급의 성장, 신대륙의 발견과 식민지 전쟁은 자본주의 경제를 급속하게 발전시켰다. 16세기에 들어서서 대량 생산이 가능하게 되자, 자유 경쟁 원리에 따른 적극적인 상업 활동의 전개와 더불어 자유 평등의 이데올로기가 보편적인 정치 사상이 되었다. 자본주의 발달은 시민 계급의 여론을 지배자들이 인식하게 만들었고 국민 주권주의에 입각한 근대 헌법의 제정을 가져왔다. 정치에 있어서 여론의 중요성이 인식된 것과 더불어 다른 한편으로는 자본가의 부의 축적으로 인한 노동자 계층의 빈곤과 고통 또한 증대되었다. 이 때문에 1848년 마르크스와 엥겔스가 《공산당 선언》을 발표하며 유토피아를 운운하는 공산주의 이념이 탄생하였다.

청년 마르크스는 일찍이 시민적 여론 정치를 '새로운 정치'로 꿈꾼 바 있다. 자유 언론을 통해 사회적 공동 업무를 숨김 없이 공개하고 공론화하는 '진정한 공론'이 새로운 공민적·시민적 정치라고 한 엥겔스는 원시 공산 사회에서도 유일하게 정통적인 '강제 수단'은 '여론'뿐이라고 강조하고 있다. 마르크스와 엥겔스의 정치적 해방 기획을 해석해 보면 '정치적 국가의 사멸'은 국가의 계급 억압적 지배 기능의 사멸과 민주 여론 정치의 추구에 있다. 그러나 현실에 있어서 이들의 이론적인 이상 정치는 오히려 여론 정치를 억압하는 공산주의의 지배 원리를 지탱해 주는 이데올로기로 변질되고 말았다.

소비에트 연방의 멸망을 예견한 조지 오웰의 《동물농장(Animal Farm)》에서 동물들은 농장주인 사람을 물리치고 '동물농장'을 세운다. 혁명의 성공이었다. 혁명이 성공한 직후의 강령은 '네 발은 좋고 두 발은 나쁘다.'였다. 얼마 지나지 않아 혁명의 기수였던 스노볼(트로츠키)은 쫓겨나고 나폴레옹(스탈린)이 등극한다. 이 권력 쟁취의 합리화를 위해 스퀼러라는 돼지는 온갖 동물들의 기억과 여론을 조작한다. 이로 인해 소설의 말미에서 혁명 초기의 강령 '네 발은 좋고 두 발은 나쁘다.'는 '네 발은 좋고 두 발은 더 좋다!'로 바뀐다. 공산 혁명의 실패는 조지 오웰이 예견한 것처럼 보편적인 여론을 정치에 반영하기는커녕 공산당 최고 권력자들의 지배 욕구를 채우는 정치적인 도구로 이데올로기를 매도한 데 있었다.

민주주의에 있어서 사회적 쟁점의 해결 원리는 민주적 절차와 원리에 따른 대화와 토론, 설득, 타협이다. 법에 부합해서 어떤 의견적 대립을 취합으로 이끌어 가야 한다. 또한 이 때 결정된 의견은 상호 간에 혜택이 돌아가야 하는 호혜성에 중점을 두어야 한다. 비용을 최소화하고 이익을 극대화하기 위한 노력, 즉 공익성에 근거하여 국민 전체의 이익과 부합해야 한다는 것이다. 이상주의 정치는 지난 세기에 너무나 많은 실망을 가져다 주었다. 이상을 표방한 공산당의 지배 욕구는 보편적 의견을 아예 그들의 관심 밖에 두었기 때문에 공산 혁명은 자멸의 운명을 피하기 어려웠던 것이다. 정치에 있어서 이상주의를 추구하는 것 자체가 나쁘다고는 말할 수 없다. 다만 이상을 내세워서 국민의 기본권을 억압하는 것은 심각한 문제이다.

60

공정한 법을 따라야 할까, 아니면 불공정한 법에 항거해야 할까?

　성숙한 민주 시민이라면 누구나 공정한 법을 따라야 하는 준법 정신이 무엇보다 중요하다고 생각한다. 공정한 법을 따를 때에 사회 질서는 유지되고, 사회 구성원 개개인이 준법 정신을 가지고 살아갈 때 자유로운 경제 활동 또한 보장되기 때문일 것이다. 하지만 우리 사회를 민주 사회로 발전시킨 원천적인 힘이 정해진 법을 지키고 순응하고자 하는 사람들보다는 진정한 사회 정의와 자유를 성취하기 위해서 불공정한 법에 항거한 영웅들의 투쟁이 아니었던가? 불공정한 법에 항거하는 것은 매우 어려운 일이다. 지구상 도처에 뿌리박고 있던 인종 차별주의나 독재주의를 타파하고 자유 민주주의 사회를 이루기 위하여 헌신한 사람들을 영원히 기리고 존경해야 할 것이다.

고속 도로에는 속도 제한을 알려 주는 표시들이 즐비하게 늘어서 있다. 하지만 이러한 속도 제한 규칙을 지키는 운전자보다 경찰관이나 감시 카메라가 없는 구역에서 너나없이 빠른 속도로 질주하는 운전자가 많다. 더욱 한심한 것은 음주 운전이다. 술을 마시고 운전대를 잡는 것은 자신을 죽음으로 몰아넣을 뿐 아니라, 또 다른 억울한 죽음을 가져올 수 있기 때문이다. 또한 적은 노동의 대가를 받고 살아가는 빈곤층이나 어린 노동자들의 인권을 보호하려고 고용주가 지켜야 할 시간당 최저 임금도 규정하고 있다. 하지만 많은 고용주들은 이러한 법적 규정을 어기고 훨씬 싼 노동 임금을 지불한다. 더러 악덕 고용주들은 아예 떼먹기도 하고 외국인 노동자들의 불법 체류 신분을 악용하여 자신들의 이익을 극대화하기도 한다.

일상에서 공정한 법을 준수하는 양심적 시민이 되는 일도 쉽게만 보이지는 않는다. 불공정한 법에 항거하는 용기 있는 자를 주인공으로 하는 그리스 작가 소포클레스의 《안티고네(Antigone)》에 대해서 생각해 보자. 국왕이며 안티고네의 숙부인 크레온은 폴리네이케스를 역적으로 취급하여 처형한다. 그리고 폴리네이케스의 매장을 허락하지 않고 그의 시체를 들에 내버려 새와 짐승의 밥이 되게 하였다. 하지만 안티고네는 이를 거역하는 자도 사형에 처한다는 포고에도 불구하고 오빠의 시체를 수습하였다. 이를 알고 화가 난 크레온이 안티고네를 지하 감옥에 가두었고 그녀는 목을 매어 자살하고 만다. 통치자로서 나라의 법을 중요하게 생각한 크레온은 아들과 예언자의 반대에도 불구하고 정해진 법에 따라 안티고네를 사형에 처하고자 동굴에 가두었다. 반대로 안티고네는 크레온이 제시한 법이 불공정한 까닭에 경고를 무시하고 오빠의 시신을 거둔 것이다. 동기간으로서 애정과 도리가 국법보다 더 중요한 인간의 자연권이라고 안티고네는 믿었기 때문에 국법에 항거한 것이다. 과연 이 두 사람 중 누가 옳은 것인가? 자연법을 더 중요하다고 믿었던 안티고네의 손을 들어야 할 것이다. 인본주의 사상이 진보한 것은 불공정한 법에 홀연히 항거한 안티고네가 있었기 때문이다.

미하일 고르바초프는 소련 연방의 수장으로서 공산주의 헌법이 불공정하다고 결론을 내리고 냉전 시대를 종식한 지난 세기의 용기 있는 영웅들 중에 한 사람이다. 그가 더욱 위대한 것은 최고 권력자의 자리에 있으면서 공산주의 체제가 경제 발전에 도움이 되지 않는다는 것을 이해하고, 자본주의 경제 체제를 받아들이기로 결단하였기 때문이다. 이로 인하여 그를 반대하는, 즉 소련 연방의 구제도를 유지하고자 하는 자들에게 체포되고 감금을 당하고, 심지어 생명을 잃을 뻔한 위기에 처하기도 하였다. 미하일 고르바초프의 위대성은 최고의 권력을 가진 통치자가 불공정한 법에 항거하였다는 데에 있다. 소련 연방의 최고 통치자로서 자신의 권력 유지에 급급하기보다는 모든 국민이 궁극적으로 행복하게 살아갈 수 있는 민주 회복과 자유 경쟁 체제로의 전환을 결단한 이 위인을 역사는 영원히 칭송할 것이다.

이 세상을 바꾼 용기 있는 사람들은 불공정한 법에 도전한 안티고네이며, 미하일 고르바초프이다. 두 사람 사이에는 2000년 이상의 시간 차이가 존재하지만 자신의 목숨을 걸고 불공정한 법에 항거한 두 사람의 모습은 흡사하다. 그리고 한 가지 더 주목할 것은 인류가 남긴 최초의 희곡에서 불공정한 법에 저항한 주인공이 남자가 아니라 여자라는 사실이다. 또 놀라운 것은 이러한 여성이 참정권을 갖는 데도 2000년의 세월이 걸렸다는 것이다. 수잔 앤서니(Susan Anthony)는 《여자도 사람입니까》에서 "나를 반대하는 사람 어느 누구도 이제는 여자도 사람이라는 결론에 쉽게 도달할 수 있을 것입니다. 여자도 사람이라면 여자도 시민입니다."라고 주장하였다. 이 여성 운동가의 투쟁과 헌신 덕분에 1920년 미국은 헌법 19조를 수정, 여성 참정권을 보장했으며 이를 '수잔 앤서니 수정 헌법'이라고도 부른다.

61

법은 환경, 시간, 장소에 따라서 유동적이어야 할까, 고정적이어야 할까?

법이 유동적이지 않고 고정적일 때 사회는 안정성을 가지게 된다. 물론 법을 선고하는 재판관은 피고인이 범법 행위를 하게 된 환경과 경위를 심사숙고한 뒤 형(刑)을 결정한다. 두 사람이 모두 도둑질로 고소된 경우에도 어려운 생계 때문에 범죄를 저지른 경우와 탐욕으로 남의 것을 훔친 경우에는 분명히 형량이 다를 것이다. 하지만 두 사람 모두 법의 처벌을 받는다는 사실만큼은 동일하다. 임종을 맞이하는 어머니께 서둘러 가기 위해서 고속 도로에서 과속으로 달린 운전자에게 개인적인 위급 상황을 고려해서 처벌을 경감하거나 면제해 주지는 않는다. 인본주의의 발달 과정을 역사적으로 고찰해 볼 때 법은 분명 사고의 발달과 함께 수없이 변형되어 왔다.

미국은 최초의 헌법을 만든 뒤에도 필요할 때마다 법 규정을 수정하였다. 첫 번째 헌법 수정은 시민의 기본 권리를 강조하는 '권리장전'이었다. 이때 수정한 '누구라도 무기를 소지할 수 있다.'는 규정 때문에 현재도 미국은 범죄 행위 사실이 없는 사람은 누구나 총포상에 등록만 하면 총기를 구입할 수 있다. 그 다음은 링컨 시대의 노예 해방 수정안과 1927년 여성에게도 참정권을 준 헌법 수정안 등이 유명하다. 마틴 루터 킹은 흑인을 차별하는 인종 차별법(segregation law)에 항거하는 시민 운동을 벌여 불공정한 인종 차별을 공공 기관에서 몰아냈다. 또한 그는 미국 전체 사회에서 흑인과 백인이 갈등하는 것보다 서로를 존경하고 도와 줄 수 있기를 바랐다. 이렇게 법이 진화하는 경우를 볼 때 우리는 법은 유동적이어야만 한다고 결론 내릴 수 있다.

그러나 위기에 처할 경우에 국가는 계엄령을 선포하고 평상시보다 더 혹독하게 관용의 범위를 축소한다. 즉 9.11 테러 사건이 일어나자 미국의 치안법은 인격적 모독을 느낄 정도까지 강하게 소지품과 언행을 규제하면서 개인의 사생활을 침해하였다. 테러로부터 자국민을 지키기 위한 이 법은 외국인 차별이라는 또 다른 사회 문제를 야기하기도 했다. 이 경우처럼 정치 지도자는 사회적 변화를 감안하여 개인의 자유와 국가의 안보라는 두 가지 중 어떤 사항이 국가 번영에 도움이 되는지를 파악해야 한다.

얼마 전 인도를 방문한 미국 배우 리차드 기어(Richard Tiffany Gere)는 인도의 여배우와 공공 장소에서 키스를 했다가 인도 법정에 서게 되어 사회적 이슈가 되었다. 즉 법은 그 법을 세운 관습적 가치관에 따라 그 옳고 그름의 기준이 밝혀진다. 이처럼 사회·문화적 전통 가치관이 다른 경우에는 법이 달리 적용되는 유동적인 성향이 있다. 시대에 따라 관습이 달라질 뿐 아니라, 한 사회 구성원이 신봉하는 가치관 또한 법이 왜 유동적이어야만 하는지를 밝히고 있다. 안락사에 대한 법적인 해석은 사회 구성원마다 매우 다르다. 의료법에 있어서도 한 나라에서는 살인범으로 낙인 찍힐 행위가 다른 나라에서는 죄의식조차 느끼지 못하는 경우가 있다. 예를 들면 미국의 경우에는 환자의 목숨이 붙어 있는 한 사회 복지국에서 보조하는 비용을 써서라도 그 환자의 생명을 연장해야 한다는 법 규정 때문에 모든 의료진들은 환자의 생명 연장에 최선을 다한다. 하지만 건강한 일반인도 먹을 것이 없어서 죽어가는 북한과 같은 나라에서는 생존 가능성이 없는 환자에게 행해지는 안락사가 불법이라고 항변하는 사람들은 없을 것이다. 이처럼 법은 사회적 환경에 따라서 그 옳고 그름의 잣대가 달라진다. 그러므로 법은 지역에 따라서 고정적이라기보다 유동적이라고 해야 할 것이다.

그러므로 한 나라에서 다른 나라로 이민을 가거나 무역을 할 경우에는 상대방 나라의 법과 관습을 잘 익히고 길을 떠나거나 거래를 시작하는 것이 중요하다. 서로의 환경, 문화 그리고 관습은 물론 법적인 규제 또한 매우 다르다는 점을 아는 것이 국제화 시대를 살아가는 젊은이들의 기본 소양이다. 어떤 나라에서는 흡연을 어디서 하든 상관하지 않지만 미국과 같은 나라는 건물에서 20m 이상 떨어진 곳에서만 가능하다. 실내에서 흡연을 하다가 적발되면 벌금을 내야 하고 이런 경우가 반복될 경우에는 특별 교육 프로그램을 받을 것을 판사로부터 권고받기도 한다. 학생이 집에서 맞아 상처나 이상 증상을 보일 경우 교사는 사회 복지사에게 알리고 사회 복지사는 경찰에 보호를 신청하여 그 학생의 집을 방문하거나 부모에게 경찰서로 출두하라는 명령을 내린다. 이렇게 법은 지역과 시대에 따라 변화하기도 하고 달라지기도 한다.

62

사회 문제는 모두 법으로 해결할 수 있는가?

　법은 인간을 성자로 만들기 위해 만들어진 것은 아니다. 다만 한 사회에서 악이 판치는 것을 방지할 뿐이다. 이것이 법이 가진 강제성이며 내재적 한계성이다. 명령과 강제는 구속성을 기초로 하고 있다. 법의 근본 구조는 강제적인 구속력과 도덕적 행위의 정의를 판단하는 객관적 잣대이다. 도덕과 법이 있다면, 선행을 하는 의지는 도덕이다. 법은 결과를 전제로 이루어지는 판단이다. 도덕은 양심에 근거해서 행동의 의지를 결정하는 원초적인 힘이다. 법과 의지라는 두 가지 대상에서 우리를 선량한 사람으로 만드는 것은 법이 아니라 우리의 양심적 도덕이다. 이런 연유로 우리 사회는 교육 제도와 사법 제도로 치안과 질서를 유지하고 있다. 인간의 도덕적 행위는 성문화할 수 없기 때문에 어린 학생들에게 철저한 윤리 의식을 가르쳐야만 한다고 교육 전문가들은 열변을 토한다. 교육이야말로 범죄 없는 세상을 만드는 가장 바람직한 방법이라고 믿기 때문이다. 반면에 사법 제도는 비도덕적인 행위를 규제하고 이런 규율을 어긴 사람을 판결하고 구속함으로써 사회 정의를 실현하고자 한다.

그럼에도 불구하고 어떤 사회도 범죄로부터 자유로울 수 없다는 사실은 인간의 도덕적 행위를 법으로만 규제하는 것은 불가능하다는 것을 증명한다. 세계 최강의 경찰력과 사법 제도를 자랑하는 미국도 범죄로부터 결코 자유롭지 않다. 콜럼바인 고등학교와 버지니아텍에서 일어난 무차별 총기 난사 사건이라는 사회적 비극을 경험한 미국은 일반 시민의 총기 구입과 소지를 법으로 금지해야 한다는 여론이 조성되고 있다. 하지만 이미 너무 많은 사람들이 총기를 소지하고 있는 현실에서 선량한 시민들이 스스로의 목숨을 보호할 수 있는 정당방위의 권리마저 박탈하고 만다면, 미국 사회는 더 많은 범죄의 온상이 될지도 모른다. 이런 이유로 총기 소유는 정당하다고 반박하는 의견 또한 무시할 수는 없다. 또한 정당방위를 인정하는 미국의 사법 제도는 일일이 어떤 행위를 정당방위로 판시하느냐에 대한 규정을 성문화하고 있다. 예를 들면, 흉기를 든 강도를 정면에서 사살했다면 정당방위로 간주한다. 하지만 도망가는 강도를 뒤에서 쏘았다면 이는 살인으로 판단하는 등 일반 사람들이 이해하기 난해한 수많은 판례들이 기록되어 있으며, 지금도 법조인들은 끊임없이 새로운 상황에서 발생하는 범죄 행위의 시시비비(是是

非非)를 가리기 위해 노력하고 있다.

　총기 규제나 살인과 같은 중죄를 심판하고 형사 처벌하는 경우가 아닌 일반 시민들의 평등한 권리를 보호하고 균등한 기회를 주기 위한 인권 보호 차원의 '차별 금지법'은 성별, 나이, 인종이나 문화가 다른 사람들을 차별하는 것을 금지하고 있다. 물론 성문화했다고 모든 기득권자들이 준법 정신에 따라서 도덕적 행위를 하지는 않는다. 다만 결과적으로 기업 조직이나, 정부 조직, 비영리 단체 등 어떤 조직 사회에서든지 불평등한 대우를 한다면 차별을 당한 장본인이 법적인 심판을 청구할 수 있다. 교육 현장에서 인종 차별은 엄격하게 법으로 금지되어 있지만, 백인 중년 여성 교사가 전체 교사의 대부분을 차지하는 미국의 교육이 유색 인종의 아이들에게 공정한 대우를 하지 않고 있다. 미국의 교육청을 상대로 한 고소 내용의 대부분이 인종 차별과 관련된 라틴이나 흑인, 동양계 학생들의 항변이라는 것은 누구나 잘 아는 현실이다. 이처럼 법이 인간의 도덕적 의지를 규제하지는 못한다.

　그렇다고 해서 법이 도덕과 분리되어 있는 것은 아니다. 법 또한 시민들의 도덕적 행위를 고무하는 사회적인 규범의 잣대로서 역할을 하기 때문이다. 이러한 이유로 속도 위반을 했거나 다른 경범죄를 저지른 경우에는 자신이 불법 행위를 저지른 그 구역의 지방 법원에 출두해야만 한다. 벌금만을 내는 것이 아니라 판사 앞에 서서 자신이 저지른 행위에 대해 책임을 져야 한다. 물론 법원에 출두하지 않은 시민은 법정 명령에 불응한 죄목이 추가되어 가중 처벌을 받게 된다. 이것이 시민 개개인의 준법 정신, 즉 도덕적 가치관을 교육하는 사법 제도의 역할이다. 미국 사법 제도에서는 교육을 위해 수많은 전문적인 상담 인력을 투자한다. 또한 폭력적인 범죄가 아닌 마약 범죄와 같은 범법 행위를 저지르는 비양심적인 사람들의 버릇을 고쳐 주기 위해서 '예방 교육 프로그램'을 시행하기도 한다. 이러한 예는 법으로 시민의 행위를 규제하기보다는 교육으로 선도하고자 하는 의도인 것이다. 강제성과 결과성만을 강조해서 불법적인 행위를 차단한다고 해도 범죄는 결코 줄지 않기 때문이다.

그러나 많은 사회 문제는 결국에는 법으로 해결될 수밖에 없다. 1865년 미국 헌법은 14번째 수정을 통해서 흑인 노예들도 참정권을 갖게 하였으며, 백인들과 동등한 법적 보호를 받게 하였다. 이것은 흑인들이 미국 정치에 참여할 수 있는 길을 보장한 것이다. 미국 남부 지역에서는 이러한 조치에 불만을 품은 백인들이 KKK(Ku Klux Klan)라는 범죄 조직을 결성하여 흑인들을 괴롭히거나 무차별적으로 살해하였다. 그리고 1877년 이후 남부는 소위 짐크로우법(Jim Crow laws)를 제정하여 백인과 흑인이 같은 식당이나 학교, 극장과 병원을 출입하는 것을 금지하였다. 심지어 공동 묘지까지 같이 사용하지 못하도록 규정했다. 1896년 플레시(Homer Plessy)는 백인 승객 칸에 승차한 이유로 루이지에나 법정에 기소 당하자 차별에 대한 불공정성을 주장하였으나, 대법원은 '동등한 시설이 제공되는 한 흑인과 백인이 다른 시설을 사용해야 하는 것은 합법적이다.'라고 판결하였다. 한 사회의 정의를 실현하는 사회적 양심은 결코 법이라기보다는 그 법을 사용하는 사람들의 바른 마음이다. 그러므로 모든 사회적 문제를 법으로 해결하고자 해서는 안 될 것이다. 토머스 모어는 영국법의 한계성을 "걸핏하면 사형에 처하는 영국의 법률은 학생을 지도하는 데 타이르기보다는 무조건 채찍질하는 선생과 같다."고 말하였다. 그리고 "국민이 살아갈 최소한의 수단을 부여하여, 궁핍한 나머지 도둑질을 하여 사형에 처해지는 불행한 사람이 나오지 않는 정치를 해야 한다."고 역설했다.

63

국제 사회 문제를 해결하기 위하여 국제화 대학 설립과 발전을 지지해야 하는가?

　자동차와 비행기의 발명, 통신 기술의 발전은 지구상에 존재하는 모든 국가 간의 거리를 좁혔다. 서울, 대구, 부산을 하루 동안 자유롭게 여행하듯이 21세기에는 런던으로 뉴욕으로 다시 동경으로 이동하며 정치, 경제, 문화 활동을 해 나갈 것이다. 이러한 현실을 감안할 때 국제화 대학의 설립은 고려되어야 한다기보다는 반드시 이루어져야 할 일이다. 차세대 학생들은 국제화 시대를 준비하기 위하여 국제적으로 통용되는 언어를 학습해야 할 것이며, 국가 간 무역과 은행 거래법 또한 제대로 알아야 할 것이다. 다양한 문화적 이해가 없이 다국적 사람들과 경제 활동을 한다는 것은 국가 간에 분쟁만을 초래할 뿐이다. 그러므로 국제화 대학을 설립하여 국가 간의 이해를 도모하고 증진함으로써 지구상에 한정된 자원과 재화를 효율적으로 사용할 수 있는 길을 서로 모색해야만 할 것이다.

　인터넷의 발달은 물리적 시간을 단축해 주었다. 단 몇 번의 클릭으로 미국 회사들의 정보를 검색할 수 있으며, 다른 나라의 대학 홈페이지를 방문하여 입학 원서 접수에서부터 합격까지 모든 정보를 한눈에 볼 수 있다. 또 학생 개개인은 포털 사이트를 통하여 서로의 정보를 교환할 수도 있다. 하지만 문제는 대부분의 정보가 영어로 되어 있다는 사실이다. 영어를 이해할 수 없다면 이 많은 정보는 무용지물(無用之物)이 되고 만다. 앞으로는 사업체이거나 개인이거나 다양한 정보를 좀 더 유용하게 사용할 수 있는 사람만이 사회적 성공을 할 수 있다. 이러한 정보를 이해하기 위해 언어의 습득은 필수적이다. 미국은 냉전 시대의 장막으로 교역할 수 없었던 잠자는 호랑이 중국을 이해하기 위해서 중국어를 제2외국어로 지정한 고등학교와 대학의 수를 점점 늘리고 있다. 이처럼 국제화 시대를 성공적으로 살아가기 위해서 대학에서는 보다 다양한 외국어를 가르쳐야만 할 것이다. 외국어를 하나쯤 유창하게 구사하는 젊은 인력이 국제화 사회에서는 필요하기 때문이다.

　역사는 18세기와 19세기를 식민주의 시대로 규정하고 있다. 세계 열강들이 국가주의나 민족주의라는 이름 아래, 경쟁적으로 물적·인적 자원을 마구 착취하고자 약소 국가들을 정복했기 때문이다. 남의 나라를 정복해서라도 자국의 부를 축적하고자 했던 강대국들의 이기적 대결은 잔인하게 원폭을 투하하는 예상된 참상을 낳고 말았다. 이러한 참혹한 참상을 피하기 위해서 전쟁도 불사하면서까지 자국만의 이익을 추구하는 이기적 국가들을 제지하고, 국가 간 상호 이해를 도모할 유엔(United Nation)이 발족하였다.

　수송 수단과 통신의 발달로 국가와 국가 간에도 좀 더 공정한 통상을 위해 국제 금융을 제어해 줄 기관의 필요성이 점점 높아지고 있다. 현재는 국제 통상 마찰이 비교적 간단하지만 앞으로는 국가와 국가 간에 분쟁으로 이어질 가능성이 높다. 미국이 기침을 하면 한국이 감기를 앓는다는 말이 있다. 부동산 시장이 개방된 지금 미국의 부동산 시장의 하락은 한국 부동산 경기를 심각하게 자극하고 있다. 또한 금리와 환율, 주식과 선물 투자 등 다양한 요소들에 있어서도 큰 영향을 받는다. 학생들에게 자국의 금융 제도뿐만 아니라 국제 무역은 물론 금리나 부동산 증권 시장과 은행 제도와 그 서비스 내역을 교육하는 국제화 대학이 필요한 또 다른 이유이다. 지금 한국은 한·미 자유 무역 협정(FTA) 통상 조건을 놓고 찬반의 목소리가 높다. 자유 통상을 반대하며 분신 자살이라는 극단적인 방법으로 시위를 하는 농민도 있다. 정부 차원에서 국제화 대학을 설립하여 서로 다른 국가들의 입장을 이해하고 통상 문제의 해결점을 찾는 등 국민들에게 국제 사회 문제를 교육할 때, 자신의 입장을 표명하기 위해 귀한 생명을 희생하면서 분신하는 농민들의 극단적 행동을 방지할 수 있을 것이다.

　20세기 발달한 통신과 운송 기술은 지구를 점점 더 작은 땅덩어리로 만들었다. 영어만 할 수 있다면 직접 가지 않고도 미국 사회나 경제 제도를 배우는 것이 가능하게 되었다. 국제화 시대에서 문화 교류 또한 매우 활발하게 이루어져 각 나라의 고유한 문화나 예술이 다른 문화권에 영향을 끼치게 된 것이다. 민족 고유의 예술이나 문화도 국제화 시대에 있어서는 다른 민족들도 즐길 수 있는 문화 활동으로 변하였다. 한류 열기를 타고 한국 드라마들이 일본과 중국만이 아니라 남미의 여러 국가와 중동의 회교도에게도 인기라고 한다. 국가 간의 경제적 국경은 이미 모호해진 지 오래다. 마이크로 소프트사의 본사는 미국에 있으나 그 회사의 많은 직원들은 인도인이고 고객은 전 세계적으로 퍼져 있다. 이렇게 굴지의 세계적 기업들이 이미 다국적 기업으로 성장한 지 오래다. 그러므로 다가오는 국제화 시대의 특성과 각 국가와 민족들의 문화와 제도를 제대로 이해하고 이끌고 갈 지도자들을 양성하기 위해서 국제화 대학 설립은 지연되어서는 안 될 매우 중요한 교육 사업 과제이다.

64

한 국가의 복지와 경제 발전은 다른 국가의 복지와 경제 발전에 영향을 미치는가?

 '한 국가의 경제 발전이 다른 국가의 경제 발전과 연관이 있는가?' 라는 질문에 '그렇지 않다.' 고 답변할 사람들은 거의 없다. 대부분 사람들은 한 나라의 시장 경제가 다른 나라의 시장 경제와 연결되어 있다고 생각한다. 국제 무역 통상 수지, 뉴욕 증시나 원유 가격, 또한 여러 나라의 환율이 자국의 경제에 지대한 영향을 미친다는 것을 잘 알고 있기 때문이다. 하지만 '한 국가의 복지가 반드시 다른 국가의 복지와 연결되는가?' 라는 질문에는 약간의 의구심을 가지게 된다. 하지만 다음과 같은 질문을 스스로 던져 본다면 한 국가의 복지 또한 다른 국가의 복지와 긴밀히 연결되어 있다는 것을 쉽게 알 수 있다. 지난 2003년 여름 중국 광동 지방에서 발생한 사스(SARS)라는 전염병은 전 세계 여러 나라들을 공포에 떨게 했다. 이러한 일을 돌이켜 보면 분명 한 나라의 복지도 경제 발전과 마찬가지로 다른 나라 국민들의 복지와도 직접적으로 연결되어 있다는 사실을 알 수 있다. 국가 간에 발생할 수 있는 크고 작은 복지 문제나 경제 문제들을 해결하고자 더욱 고심해야 하는 세계화 시대가 열린 지 오래다. 20세기 100년 동안 국제 사회가 진보해 온 속도를 볼 때 21세기의 변화가 어떻게 이 세상을 바꿀 것인지를 지구상에 사는 모든 사람들은 지금부터 논의해야만 할 것이다. 그리고 국제화 시대의 경제적 발전은 세계인의 복지를 보장할 수 있는 방향으로 나아가야 할 것이다.

한 나라의 경제와 다른 나라의 경제가 긴밀하게 연결되어 있다는 사실을 근거로 정치·경제 정책은 결정되고 추진되어야 한다. 한국의 경제 동향을 파악하기 위해서는 주변 국가나 세계적으로 영향력 있는 미국의 경제 변화를 잘 이해해야만 국가적인 손해를 보지 않는다. 우스갯소리로 '미국이 기침을 하면 한국은 감기에 걸린다.'고 한다. 이는 미국 경제 변화에 한국 경제가 얼마나 민감한 반응을 보이는가를 빗댄 말이다. 서방권과 무역을 하는 회사 직원들은 밤낮을 뒤바꿔 생활하는 것이 매우 자연스러운 일이 되어 버렸다. 미국 증시의 하락과 상승에 모든 국가들은 예민하게 촉각을 세우고, 그에 따른 후속 전략을 세우기에 바쁘다. 미국 중앙 은행의 우대 대출 금리가 상승하거나 하락할 때 한국 경제 또한 지대한 영향을 받는다. 1997년 한국은 국제 통화 기금(International Monetary Fund, IMF)의 원조를 받은 일이 있다. 당시 한국은 외환 보유고가

거의 바닥날 정도의 위기에 처해 있었다. 생산 능력이 있는 기업이 현금이 없어 부도 위기에 처했다고 하자. 기업의 부도가 사회에 미칠 파장은 크다. 간단하게 우리나라의 대기업이 망한다고 하면, 그 회사에 속한 하청업체들은 연쇄적으로 부도를 맞을 것이고 그로 인해 국가의 경제는 바닥으로 떨어질 것이다. 한 국가의 경제 또한 마찬가지다. 즉 한 국가의 경제 붕괴는 세계 경제의 위기와도 맞물려 있기 때문에 국제 통화 기금에서는 경제 위기에 빠진 국가에 원조를 하는 것이다. 이렇게 한 나라의 경제는 다른 나라의 경제와 직결되어 있다는 것을 국제화 시대를 살아가는 우리는 잘 이해하고 있어야만 세계 경제가 공황에 빠지는 것을 막을 수 있다.

그리고 통신 기술과 운송 기술의 발전은 한 국가의 흥망성쇠(興亡盛衰)의 열쇠를 여러 국가들에게 주었다. 로스앤젤레스 중심가인 윌셔 스트리트의 고층 건물들은 일본인이나 한국인들이 소유하고 있고, 미국 대기업의 공장 대부분은 인건비가 저렴하고 수송이 편리한 남아메리카에 있다. 물론 다른 기업들도 유럽 시장 공략을 위하여 인건비가 저렴한 중국과 베트남에 공장을 두고 있다. 팽창하는 미국의 경제 위력에 대항하기 위해서 유럽 연합(EU)은 유로화 통용뿐만 아니라 다각적으로 공동의 노력을 하며 경제적 통합 시장을 형성하였다. 모든 유럽 회원국이 자국의 고유한 관세와 수출입 제도를 완전히 철폐하고 단일 관세 및 수출입 제도를 공동으로 유지하여 유럽의 경제권을 극대화한 것이다. 즉 한 나라의 경제는 다른 나라의 차관이나 기술 제휴 또는 노동 인력 제공, 판매 시장 교류 등 상품 생산에서부터 판매까지 효율적으로 사용할 때 더불어 발전할 수 있는 것이다.

핵기술이 점점 진보하고 있는 상황에서도 국제 협력 기구의 역할은 국제 사회를 위해 매우 중요하게 되었다. 핵확산 금지 조약(Nuclear Nonproliferation Treaty, NPT)에 가입한 국가들은 가입 후 18개월 안에 국제 원자력 기구(International Atomic Energy Agency, IAEA)를 통해 핵시설을 평화적 목적이 아닌 다른 용도로 쓰는지 아닌지를 관리, 감독 받아야 한다. NPT에 가입한 나라들은 핵물질의 양과 시설에 대한 정보를 모두 IAEA에 알려야 하며, IAEA는 이 정보가 사실인지를 직접 현장에 가서 검증한다. 만약 조사 대상국이 의도적으로 거짓 정보를 제공하거나 현장 사찰을 거부하는 경우 IAEA는 그 내용을 유엔 안전 보장 이사회에 보고하며, 유엔은 정치적·경제적 압력을 가하게 된다. 북한은 핵무기 보유를 이용해서 경제적 원조를 받으려고 안간힘을 쓰고 있다. 무엇보다 국제 사회가 북한의 핵무기 개발을 저지하려는 것은 한반도의 평화는 물론, 핵무기 실험으로 인하여 오염된 공기나 물이 간접적으로라도 많은 사람들의 건강과 생명을 해할까 염려하고, 그리고 혹시 그로 인해 벌어질지 모르는 위험한 사태를 미연에 방지하기 위한 것이다.

핵무기 실험과 같은 인위적 오염이 아니라 자연적인 바람이 가져다 주는 이웃 나라의 재해도 심각한 문제로 대두되고 있다. 중국의 황사(黃砂)가 많은 한국인이나 일본인들에게 호흡기 질병을 유발하기 때문에 일본과 한국 정부는 황사를 막아 줄 숲을 만들기 위한 자금을 지원하고 있다.

 이렇게 한 국가의 경제는 다른 국가의 경제 발전과 공생 관계에 있다. 그리고 물적 자원이든 지적 자원이든 적절하게 활용할 방법을 연구해야 할 것이다. 한국과 미국은 자유 무역 협정을 체결하는 데 있어서 양국이 가진 경제적 이점과 농산물이나 공산품을 형평성에 맞는 합리적인 방안을 찾고자 고심하고 있다. 세계는 지금 국가 간의 경제적 장막을 거두고 지구 전체가 번영할 수 있는 방향으로 발전하기를 갈망하고 있다.

찾아보기

ㄱ

가설 211
가치관 154
간디 160, 178
갈릴레이 51, 208
강대국 310
개인주의 273
경쟁 274
고든 브라운 298
공교육 18, 28
공동체 의식 277
공산주의 50
공상 과학 소설 77, 92
공화당 167
과학 193
과학 혁명 194
관광 사업 118
광고 100
교육 과정 43
교육 환경 46

구텐베르크 59
국익 270
기금 38

ㄴ

나오미 캠벨 115
넬슨 만델라 62, 258
노벨상 181
논리 교육 68

ㄷ

다이애나 113
대량 생산 97
대리모 87
대중 음악 252
독재주의 297

ㄹ

라이트 형제 85
랭스턴 휴즈 253
로버트 프로스트 184
로베르토 벨라르미노 209
로봇 78, 93
뢴트겐 218
루부릭 231
리더 284
리더십 284, 301
리처드 라이트 253

■

마이클 잭슨 113
마틴 루터 킹 26, 30, 62, 86, 264
멘토 63
무관용 33
문자 104
미디어 81, 121
미하일 고르바초프 320
민주당 167

ㅂ

베른하르트 리만 201
베토벤 240
복제 인간 222
복지 국가 41
블랙홀 210
비고츠키 64
비디오카메라 104
비아그라 218
빅토르 쿠쟁 243
빈센트 반 고흐 239, 266
빌 게이츠 212
빌 클린턴 48, 62, 114, 309

ㅅ

사르트르 182
사립 학교 47
사회 복지 134

산업 혁명 96
산학 협동 39
선거 방송전 108
성인 학교 71
소비상업주의 103
수학 55
스미소니언 연구소 244
스캔들 148
스티븐 호킹 210
실용주의 289
싱클레어 303

ㅇ

아담 스미스 225
아브라함 링컨 30
아이어코카 299
아이작 아지모프 54
아인슈타인 201, 212
안중근 160
안티고네 319
알렉스 헤일리 254
언어학 201
에릭슨 59
X선 218
엔론 148
여가 98
영웅 163
영재 프로그램 24, 44

영화 236

예술 193

예술 교육 67

와트 236

워터게이트 사건 146, 213

원자 205

유명인 112

유토피아 50

의구심 51

이데올로기 150

이상형 62

인터넷 332

ㅈ

자아 111

자원 봉사 37

작문 54

재즈 252

제너럴 모터스 256

조지 부시 48

조지 오웰 316

존 듀이 39

줄기 세포 연구 222

지식 261

GRE 19

직접 경험 57

ㅊ

차베스 26, 160

철학 200

청교도 133

체육 66

촘스키 58, 201, 262

충성심 175

ㅋ

칸트 197

칼 마르크스 31, 50, 164, 316

커뮤니티 칼리지 24, 69

컴퓨터 97

케네디 108, 155

K-12 22

켈로그 217

코페르니쿠스 197, 257, 266

콜럼버스 165

ㅌ

테오필 고티에 243

텔레비전 125

톈안먼 사건 311

토니 모리슨 254

토머스 모어 287, 330

토머스 에디슨 49, 216

통신 기술 91

퇴학 34

특별 프로그램 24, 45

ㅍ

페니실린 219
평생 교육 제도 71
평화주의 266
포드 79, 143, 256
폴 발레리 198
표절 136
표준 영어 29
프랑켄슈타인 221
프레드릭 더글라스 26, 253
플라톤 314
플레밍 219
피카소 195

ㅎ

학부모 단체 36
할렘 르네상스 253
해리엇 터브만 26, 30, 164
허버트 리드 67
협동 274, 279
홈스쿨링 47
훈육실 34
휴머니즘 21, 133, 265

미국의 교양을 읽는다

지은이 | 김문희

1판 1쇄 발행일 2007년 10월 15일
1판 1쇄 발행부수 2,500부 총 2,500부 발행

발행인 | 김학원
편집인 | 한필훈 이재민 선완규
기획 | 최세정 홍승호 황서현 유소영 유은경 박태근 유소연
마케팅 | 이상용 하석진 김창규
저자·독자 서비스 | 조다영(humanist@hmcv.com)
스캔·표지 출력 | 이희수 com.
조판 | Text
용지 | 화인페이퍼
인쇄 | 청아문화사
제본 | 정민제책

발행처 | (주)휴머니스트 출판그룹
출판등록 제313-2007-000007호(2007년 1월 5일)
주소 | 서울시 마포구 연남동 564-40 121-869
전화 | 02-335-4422 팩스 | 02-334-3427
홈페이지 | www.humanistbooks.com

ⓒ 김문희, 2007
ISBN 978-89-5862-204-8 03100

만든 사람들

편집 주간 | 이재민(ljm2001@hmcv.com)
책임 기획 | 황서현, 유은경
책임 편집 | 강봉구, 양은경
표지·본문디자인 | AGI 황일선

ⓒ 이 책은 저작권법에 따라 보호받는 저작물이므로 무단전재와 무단복제를 금합니다.
　 이 책의 전부 또는 일부를 이용하려면 반드시 저자와 (주)휴머니스트 출판그룹의 동의를 받아야 합니다.